사형을 집행하라!

'침묵하는 다수'를 위한 사형존치론

김 태 수

조갑제닷컴

절대 다수의 여론과
반대로 굴러가는 사형제도!

이 불편한 느낌은 뭐지?

오래전 넷플릭스에서 세계 각지의 테마파크를 다룬 다큐멘터리를 한 편 본 일이 있다. 그 첫 회인가에 남미에 있는 '살인 테마파크'가 소개됐는데, 자세한 내용은 기억이 안 나지만 가짜 총으로 사람을 쏘아 죽이거나 고문, 암매장 등의 범죄 체험을 해볼 수 있는 엽기적인 테마파크였다.

더 엽기적인 것은 그 테마파크를 운영하는 사람의 정체였다. 그는 과거에 마약 범죄조직의 킬러로 50명이 넘는 사람을 죽인 범죄자였다. 희생자 중에는 그의 착하고 아름다운 스무 살짜리 애인도 있었는데, 그녀는 아무 잘못이 없었지만 "조직에 관해 너무 많은 것을 알고 있다"는 이유로 '제거'가 결정되었고, 그가 직접 방아쇠를 당겨 살해했다고 한다.

그는 이후 경찰에 체포돼 죗값을 모두 치르고 '새 사람'으로 거듭났으며, 자신의 과거 경험에 터잡은 기발한 아이디어로 지금의 성공을 일구게 됐다고 밝혔다. 그는 자신의 총에 희생된 사람들에 대해서는 지금도 미안한 마음을 갖고 있다고 말했지만, 그의 표정이 워낙 밝고 씩씩해 진정성이 느껴지지는 않았다. 마치 보험회사 직원이 약관을 빠르게 읽고 넘어가는 것처럼, 프로그램 제작자의 요청에 따라 희생자에 대한 사과 멘트를 의례적으로 한 줄 넣고 지나가는 것 같았다.

속죄라는 것은 내면의 영역이니 겉으로 드러난 모습만 가지고 판단하기는 어렵겠지만, 그의 얼굴이 지나치게 젊어 보이는 것으로 봐서 그에게 부과된 속죄의 시간이 그가 지은 죄의 무게에 견줄 만큼 무겁지 않았다는 점은 확실해 보였다. 10년? 길어봐야 20년 정도 복역하지 않았을까 생각됐다.

어떻든 우리는 이 긍정적인 결과를 기쁘게 받아들여야 한다. 우리가 사형폐지론자들에게 늘 듣는 말처럼, 개인의 잘못은 사회의 책임이다. 우리에게 요구되는 것은, 한 개인의 일탈에 초점을 맞추는 근시안적 태도가 아니라 그를 잔혹한 범죄자로 전락시킨 우리 사회의 불평등과 생명경시 풍조에 주목할 줄 아는 성숙한 자세다. 저 남미의 킬러도 따지고 보면 미국이라는 거악(巨惡)에 종속된 남미 사회의 구조적 모순과 폭력이 대물림되는 사회적 풍토가 낳은 피해자에 불과한데, 누가 감히 그를 비난할 수 있겠는가?

그가 단기 속성과정으로 속죄를 마치고 사회에 번듯하게 복귀한 것은 사형폐지론자들이 바라는 형사처벌의 가장 이상적인 모습이다. 사형이라는 것은 '국가라는 이름의 학살자'가 벌이는 미치광이 짓이고, 설령 무기형이라고 하더라도 멀쩡한 사람 붙잡아다 폐인이 될 때까지 가두어 두는 것은 인도주의 형법에서는 용납할 수 없는 국가 폭력이다. 그가 육체와 정신이 모두 온전할 때 사회에 복귀한 것은 인권의 당연한 귀결이다.

그가 마약갱단의 핵심조직원이어서 교도소 내에서도 부족함 없이 풍족하게 생활했을 것이라는 점이 다소 걸리긴 하지만, 그가 북유럽에 수감됐더라면 훨씬 더 쾌적하고 윤택한 환경에서 생활했을 테니 '황제 복역'을 했다고 해서 진지한 속죄의 노력을 의심해선 안 된다. 거기에다 그는 출소 후

범죄 근방에 얼씬거리지 않고 열심히 사업을 벌여 부와 명예를 축적했고, 테마파크 사업을 통해 관광객을 유치하고 젊은이들의 일자리를 창출함으로써 지역경제에 기여했다. 이보다 완벽한 재소자의 사회복귀 모델이 어디 있겠는가? 이로써 그는 자신이 이 사회가 원하는 선량한 시민임을 입증해 보였으니, 이보다 더 명백한 속죄의 증거가 어디 있겠는가?

이제 그가 열심히 교회에 다녀 천국행 티켓만 손에 쥐면 이보다 드라마틱한 해피엔딩은 없다. 하느님의 품 안에서 그는 비로소 진정한 마음의 평화를 얻고 늘 웃음이 끊이지 않는 행복한 여생을 보내게 될 것이다.

그런데, 이 불편한 느낌은 뭐지?

목소리 큰 소수의 사형폐지론

바로 이런 불편함이 이 글을 쓰게 했다. 원래는 에세이를 한 편 정도 쓴다는 기분으로 가볍게 시작했던 글쓰기 작업이었다. 그런데 글을 쓰는 동안 새롭게 제기되는 의문들과 계속해서 맞닥뜨리게 됐고, 그것들을 하나하나 풀어나가다 보니 분량이 엄청나게 늘어 책 한 권이 되어 버렸다.

사형존폐론은 250년 넘게 묵은 형사법의 가장 진부한 논제 중 하나지만, 우리 사회에 초대형 강력범죄가 발생할 때마다 어김없이 여론의 도마 위에 오르는 늘 새로운 주제이기도 하다. 민주주의의 원리에 비추어 볼 때, 과거 여러 차례의 여론조사를 통해 우리 국민의 80% 이상이 사형제를 지지하고 있음이 밝혀진 마당에는 이 주제가 더 이상 논쟁의 여지도 없게 되었다고 볼 수 있지만, 그럼에도 늘 새롭게 부각되는 이유는 '목소리 큰 소수'에 의해 이 제도가 운영되고 있는 현실 때문이다. 심지어 자신의 감투에 '법'이란 글자를 올려놓고 있는 관청의 책임자까지도 소수의 질타가 두려워 대놓고 법을 어겨가며 사형수 보호에 급급하기 때문이다.

큰 댐이 한 번에 무너지는 일은 없다. 작은 균열이 오랜 시간 서서히 댐 벽을 침식해 나가다가 어느 순간 임계점을 넘기면서 와르르 무너지는 것이다. 법치주의도 마찬가지다. 법의 다른 이름은 국가인데, 법이 불법에 자리를 내주는 순간 국가의 토대는 뿌리부터 흔들릴 수밖에 없다. 우리는 법이 무너진 남미 대륙이나 아프리카의 분쟁 지역에서 어떤 일이 벌어지고 있는지 국제뉴스를 통해 실시간으로 지켜보고 있다. "진정한 법은 이론이 아닌 경험에서 나온다"는 올리버 웬델 홈스 미연방 대법관의 명언을 굳이 들지 않더라도, 사형제를 지지해 온 대한민국 절대다수의 소박한 확신이 K팝, K뷰티, K드라마 못지않게 세계적인 자랑거리가 되고 있는 K치안을 만든 원동력이 되었다는 점은 의심의 여지가 없다.

그럼에도 사형존폐론과 관련한 논쟁만 벌어지면 어김없이 사형폐지론자들이 완승을 거둔다. 대한민국의 절대다수는 사형제의 존치가 옳다고 믿지만 자신들의 확신을 뒷받침해줄 이론적 근거를 갖지 못해 사형폐지론자들과의 말싸움에서 속 시원한 주장 한번 못 해보고 번번이 깨져왔던 것이 현실이다. 그 결과 대한민국의 모든 규범과 제도를 통틀어 사형제만큼 절대다수의 여론과 반대로 굴러가는 제도가 없게 되었다.

우리는 으레 사기꾼이라고 하면 비열해 보이는 인상에 교활한 미소를 짓는 악당의 이미지를 연상하기 쉽지만, 실제로는 잘 차려입고 사람 좋은 미소로 주위의 환심을 사는 평범한 이웃의 얼굴을 한 경우가 대부분이다. 사기의 최고 경지에 오르면 심지어 자신마저도 속이기 때문에 자신이 하는 일이 주변에 끼칠 나쁜 결과를 인지조차 못하게 된다. 대단히 미안한 얘기지만, 나는 우리 사회에서 사형폐지론을 선도하고 있는 사람들의 이면에서 그런 교활하고 음습한 기운을 감지하곤 한다.

사랑, 생명, 인권 같은 좋은 말을 입에 담으면 자신의 내면도 선량해 보일 것이라고 믿는 사람들이 너무나 많다. 그들은 누군가 오물과 쓰레기를 치워줬기 때문에 자신들이 깨끗한 환경에서 살고 있다는 사실을 인정하지 못한다. 물론 그들은 사회적 책임을 분담하는 데도 별 관심이 없다. 우리는 그들의 입에 발린 달콤한 말이, 사실은 '나와 내 가족만 피해를 입지 않으면' 누가 죽어도 상관이 없는 비정한 룰렛 게임임을 직시할 필요가 있다.

독자들 가운데에는 필자의 이런 주장을 보면서 사형폐지론의 배경에 깔린 선한 의도를 너무 무시하는 것 아니냐는 의문을 가진 분도 있을 수 있다. 과연 그런지는 이 책을 마지막까지 읽은 후 독자들 스스로 판단해 주기 바란다. 필자는 사형존치론의 다수 입장에 해당하는 '시기상조론'과 같은 어중간한 입장과는 분명하게 선을 긋고자 하며, 사형폐지론자들의 위선과 가식에 대해서는 단순한 반론의 차원을 넘어 그 실체를 낱낱이 까발려 독자에게 알려야 한다는 사명감을 갖고 있다. 논쟁의 이와 같은 성격으로 인해 필연적으로 등장할 수밖에 없는 독설(毒舌)에 대해서는 필자도 유감스럽게 생각하지만, 독자들에게 정확하게 논쟁의 실체를 전달하는 것이 무엇보다 중요하다고 판단해 돌직구를 날리기로 했다. 어떻든 필자는 입으로는 늘 선(善)을 내세우면서도, 자신들의 필요에 따라 아무렇지 않게 거짓말을 일삼는 무리와는 접근방식 자체가 다르다는 점을 밝혀두고자 한다. 그러므로 이 책에서는 최근 대한민국에서 사형이 확정된 사형수들의 끔찍한 범행은 물론이고 실제 사형 장면의 역한 모습까지 모두 담고자 했다.

노트북을 닫으며…

이 책이 어느 정도 마무리된 것은 2017년 여름경이었다. 이 글을 꼼꼼히 읽은 독자라면 이 글이 대략 그 정도의 시점을 기준으로 하고 있다는 점을 느낄 수 있을 것이다. 필자의 개인적인 사정으로 출판이 5년 정도 늦춰진 것은 다소 유감이지만, 그 사이에 특별한 사정 변경은 없었으므로 이 책을 통해 제기하고자 한 주장은 현재도 여전히 유효하다고 말씀드릴 수 있다.

간혹 연말 시상식에서 상을 받은 연예인의 소감을 들어보면, 일반 사람들은 별 관심도 없는 후원자 목록을 장황하게 읊어대는 바람에 채널을 돌리게 하는 경우가 적지 않다. 해당 프로그램의 입장에서는 아주 해악인 셈인데, 그런 실수를 되풀이하면 안 될 것 같아 이 책이 나오는 데 도움을 준 분들의 이름을 여기에 일일이 따로 거론하지는 않을 생각이다.

다만 USB에 비트의 조합으로만 남아 있었을 뻔한 이 글이 세상에 모습을 드러내게 된 데는 조갑제(趙甲濟) 대표의 격려가 결정적이었고, 더군다나 이 책에서는 조 대표가 과거에 쓴 글 중 일부를 직접 가져다 쓰기까지 했으므로 그분의 이름만은 여기에 남기는 것이 도리일 것 같다. 주기적으로 필자를 불러 맛난 음식을 사주시는 존경하는 선배께서, 이 책의 산파까지 맡아 주셨으니 그 고마움은 이루 말할 수 없다.

정확한 통계는 없지만 대략 매해 1000명이 넘는 소중한 생명이 잔혹한 범죄자의 손에 희생되는 것으로 알려져 있다. 어느 날 흔적도 없이 사라져버려 산 것도 죽은 것도 아닌 상태로 통계에 잡혀 있는 안타까운 희생자들도 적지 않다. 그분들의 영전(靈前)에 명복을 빌며, 아울러 이 책에 담긴 내용이 그분들의 뜻과 일치하기를 빈다.

2022년 6월
저자 김태수

비겁자와 위선자에게 던진
金兌洙 변호사의 결정적 질문!

두카키스를 파멸시킨 질문

1988년 10월13일, 미국 대통령 선거 마지막 토론회가 로스앤젤레스에서 열렸을 때 사회자는 CNN 앵커맨 버나드 쇼였다. 공화당 후보 조지 H. W. 부시(당시 부통령)와 민주당 후보 마이클 두카키스(당시 매사추세츠 주지사)의 지지율은 비등했다. 쇼는 첫 질문을 두카키스에게 던졌다.

"지사님, 만약 키티 두카키스(부인)가 강간당한 뒤 살해되었다면 귀하는 살인자에 대한 사형 확정 판결에 찬성하시겠습니까?"

토론장에 있던 취재기자들 사이에선 질문이 너무 거칠다는 중얼거림이 일었다. 보통 때 같으면 중계방송사의 카메라는 방청 중인 두카키스 부인을 보여줘야 하는데 협약에 따라 후보에게만 초점이 맞춰졌다. 미국인들이 그의 입을 주시하고 있을 때 두카키스는 머뭇거리지 않고 사무적으로 즉답했다.

"버나드, 나는 (사형 판결에) 찬성 안할 겁니다. 내가 평생 사형제도에 반대한 것은 당신도 잘 알고 있지 않습니까."

매사추세츠 주엔 사형제도가 없었고 그런데도 범죄율이 매우 낮았다. 두카키스의 자판기 같은 대답을 들은 기자들 사이에선 "이걸로 선거는 끝났다"는 분위기가 삽시간에 퍼졌다. 두카키스의 대답이 잘못된 때문이 아니었다. 그가 할 수 있는 최선의 정답임엔 틀림이 없었다. 문제는 그 어떤 감정의 기복도 드러내지 않는 무표정이었다. 어떻게 사람이 저럴 수가 있나, 부인이 강간 살해된 경우에 대한 비정한 질문인데 어떻게 아무런 고민이나 주저함도 없이 저런 말을 할 수 있느냐는 보통 사람들의 정서에 딱 걸린 것이다. 두카키스 지지율은 토론 직전의 49%에서 직후 42%로 떨어졌고, 이걸로 선거는 사실상 끝나버렸다. 사형폐지론자의 위선(僞善)이 여론의 심판을 받은 사례로 유명하고 기자는 질문으로 역사를 만든다는 사실을 보여주었다.

버나드 쇼는 이 역사적 질문을 즉흥적으로 한 것이 아니었다. 전날 밤을 새다시피 하면서 생각해낸 질문이었다. 나중에 그는 가혹한 질문을 했다고 비판을 많이 받았다. 그의 설명은 이러했다.

"나는 미움받는 것을 겁내지 않습니다. 그 토론회에서 나는 옳은 질문을 한 것뿐입니다."

김태수의 질문

저자(著者) 김태수(金兌洙) 변호사도 이 책에서 같은 질문을 사형폐지론자들에게 던진다. 대한민국 국민의 다수는 사형제 존치를 옳다고 믿지만 자신들의 확신을 뒷받침해 줄 이론적 근거를 찾지 못해 폐지론자들과의 말싸움에서 속 시원한 주장 한번 못해보고 번번이 깨져왔던 현실에 분노한 그는 쇼 기자처럼 들이댄다.

〈사형폐지론의 최대 약점은 "만약 네 가족이 피해자였더라도…?"라는 질문에 일관성 있는 답변을 내어놓을 수 없다는 점이다.〉

두카키스는 일관성 있는 답변을 내어놓는 과정에서 자신의 비인간성을 드러내고 말았다. 차라리 솔직하게 곤혹스러워하는 표정을 지으면서 일관성 없는 답변을 하였더라면 시청자들의 동정을 샀을 것이고 정치적 파멸을 면했을 것이다.

김 변호사의 질문은 계속된다. 20여 명을 죽이고도, 사형확정 판결을 받고도, 아직 살아 있는 유영철. "유영철에 의해 큰형이 피살되자 두 동생은 자살하고 형수 조카는 행방을 모른다"는 기사를 소개하면서 그는 묻는다.

〈유영철 같은 살인마를 살려둠으로써 그 희생자들의 가족을 자살하게 만들어 희생자 목록을 계속 늘려가는 이 모순적 상황을 어떻게 타개할 것인가?〉

김태수 변호사는 사형폐지론자들의 최대 약점인 위선성(僞善性)을 집요하게 파고든다. 사형 선고를 받고도 정부의 비겁함으로 연명해가는 살인범들의 범행을 적나라하게 소개하고, 이들을 감싸는 소설가, 종교인들의 순진함을 가차 없이 비판한다. 특히 살인자의 인권도 중히 여긴다는 이들이 살인 피해자와 유족들의 고통에는 냉담한 점, 그 위선의 극치를 이렇게 통렬하게 드러낸 책은 일찍이 없었다. 책을 읽어 내려가면 식자층에서 사형존폐론을 이야기할 때 왜 피살자보다 더한 고통을 안고 가다가 목숨을 끊기도 하는 유족들에겐 관심을 기울이지 않는지 탄식하게 만든다. 이것이 이 책의 가장 본질적인 문제 제기이다. 소설가나 종교인이 살인범의 팬클럽 회원 같은 말과 글을 남기려면 유족들을 한 번이라도 만나 보는 것이 좋을 것인데 그렇게 하면 글과 말이 나오지 않을 것이다.

선고는 있는데 집행은 없다!

　사회부 기자의 경험을 살려 사형, 고문(拷問), 조작, 오판(誤判)에 대하여 적지 않은 글을 써온 나에게도 이 책의 원고를 읽을 때는 자세가 달라졌다. 경찰 출입 기자들 말대로 인간사의 가장 큰 사건은 사람이 사람을 죽이는 살인일 것이다. 지구상에서 가장 소중한 인명(人命)을 소멸케 하는 자에겐, 별다른 사정이 없다면 같은 방식의 응징이 있어야 한다. 이것은 인류 문명을 지탱해온 공동체 존립의 가장 중요한 원칙으로 확립된 지 오래이다. 1998년 이후 한국 정부는 국민들의 동의를 받은 적도 없이 공동체 유지를 위한 정의의 집행을 거부하고 있다.

　사형제도는 있고 선고도 있는데 집행은 없다! 이는 국가적 타락이다. 살인 사형수를 죽일 용기가 없는 나라가 반역자를 처단하고 침략을 당했을 때 선전 포고할 배짱이 있을까? 사형 선고를 받은 적이 있는 김대중 당시 대통령의 개인적 취향이 비겁한 공무원들을 거치면서 이런 변태적 행형(行刑)으로 나타난 것이리라. 저자는, 국민 다수는 사형을 원하는데 제대로 된 토론조차 없이 국가에 의한 불법이 지속되고 있는 점을 물고 늘어진다. 지식인, 종교인, 법률가들의 위선적 논리가 다수 국민 여론을 누르고 있는 데 대한 분노가 이 책을 쓰게 만든 원동력으로 보인다.

　아무리 악독한 방법으로 아무리 사람들을 많이 죽여도 사형 집행되지 않고 살아갈 수 있다는 범죄자들의 자신감이 더 많은 살인을 부추기지 않는다고 주장하는 사람이 있다면 이 책을 읽어야 할 것이다. 사형 선고를 해도 사형이 집행되지 않는다는 점을 잘 아는 판사들이 애써 사형 선고를 피하려고 하는 그 마음에서 이미 법은 우습게 되고 있고 이런 심리가 다른 범죄에 대한 응징 의지도 덩달아 약화시킬 것이다. 사형에 대한 국가적 결단을 내릴 수 없는 나라라면 아무리 잘 살아도 미숙아(未熟兒)일 것이다. 저자는 살인범 한 명을 처단하는 것이 일곱 명을 살리는 효과가 있다고 주장하는데, 그렇다면 24년간 사형 집행을 중단한 결과로 죽어간 생명은 몇이나 될까?

사형 집행 재개론에 불을 붙일 책

김태수 변호사와 책 제목을 결정하는 회의를 할 때 맨 처음 올라온 안은 '나는 사형 집행에 찬성한다'였다. 이야기를 하다가 자연스럽게 '사형을 집행하라!'로 바뀐 것인데, 이게 가장 정직한 제목이란 합의가 이뤄졌다. 이 제목은, 사형존폐론 토론은 이미 의미가 없을 정도로 결론이 나 있다는 저자의 자신감을 드러낸다. 사형존폐론을 공론(空論)의 영역에서 '집행할 것이냐 아니냐'의 실천 영역으로 끌어내린 이 책을 읽으면 창백한 지식인들이 즐기는 '논리 놀음'의 허망함을 실감할 것이다. 피비린내 나는 살인의 현장과 지긋지긋한 재판, 그리고 처연한 사형장엔 그런 말장난이 끼어들 여지가 없는 것이다. 이 책이 던지는 가장 중요한 화두(話頭)는 살인 사건의 진짜 피해자인 유족 문제이다. 순간적 고통으로 죽은 피살자보다 살아남은 가족의 고통이 더 길고 깊다.

피살자 유족에 대한 국가적 조사나 관심이 없다는 것도 말이 안 된다. 살인은 치안을 책임진 국가의 실패인데, 정부가 극히 작은 관심만 기울여도 한 많은 2차 피해를 줄일 수 있을 것이다. 사형 집행 중단사태의 가장 큰 피해자들인 이들 유족 중에서 극단적 선택을 한 이들이 살아 있는 사형수보다 더 많지 않을까? 유족의 가장 큰 고통은 그들이 사랑한 사람은 비참하게 죽었는데 죽인 자들은 살아 있다는 것에 대한 떨쳐버릴 수 없는 집착일 것이다.

사형 집행은 유족들에 대한 국가의 예의이다. 사형 집행을 재개하고 미국식으로 사형 집행장에 유족들을 모셔 와서 인과응보(因果應報)의 현장을 직접 보게 함으로써 마음을 정리하도록 도와주어야 하지 않나 하는 생각이 들었다. 응징은 가장 기본적인 정의이다. 이 책이 사형존폐론이 아니라 사형 집행 재개론에 불을 붙였으면 한다. "사형을 집행하라!"는, 사형 집행 의무자인 한동훈 법무부장관에 대한 국법(國法)의 명령이고 그를 임명한 윤석열(尹錫悅) 대통령에 대한 국민들의 통첩이다. 두 사람은 이를 거부할 권한이 없다. 아래 질문에 답해보라!

"대통령님, 만약 부인 김건희 여사께서 강간당한 뒤 살해되었다면 귀하는 그 살인범에 대한 사형 집행도 반대하시겠습니까?"

趙甲濟(조갑제닷컴/조갑제TV 대표)

차 례

서문　　절대 다수의 여론과 반대로 굴러가는 사형제도! … 6

讀後記　비겁자와 위선자에게 던진 金兌洙 변호사의 결정적 질문! … 12
　　　　趙甲濟(조갑제닷컴/조갑제TV 대표)

제1장 ● 사형수로부터 날아든 소장(訴狀) … 22

조선일보 기사
'예슬·혜진 양 살해사건'의 전모
동아일보의 보도
인권의 위대한 승리, 그리고 후유증
우리에게 남은 일

제2장 ● 사형폐지론자들의 민낯 … 54

사형수 김용제의 수기
공지영의 소설
피해자에게 용서를 강요하는 사람들

'잘 알지도 못하면서' 인권만 찾는 사람들
진영논리의 늪에 빠진 사람들

제3장 ● 누가 사형 선고를 받는가 ··· 114

우리 형법상의 사형 규정
사형수 현황
살인사건 양형기준
울산 자매 피살사건
대법원의 사형 선고 기준
최근의 사형 판결 세 건

제4장 ● 사형장의 풍경 ··· 162

신체형에서 생명형으로의 진화
교수형의 연구
실제 사형 집행의 모습

제5장 ● 사형존치론의 장애물 ⋯ 194

철학의 공허함
'자유의지'라는 허구
환경 결정론이라는 미신
인권의 무책임성
기독교적 관점의 문제점 1
기독교적 관점의 문제점 2
대안(代案) 없는 반대

제6장 ● 사형폐지론의 허구성 ⋯ 242

논의의 전제
사형폐지론의 맹아
잔혹하고 비정상적인 형벌에 대한 저항
관점의 전환
고상한 야만인은 없다
형법적 관점에서의 사형폐지론

생명권과 사형제
위험한 선택, 사형폐지론

마치는 글 ··· 306

부록 ● 탈리오 법칙을 위한 변명 ··· 312

탈리오 법칙에 대한 오해
정의의 패러다임
죄수의 딜레마
당한 만큼 돌려줘라, 모두를 위해서

남프랑스에 갔을 때 한 묘비를 본 것이 기억난다.
묘비에는 열네 살 정도 되어 보이는 웃는 여자애의
사진이 걸려 있었고, 그 밑에는 단 한 글자가 새겨져 있었다.
'왜?'
슬픔과 비탄에 젖어 있는 상황에서 이에 대한 대답을
찾으려고 하는 것은 쓸데없는 짓이다.
오히려 잘못된 자책감과 번민에 빠질 수 있다.
그렇다고 답이 없다는 말은 아니다.
나는 몇몇 과학자들이 말하는 것처럼 우리의 실존이
무의미하거나 우연이라고 생각하지 않는다.
삶과 죽음은 우연이라고 말하기에는 너무 이질적이고
타협할 수 없는 무엇이다.

– 찰리 채플린 《자서전》

제
1
장

사형수로부터 날아든 소장(訴狀)

조선일보 기사

조선일보 사회부의 이기문 기자는 2014년 3월4일 오전 10시52분경 휴대폰 문자메시지를 통해 '살인 피해자 가정의 아버지가 사건 이후 술을 계속 마시다 사망했다'는 내용의 제보를 받았다. 제보자는 살인범죄 피해자가족 모임인 '한국 살인피해자 지원협회(KOVA)'에서 활동하고 있는 사람이었다. 문자메시지에는 다음과 같은 내용과 함께 장례식장 주소가 적혀있었다.

참으로 비통한 일입니다. 2007년 크리스마스날 악마의 손에 꽃다운 어린 소녀 두 명이 살해됐고, 7년이라는 세월이 흘러 고인의 부친께서 그때의 충격으로 병세에 시달리다 3월3일 별세하셨습니다. 소박하고 평범하게 살던 한 가정을 흔들어놓은 자는 국가에서 국민세금으로 배를 채우고 있을 때, 피해를 당한 가족은 피눈물을 흘리며 세월을 고통 속에서 보내야 했습니다. KOVA조문단은 3월4일 19시경 이상욱 회장과 함께 장례식장에 집결하여 조문하고자 합니다. 모두 바쁘시겠지만 조문에 함께 하길 바라고, 특히 장례식장 가까운 곳에 거주하시는 유가족분들도 함께 자리해주시면 어떨까 합니다.

이기문 기자는 이날 오후 1시쯤 사회부 데스크에게 해당 내용을 알렸고, 기사를 작성하라는 지시를 받았다. 이기문 기자는 오후 3시쯤 이창근 씨의 빈소가 마련된 안양 메트로병원 장례식장에 도착해 고인의 부인 이달순 씨를 만나 인터뷰하고, 그 범인인 정성현과 관련된 과거 기사 내용을 확인한 뒤 오후 5시쯤 기사 작성을 마감했다.

이기문 기자가 취재한 내용은 다음 날인 2014년 3월5일자 조선일보 A13면에 박스기사로 게재됐다. 그 내용은 이랬다.

딸의 참혹한 죽음, 그 후 7년…
알코올이 아버지의 삶을 서서히 태웠다

4일 오후 경기도 안양시 메트로병원 장례식장에는 이창근(53) 씨의 빈소가 꾸려졌다. 이 씨는 지난 2007년 12월25일 실종돼 두 달여 만에 토막 난 시신으로 발견된 이혜진(당시 10) 양의 아버지다. 사건 당시 딸을 유괴하고 사망케 한 살인범은 집에서 100여m 떨어진 곳에 사는 이웃 정 씨(당시 39)였다. 인면수심의 살인범은 이 양을 비롯한 3명을 살해한 혐의로 지난 2009년 대법원에서 사형 판결을 받고 복역 중이다. 크리스마스에 벌어진 악몽은 집안을 통째로 삼켰다. 실종된 딸을 찾아다니느라 이 씨는 성실히 다니던 인쇄소를 그만뒀다. 이후 처참했던 딸의 비명(非命)을 잊기 위해, 이 씨는 술에 기댔다. 아내 이달순(48) 씨는 "딸이 세상을 떠난 이후 남편은 말이 없어졌다. 남편은 끔찍이 아끼던 막내딸을 언제나 가슴에 묻고 있는 것 같았다"고 했다. 부부 사이에도 숨진 딸을 언급하는 일은 상처를 들쑤시는 일종의 금기(禁忌)였다.

고꾸라진 가장 대신 아내는 생계를 도모해야 했다. 아내 이 씨는 시청이 운영하는 급식소에서 조리사로 근무하고 있다. 그간의 스트레스로 치아 대부분이 빠지는 고통을 겪기도 했다. 아내 이 씨는 "남은 아들·딸 역시 어려운 집안 사정으로 대학 진학을 포기하고 아르바이트를 하고 있다"고 말했다. 2일 오후 일을 마치고 귀가한 아내는 남편의 싸늘한 시신을 발견했다.

남다를 것 없는 평범한 빈소에는 살인 피해 유가족들이 뭉쳐 설립한 '한국 살인 피해자 지원협회'에서 보낸 조화만이 놓여, 이 가족의 기구한 사정을 증언하고 있었다.

이 기사가 게재된 후 약 한 달쯤 뒤인 2014년 4월 초, 서울중앙지방법원에 민사 소장이 한 부 접수됐다. 이 기사로 인해 명예훼손의 피해를 입었다며, 정성현이 조선일보사와 이기문 기자를 상대로 300만 원의 손해배상을 청구한 소송이었다.

정성현은 그 청구원인 사실로서, 이 기사 중에 "이 양을 비롯한 3명을 살해한 혐의로"라는 표현이 허위라고 주장했다. 당초 검사는 정성현이 어린이 2명과 노래방 도우미 1명 등 3명을 살해한 혐의로 기소하였으나 어린이 2명의 살해 혐의만 유죄로 확정되었고, 노래방 도우미 살해 부분은 무죄(상해치사만 인정) 판단을 받았으므로, '3명을 살해한~'이라는 표현이 허위라는 것이다.

내가 이기문 기자로부터 피소(被訴) 사실을 통지받은 것은 법원에 소장이 접수된 시점으로부터 5개월이나 경과된 2014년 9월 중순경이었다. 인지대와 송달료 납부 관계로 소장 부본의 송달이 지연된 점도 있지만, 이기문 기자 또한 이 소송을 어떻게 처리해야 될지 갈피를 잡지 못하고 있다가 법원으로부터 '무변론 판결 선고'를 통고받고 나서야 허겁지겁 필자에게 연락을 취해왔기 때문이다.

변호사의 입장에서 소송은 곧 수임료와 연결되는 문제이므로, 주변에 소송이 제기됐다고 하면 보통 반가운 마음으로 소장을 받아들게 된다. 하지만 이 소송은 좀 달랐다. 우선 청구금액이 너무 적어서 '도대체 얼마를 받고 진행해야 하는가' 하는 문제가 생기지 않을 수 없었다. 소송을 맡게 되면 답변서나 준비서면 같은 주장서면도 작성해야 하고 각종 증거자료도 찾아봐야 하고 또 기일마다 법정에도 나가야 되는데 어떻게 수임료를 잡더라도 1, 2, 3심을 거치다 보면 배보다 배꼽이 더 커질 수밖에 없다. 좀 거칠게 말해, 차라리 그 돈 주고 끝내는 게 더 경제적일 수 있다.

또 하나, 내 상식에 비추어 볼 때 이 기사는 처음부터 소송감이 될 수 없는 기사였다. 염치의 문제는 차치하더라도, 도대체 기사 중에 무슨 표현이 잘못됐다는 것인지 납득이 되지 않았다. 정성현이 3명의 무고한 목숨을 빼앗은 것은 움직일 수 없는 사실인데, 그것을 한 줄로 줄여 "이 양을 비롯한 3

명을 살해한 혐의"라고 했다고 해서 무슨 문제가 된단 말인가.

어떻든 조선일보 기사는 우리가 그동안 까맣게 잊고 있었던 사실, 즉 살인사건 피해자의 나머지 가족들이 어떤 삶을 살고 있는지 새삼 일깨워 준다. 한 아이에게 생긴 끔찍한 비극이 남은 가족들을 출구 없는 미궁(迷宮)에 가둬 넣고, 그들의 영혼을 파괴하고 육체까지 잠식해 나가는 모습을 고통스럽게 보여준다. 사형수의 순수한(?) 영혼을 구제하기 위해 옥바라지를 자처하고 나선 사람들은 많이 있지만, 누구도 이 불쌍한 사람들한테 아리아드네의 실타래를 쥐어주지 못한 채 그저 남의 일로 방관만 하고 있었을 뿐이라는 사실을 새삼 각성하게 해준다.

우리 모두가 동의하는 것처럼, 이 세상의 모든 죽음 중에서 어린이의 죽음만큼 부조리한 것은 없다. 채플린의 자서전에 등장하는 어린 소녀의 비문(碑文)에 새겨진 '왜?'라는 절규처럼, 무슨 말로도 어린아이의 죽음을 납득시킬 수 없다. 그것은 그냥 있을 수 없는 일이고, 있어서도 안 될 일이다.

미국 최고의 범죄심리학자로 꼽히는 마이클 스톤은 그의 책《범죄의 해부학》에서 정당한 살인부터 사이코패스의 고문 살인까지 악(惡)의 등급을 22개의 카테고리로 촘촘하게 분류한 바 있다. 그가 제시하는 악의 마지막 단계, 즉 최고의 악은 "고문(拷問)이 범행의 주요 동기가 되는 사이코패스적 고문살인자"이다.

그런데 그는, 이런 식으로 악의 등급을 따지는 것이 어린이를 해치는 범죄, 나아가 어린이를 살해하는 범죄에 있어서는 아무 의미가 없다고 단언한다. 이보다 더 흉악한 범죄는 없기 때문에 등급을 따질 필요조차 없다는 것이다. 나도 그렇게 생각한다. 그 어떤 악도 천진난만한 어린이의 숨통을 끊는 손길만큼 사악한 것은 없다.

이 모든 비극의 장본인인 정성현은, 우리가 흔히 속죄(贖罪)라고 정의하는 자발적이고 윤리적인 반성의 노력을 '천년쯤' 해도 그 죄를 그 씻을까 말까 한 흉악범이다. 보통 사람 같았으면, 자신이 저지른 범행의 결과가 너무나 고통스러워서 이 기사를 끝까지 읽어나가기도 어려웠을 것이다. 그런데도 정성현은 기사의 한 줄 표현을 문제삼아 소송을 걸었다. 대한민국 법원이 제정신이라면 아무리 주장서면을 대충 써낸다 해도, 이런 흉악한 자의 손을 들어주는 일은 없을 터였다.

견적을 뽑기도 어렵고, 소송도 소송 같지 않아서, 차라리 접대하는 셈치고 답변서나 하나 대신 써주는 게 나을 것 같았다. 물론 변호사를 통해 정식으로 수임된 사건이 아니므로, 당사자 본인이 기일마다 법원에 직접 출석해야 하는 불편은 감수해야 하겠지만 말이다.

하지만 이것은 내 속단이었다. 이 소송이 제기되기 약 3년 전, 정성현은 동아일보를 상대로 손해배상을 구하는 소송을 제기했다가 일부 승소한 적이 있었다. 그 동아일보 소송에서 법원 판결을 통해 허위로 인정된 표현들 중에는 '살해'도 있었다. 이는 조선일보 기사도 결코 안심할 수 없다는 얘기가 된다. 정성현 나름으로는 믿는 구석이 있었던 것이다.

'예슬·혜진 양 살해사건'의 전모

검사가 1심 법원에 낸 공소장부터 살펴보자. 공소장에 기재된 정성현의 범죄사실 중 "피해자 우예슬에 대한 강간미수살인으로 인한 성폭력범죄의처벌및피해자보호등에관한법률 위반의 점"은 다음과 같다.

피고인은 2007. 12. 25. 17:30경 크리스마스에 홀로 안양시 만안구 안양동 ○번지에 있는 피고인의 집에 있다가 외로움과 갑작스런 성적 충동을 느껴 여자를 강간할 것을 마음먹고 집 앞쪽에 있는 도로로 나가 주위를 둘러보며 범행 대상을 찾던 중, 도로 건너편 세븐일레븐 편의점 앞길을 지나가는 피해자 이혜진(여, 10세)과 피해자 우예슬(여, 8세)을 발견했다. 피고인은 피고인의 집 부근에 있는 푸른연립 앞 삼거리에서 피해자들에게 "우리 집 강아지가 아픈데 한번 봐 줄래"라고 말하여 피해자들을 피고인의 집 앞마당으로 데리고 간 후, "왜 강아지가 없어요?"라고 묻는 피해자들에게 "강아지가 집 안에 있어"라고 말하여 피해자들이 현관 입구에서 집 안을 둘러보자 손으로 힘껏 피해자들의 등을 밀어 현관 안으로 들어가게 한 다음 재빨리 현관문을 잠가 피해자들을 약취·유인하였다.

피고인은 피해자들을 작은 방으로 밀어 넣은 후 방문을 닫고 피해자들을 나란히 방바닥에 눕힌 다음 피해자들에게 "조용히 해, 가만히 있지 않으면 집에 안 보내줄 거야"라고 협박하여 피해자들의 반항을 억압한 후, 왼손을 피해자 이혜진의 옷 속으로 넣어 가슴을 만지면서 오른손을 피해자 우예슬의 옷 속으로 넣어 가슴을 만지다가 그 옆에 있던 옷으로 피해자 이혜진의 얼굴을 덮어씌운 다음 피해자 우예슬의 청바지 지퍼를 내리고 바지를 무릎까지 끌어 내렸다.

그리고 피고인은 왼손으로 피해자 우예슬의 오른팔을 잡고, 오른손으로 피해자 우예슬의 음부 바깥쪽을 수회 쓰다듬은 다음 음부에 손가락을 넣었다 뺐다 하는 행위를 반복하다가 입고 있던 바지를 내리고 발기된 성기를 꺼내 피해자 우예슬의 음부에 대고 삽입하려고 하였으나 성기가 삽입되지 않자 다시 손가락 두 개를 동시에 음부에 넣었다 뺐다 하는 행위를 반복하였고, 이에 통증을 심하게 느낀 피해자 우예슬이 울면서 소리를 지르려고 하는 바람에 피해자 우예슬에 대한 강간범행은 미수에 그쳤다.

피고인은 위와 같은 범행이 발각될 것을 우려하여 피해자들을 살해하기로 마음먹고 왼손으로 피해자 우예슬의 오른쪽 가슴을 누르고 오른손으로 발버둥을 치는 피해자 우예슬의 코와 입을 막고 힘껏 눌러 그 자리에서 질식사하게 하고, 계속하여 옷으로 얼굴이 덮여 있던 피해자 이혜진의 가슴 위에 올라타 무릎으로 양팔을 누르고, 얼굴에 덮어놓은 옷을 벗겨낸 다음 양손으로 발버둥을 치는 피해자 이혜진의 코와 입을 막고 힘껏 눌러 그 자리에서 질식사하게 함으로써 피해자들을 살해하였다.

공소장에 기재된 '피해자 이혜진, 우예슬에 대한 범행'은 여기까지다. 수사기록을 통해 확인되는 이후의 행적을 보면, 정성현은 아이들을 죽인 뒤 그 길로 나가 집에서 멀리 떨어진 철물점에서 양날톱(70㎝)을 구입했다. 밤 10시쯤 집으로 돌아온 정성현은 몸집이 좀 더 큰 혜진이의 시신부터 톱으로 잘라내기 시작했다. 정성현은 발목부터 무릎, 허벅지 순으로 열 토막을 낸 시신을 빨간색 플라스틱 통에 담아 렌트해 온 차량 트렁크에 싣고 수원시 권선구 인근 야산으로 가 암매장했다.

혜진이의 시신을 처리하고 다음 날 새벽 3시쯤 집으로 돌아온 정성현은 예슬이의 시신도 같은 방법으로 잘라내기 시작했다. 이번에는 일곱 토막이었다. 정성현은 예슬이의 시신 토막을 시흥에 있는 군자천으로 가서 하천에 버렸다. 꽁꽁 얼어붙은 겨울 산을 파내는 것보다는 그냥 흘려보내면 되는 하천이 수월하다고 판단한 것인데, 이 때문에 예슬이 몸의 일부는 끝내 부모에게 돌아오지 못했다.

시신의 훼손과 유기는 살인의 불가벌적(不可罰的) 사후행위가 아니다. 신체의 온전성을 내세(來世)와 연결시켜 생각하는 동양적 사고방식에서 사람의 몸이 여러 부분으로 잘리는 것에 대한 공포는 죽음 그 자체에 대한 공포보다도 더 큰 것으로 간주돼 왔다. 교수형을 참수형보다 더 불명예스럽게 생각한 서양과 달리, 동양에서는 예로부터 '신수이처(身首異處)'의 참수형보다 '전기지체(全其肢體)'의 교수형을 훨씬 더 관대한 형벌로 다루어 온 이유가 여기에 있다.

그러므로 정성현은 혜진이와 예슬이의 시신만 조각조각 갈라놓은 게 아니라 그 애들 부모의 영혼까지 갈기갈기 찢어 놓은 것이다. 다행히 거센 물살에 내버려진 것이 아니어서, 강제추행의 결정적 증거인 예슬이의 음부 부분이 유실되지 않고 발견되어 범죄자의 가증스런 거짓말을 뒤집어 주었다는 것이 저 불행한 사람들에게 다소나마 작은 위안이 되었을 것이다.

정성현이 이 끔찍한 범행의 유력한 용의자로 포착돼 조사를 받던 중 그보다 약 4년쯤 전에 발생한 장기미제 사건 하나가 이슈로 부각됐다. 2004년 7월16일 발생한 '전화방 도우미 실종 사건'이 바로 그것이다. 피해자인 도우미 정 모(女) 씨가 종적을 감추기 전 마지막 통화를 나눴던 사람이 정성현이었으므로, 경찰은 2005년부터 정성현을 유력한 용의자로 보고 수사를 진행해 왔으나 정성현이 완강히 혐의를 부인하고 그럴듯한 알리바이까지 내놓은 상태여서 이 실종사건은 출구를 찾지 못한 채 장기간 지지부진한 상태에 빠져 있었다.

정성현은 수사과정에 계속된 거짓말과 허위진술로 수사에 혼선을 초래했다. 정성현은 수사기관에서 조사받을 당시 처음에는 범행을 부인하다가 교통사고로 혜진이와 예슬이를 사망케 한 것이라고 진술했고, 그 후 아이들을 살해한 사실을 자백하기 시작하면서도 구체적인 부분에 있어서는 진술을 회피하거나 허위의 진술을 하다가 객관적 증거가 현출되거나 진술의 모순점이 드러나면 하나둘씩 사건의 실체를 밝히는 식으로 진술해 왔다.

전화방 도우미 정 모 씨 실종 사건의 경우에도 마찬가지였다. 정성현은 수사기관의 거듭된 추궁을 받고 피해자 정 씨에 대한 범행을 일부 자백하긴

했지만 살인의 범의(犯意)는 끝내 부인했다. 정성현의 자백은 대략 이런 내용이었다.

2004년 7월16일 경기도 군포의 한 전화방에서 피해자 정(43) 씨와 전화로 음담패설을 나누던 정성현은 정 씨에게 성매매를 제안해 인근의 모텔에서 만났다. 그런데 막상 만나보니 자신이 기대했던 것보다 피해자의 나이가 많을 뿐만 아니라, 터무니없이 화대를 비싸게 요구해 두 사람 사이에 언쟁이 생겼고, 그 와중에 정성현이 피해자의 뺨을 2~3회 때려 언성이 더욱 높아졌다.

피해자의 심한 욕설에 격분한 정성현은 오른손 주먹으로 피해자의 얼굴 부분을 힘껏 때려 피해자가 뒤로 넘어지면서 머리 뒷부분을 방바닥에 심하게 부딪혀 실신하게 하였다. 그럼에도 정성현은 화를 주체하지 못하고 피해자의 몸에 올라타 양손 주먹으로 피해자의 얼굴을 수차례 때려 피해자를 사망에 이르게 하였다.

검찰은 정성현이 이 폭행 과정에 "피해자가 죽어도 좋다"고 감수한 살인의 미필적 고의가 있었다고 보고 피해자 정 씨 부분에 대해서도 살인죄로 기소했다. 검찰은 정성현이 피해자의 얼굴을 두세 차례 가격해 넘어뜨린 뒤, 피해자의 몸에 올라타 피해자의 얼굴이 피로 범벅이 되고 형체를 알아볼 수 없는 지경이 되도록 무수히 주먹질을 한 것으로 보았다.

만약 피해자 정 씨의 시신이 온전하게 보존돼 있었다면 정 씨의 사인(死因), 폭행의 횟수, 정도, 타격 부위 등에 관해 법의학적 규명이 어느 정도 이루어졌겠지만, 피해자 정 씨도 혜진이, 예슬이와 마찬가지로 정성현의 폭력으로 목숨을 잃은 후 시신이 일곱 토막으로 절단돼 검은색 비닐봉지에 담겨 군포 인근의 야산에 암매장된 상태였기 때문에 완벽한 규명이 사실상 불가능한 상태였다.

'죽을지도 몰라'라는 생각(미필적 고의에 의한 살인)과 '설마 죽겠어?'라는 생각(인식 있는 과실에 의한 상해치사)은 백지장 한 장 차이도 안 되는 것이어서 범죄자의 머릿속으로 들어가 보지 않고서는 명확하게 구분할 방법이 없다. 하지만 둘 중 어느 쪽으로 보느냐에 따라 법적 취급은 천지 차이로 벌어진다. 2008년 6월18일 선고된 수원지방법원의 제1심 판결은 피해자 우예슬, 이혜진에 대한 성폭력범죄처벌법 위반(강간등살인)은 유죄로 인정했지만, 피해자 정 씨에 대한 살인의 공소사실은 정성현의 변명을 받아들여 무죄를 선고했다.

피고인과 검찰의 쌍방 항소로 개시된 서울고등법원의 항소심 재판에서, 정성현은 "자신이 피해자들을 약취·유인하여 살해한 것은 인정하지만 피해자들을 성폭행하지 않았고, 특히 피해자 우예슬을 강간하려고 시도한 적이 없다"고 주장했고, 검찰은 "피해자 정 씨에 대한 범행과 관련하여, 그 당시 피고인은 위 피해자가 죽을 수도 있다는 생각을 하면서 피해자의 얼굴을 수회 때려 사망에 이르게 한 이상 피고인 정성현에게는 살인의 미필적 고의가 있었다"고 주장했다.

서울고등법원의 항소심 판결은 2008년 10월17일 선고됐다. 재판부는 강간행위의 실행에 착수한 적이 없다는 정성현의 주장을 일부 받아들여 "피고인이 피해자들의 가슴을 만지고 피해자 우예슬의 음부에 손가락을 넣는 등 강제로 추행한 사실"만 인정하고, "입고 있던 바지를 내리고 성기를 꺼내 피해자 우예슬의 음부에 대고 삽입하려 했다"는 부분에 대해서는 무죄를 인정했다.

재판부는 그러나 검찰의 항소는 받아들이지 않았다.

재판부는 "피고인이 피해자의 몸에 올라타 양손 주먹으로 피해자의 얼굴 부분을 수차례 때린 사실, 피해자는 그로 인하여 그 자리에서 사망하게 된 사실이 인정되고, 여기에다가 피고인이 피해자가 사망한 직후 사체를 토막내 은닉하여 그 죄증을 인멸한 점에 비추어 보면, 피고인에게 처음부터 미필적으로나마 살인의 고의가 있었던 것이 아닌가 하는 의심이 들기는 한다"라고 하면서, 1심 무죄부분을 뒤집고 살인죄로 처단할 것인지를 두고 적지 않은 고민이 있었음을 드러냈다.

그럼에도 재판부는 "피고인은 경찰 수사단계에서부터 당심 법정에 이르기까지 일관되게 살인의 고의를 부인하여 온 점, … 피고인이 피해자를 때린 부위, 횟수, 피해자의 정확한 사망 원인 등이 특정될 수 없어 피고인의 행위로 인하여 구체적으로 어떻게 피해자가 사망하였는지를 확정할 수 없는 점, 피해자가 피고인의 첫 번째 타격으로 뒷머리를 방바닥에 세게 부딪히면서 사망하였을 가능성도 배제할 수 없는 점 등을 감안하면, 피고인이 피해자와 화대 액수에 관하여 다투는 과정에서 격분하여 우발적으로 피해자를 때리다 사망에 이르게 한 것으로 보이고 피고인에게 미필적으로라도 살인의 고의가 있었다고 단정하기는 어렵고, 달리 이를 인정할 만한 증거가 없다"고 판단했다.

어찌 보면 이렇게 분석적으로 판결이유를 살펴보는 것 자체가 무의미한 일일지 모른다. 강간을 한 적이 없다거나 죽일 생각은 없었다는 정성현의 변명을 다 들어주더라도 우리 형법이 사형이란 제도를 두고 있는 한에서는 사형 이외에 다른 형을 선고할 방법이 없는 사건이다. 어차피 사형을 선고하는 마당에, 공연히 대법원에 상고할 빌미를 만들어줄 필요가 없다. 파기환송 후에도 사형은 불가피하겠지만, 파기환송 자체가 무엇인가 원심이 잘못했다는 인상을 주는 것이니 아예 싹을 잘라버리겠다는 의도였을 것이다. 즉 정성현이 예뻐서 여기저기 무죄를 인정해준 것이 아니라 그래봐야 '죽어 마땅한 자'라는 사실에는 변함이 없었기 때문이다.

그렇더라도 우리 법원의 이런 온정적인 태도는 필자로서는 정말 마음에 들지 않는다. 이것은 마치 살인 후 사체유기나 사체훼손을 조장하는 것이나 마찬가지가 아닌가. 어느 악마 같은 살인자가 살인 후 사체를 불에 태우거나 수백 조각으로 난도질해 사인(死因)을 도저히 알 수 없게 만든 다음, 정성현의 사례를 선례로 들어대며 "일부러 죽인 것은 아닌데요"라고 딱 잡아떼면 무슨 수로 살인의 죄책을 묻겠는가.

사람을 죽인 후 사체를 유기하거나 훼손한 범죄자에 대해서는 이유 불문하고 살인죄로 처벌하는 것이 옳다. 사람에 대한 최소한의 예절도 버린 채 오로지 자신의 이익을 위해, 즉 완전범죄를 도모하거나 형량의 경감을 위해 사체를 훼손한 자는 그 행동에 대한 불이익도 기꺼이 감수해야 맞다. 이것이 형사상 책임의 원칙에 부합하는 결론이요, 정의의 요구다.

어떻든 대법원은 2009년 2월26일 선고한 판결에서 피고인과 검찰의 상고를 모두 기각하였고(사건번호: 2008도9867 판결), 이로써 서울고등법원의 이 판결은 확정됐다.

동아일보의 보도

전화방 도우미 실종사건에 대한 수사가 진행 중이던 2007년 5월경 서울경기지방경찰청 소속 군포경찰서에 첩보가 하나 입수됐다. 유력한 용의자인 정성현이 2005년 12월3일경 또다른 전화방 도우미 F 씨를 강간했다는 첩보였다.

경찰은 F 씨에게 수사협조를 요구했으나, F 씨가 진술을 완강하게 거부해 위 사건은 정식으로 입건되지 못했다. 강간죄는 피해자의 고소가 없으면 처벌할 수 없는 '친고죄'이므로, 경찰로서도 F 씨에 대한 강간 혐의에 대해서는 더 수사를 진행하기 어려운 사정이 있었을 것이다. 그렇더라도 F 씨를 철저하게 조사했더라면 정 모 씨 실종사건의 수사와 관련된 유력한 단서를 얻었을 수도 있고, 그랬더라면 혜진이와 예슬이는 지금도 우리 곁에서 잘 성장하고 있었을 것이다. 안타까운 일이다.

동아일보는 2010년 1월28일 형사소송법 개정과 관련된 특집 기사를 실으면서 '참고인 출석의무제' 등에 대하여 소개하며 다음과 같이 보도했다.

"참고인 출석의무제 있었다면 혜진 예슬 사건 막았을 수도"

정 모 씨는 2004년 7월 전화방 도우미 E 씨를 살해해 야산에 암매장한 뒤 이듬해 12월에는 또 다른 여성 F 씨를 성폭행했다. E 씨 살해사건을 조사하던 경기 군포경찰서는 정 씨를 유력한 용의자로 지목했지만 물증을 찾지 못하던 중 2007년 5월 F 씨 사건 첩보를 입수했다.

경찰은 F 씨에게 출석해줄 것을 요청했지만 F 씨는 신분이 노출돼 또다른 피해를 볼 것을 우려해 응하지 않았다. 그로부터 7개월 뒤 정 씨는 경기 안양시에서 초등생 이혜진, 우예슬 양을 납치해 살해했다.

정 씨가 검거된 직후 군포경찰서 측은 "F 씨를 소환조사해 정 씨를 미리 구속했다면 두 어린이가 살해당하는 일은 일어나지 않았을 것"이라며 크게 아쉬워했다. 참고인 출석의무제가 도입되면 이 같은 일을 막을 수 있다는 게 검찰의 주장이다.

이 보도가 나간 후 정성현은 동아일보사를 상대로 즉각 소송을 냈다. 기사에 나오는 "전화방 도우미 E 씨를 살해했다"라는 부분과 "또 다른 여성 F 씨를 성폭행했다"라는 부분, "초등생 이혜진, 우예슬 양을 납치해 살해했다"라는 부분이 명백히 허위이며 이로써 자신의 명예가 훼손되었다고 주장하면서 2000만 원의 손해배상금을 청구하는 민사소송을 서울중앙지방법원에 제기했다.

내가 이런 소송이 제기됐다는 것을 처음 안 것은 1년여쯤 뒤인데, 그때는 이미 정성현의 일부 승소를 선언한 제1심 판결이 나온 후였다. 이 소송의 항소심 재판이 진행 중이던 2011년 여름께, 동아일보사의 소송대리를 맡고 있던 R 변호사를 우연히 법정 밖에서 만난 일이 있다. 와이셔츠 속으로 땀이 흥건했던 몹시 무더운 날이었다. "오늘 재판이 있었던 모양이죠?"라고 인사를 건네며 자연스럽게 시작된 대화가 그 소송의 원고인 정성현으로 이어졌다.

당시 동아일보사는 제1심에서 300만 원의 패소 판결을 받고 항소한 상태였으므로, 항소심에서 이를 뒤집지 못하면 꼼짝없이 사형수에게 돈을 물어줘야 할 판이었다. 변호사의 입장에서 보자면 패소란 것 자체가 우울한 일이지만, 더군다나 국내 유수의 언론사가 정성현 같은 흉악한 살인자에게 이른바 '불법행위의 가해자'로서 손해배상금을 물어주게 되었으니 R 변호사의 기분이 더욱 상했던 모양이다. 법원 출신의 원칙주의자인 R 변호사는 '법대로 하면' 진작 죽었어야 할 인간을 살려두니 이런 일이 생기는 것이라며 불편한 속내를 드러냈다.

내가 생각해도 좀 웃긴 일이었다. 법률가가 이런 말을 하면 무식하다는 소리를 듣기 딱 좋지만, 솔직히 사형수한테 훼손될 명예가 어디 있다는 얘긴가. 법적으로 명예란 '사람에 대한 사회적 평가'로 정의되는데, 우리 사회에서 더 이상 살려둘 가치가 없는 것으로 평가된 마당에, 다시 말해 사회적 가치가 제로가 된 마당에 더 훼손되고 말고 할 명예가 어디에 있겠는가 말이다.

무엇보다 국가 스스로가 "사형 집행의 명령은 판결이 확정된 날로부터 6월 이내에 하여야 한다"라고 명시된 형사소송법 제465조 제1항을 전혀 지키지도 않으면서, 사형수를 위해 법의 이름으로 저 위대한 정의의 칼을 휘두르겠다니, 이건 좀 앞뒤가 안 맞는 것 아닌가. 만약 동아일보사의 패소가 확정되어 돈을 일부라도 지급하게 되면 국가를 상대로 구상권이라도 행사해야 되는 것 아닐까?

사형이란 극악한 범죄인을 우리 사회로부터 '영구히' 격리하여 재범(再犯)의 가능성을 원천적으로 차단하겠다는 취지에서 내려지는 판결인데, 저렇게 사형수가 법정을 안방 드나들 듯 하다가 상대방 변호사가 됐든 방청객이 됐든 불시에 기습해서 다치게라도 하는 날이면 그 책임은 누가 질 것인가? 패소 판결이 난 뒤에 돈을 지급하지 않으면 집달관(執達官) 대동하고 집으로 찾아와 압류 딱지라도 붙이겠다는 얘긴가? 만약 이런 사태가 생기면 법무부 장관에게 직무유기의 책임을 물어야 하는 것 아닐까?

사법시험에 합격한 사람들 중 대체로 착한 사람들이 판사가 된다. 안 그런 사람도 없진 않겠지만, 적어도 내가 알고 지내는 판사들 중에 소설 《백경》의 주인공들처럼 수컷 냄새를 물씬 풍기는 마초는 한 사람도 없다. 그래서 그런지 대한민국 법원에는 '부처님 가운데 토막'이 넘쳐난다. 그런데 이런 너그러움이 때때로 대책 없을 정도의 고지식함이 되어 범죄 피해자나 변호사들을 절망에 빠뜨릴 때가 가끔씩 있다. 정성현 건의 경우가 딱 그랬다.

정성현이 동아일보사를 상대로 제기한 사건의 제1심 법원은 소액사건 전담재판부였으므로, 판결문에 따로 판결 이유를 설시하진 않는다. 평범한 개인들끼리 보통 기백만 원 남짓의 돈을 가지고 벌이는 소송에, 결론만 내려주면 됐지 굳이 이유까지 다 적는 것은 종이 낭비가 아니냐는 취지에서 나온 제도다. 1심 법원이 동아일보사와 취재기자에 대해 손해배상금으로 300만 원을 물어내라고 판결한 이유는 항소심 판결문에 상세하게 언급이 됐는데, 해당 부분을 인용하면 다음과 같다.

1. E 씨 살해 부분

가. 명예훼손 여부

원고는, E 씨를 주먹으로 때려 사망에 이르게 하였을 뿐인데도 이 사건 기사에는 E 씨를 살해한 것으로 기재되어 원고의 명예가 훼손되었다고 주장하는바, 원고에 대하여 전화방 도우미에 대한 살인에 대하여는 살인의 미필적 고의가 있었다고 단정하기 어렵다는 이유로 상해치사죄만이 유죄로 인정되고 살인죄에 대한 무죄부분에 대하여 검사의 항소, 상고가 모두 기각되었음에도 이 사건 기사에 'E 씨를 살해'한 것으로 단정적으로 기재된 사실은 앞서 본 바와 같으므로, 이로써 원고의 명예가 훼손되었다고 할 것이다.

나. 정황의 과장 해당 여부 등

이에 대하여 피고들은, 원고에게 살인의 고의가 있었다고 적시한 것이 아니라 사실관계를 간략하게 압축하는 과정에서 '살해'라고 표현하였을 뿐으로 상해치사죄에 대하여 유죄를 선고받아 널리 보도된 이상, 위 표현은 정황의 강조, 과장에 불과하여 원고의 명예가 훼손되었다고 볼 수 없고, 가사(假使) 명예가 훼손되었다 하더라도 이 사건 기사는 진실한 사실로서 공공의 이익에 관한 사항을 내용으로 하여 위법성이 조각된다고 주장한다.

그러나 이 사건 기사에서 원고가 E 씨를 때리게 된 원인이나 E 씨가 사망하게 된 경위 등 당시의 상황에 대한 다른 설명 없이 단순히 'E 씨를 살해'라고 표현한 점, '살해'라는 어휘는 보통 사람을 해치어 죽인다는 의미로 사용되고 이 사건 기사 중 '초등생 이혜진, 우예슬 양을 납치해 살해했다'는 부분의 '살해'도 위와 같은 의미로 사용된 것으로 보인 점 등에 비추어 일반 독자로서는 이 사건 기사를 접하였을 때 원고가 E 씨를 고의적으로 죽였다고 인식하게 된다. 그런데 살인죄와 상해치사죄는 죄명과 형량, 죄질이 다를 뿐만 아니라 이에 대한 사회적 평가에 상당히 차이가 있어 원고의 명예가 훼손되지 아니하였다고 볼 수 없고, '살해'라는 표현이 '상해를 입혀 사망에 이르게 하였다'는 사실관계를 알기 쉽게 단순하게 만드는 과정에서 이를 압축, 강조한 것이라거나 대중의 흥미를 끌기 위하여 사실관계에 장식을 가하는 과정에서 다소의 수사적 과장을 한 경우에 해당한다고 보기도 어려우며, 이 사건 기사의 내용을 진실이라고 볼 수도 없으므로, 피고들의 위 주장은 이유 없다.

2. F 씨 성폭행 부분

가. 명예훼손 여부

원고는, F 씨를 성폭행하지 아니하였는데 이 사건 기사에는 F 씨를 성폭행한 것으로 기재되어 원고의 명예가 훼손되었다고 주장하는바, F 씨에 대한 성폭행 사건은 입건되지도 아니하였을 뿐만 아니라 F 씨의 진술도 확보되지 아니한 첩보에 불과한 것임에도 이 사건 기사에 'F 씨를 성폭행'한 것으로 단정적으로 기재된 사실은 앞서 본 바와 같으므로, 이로써 원고의 명예가 훼손되었다 할 것이다.

나. 위법성 조각 여부

이에 대하여 피고들은, 이 사건 기사는 형사소송법 개정 논의 중 참고인 출석의무제에 대하여 소개하기 위한 기사로서 공공의 이익에 관한 사항을 내용으로 하고, 피고들이 원고의 F 씨에 대한 성폭행사실이 진실이 아니라고 하더라도 이를 진실이라고 믿을 상당한 이유가 있으므로 위법성이 조각된다고 주장하나, 피고들이 입건되지도 아니한 원고의 F 씨에 대한 성폭행사실에 대한 진위 여부를 확인하기 위하여 적절하고도 충분한 조사를 다하였음을 인정할 아무런 증거가 없으므로, 피고들의 위 주장은 이유 없다.

3. 초등학생 납치, 살해 부분

원고는, 초등학생들을 약취·유인하여 성폭행한 후 고의적으로 살해하지 아니하였고, 가사 약취·유인하였더라도 이를 고의적인 납치로 볼 수 없음에도, 이 사건 기사에는 초등학생들을 '납치해 살해'하고 '성폭행'한 것으로 허위의 사실이 기재되어 원고의 명예가 훼손되었다는 취지로 주장한다.

갑 제3호증의 기재에 변론 전체의 취지를 종합하면, 원고는 2007. 12.25. 초등학생들에게 "우리 집 강아지가 아픈데 한번 봐 줄래"라고 말하여 원고의 집 앞마당으로 데리고 간 후 "왜 강아지가 없어요"라고 묻는 초등학생들에게 "강아지가 집 안에 있어"라고 말하여 초등학생들이 현관 입구에서 집 안으로 둘러보자 손으로 힘껏 피해자들의 등을 밀어 현관 안으로 들어가게 한 다음 재빨리 현관문을 잠근 사실, 그 후 원고는 범행이 발각될 것을 우려하여 초등학생들의 코와 입을 막고 힘껏 누르는 방법으로 질식사하게 한 사실을 인정할 수 있고, 이에 반하는 갑 제6호증의 기재는 믿지 아니하는 바, 초등학생들을 거짓말로 꾀어내어 현관 안으로 들어가게 한 다음 현관문을 닫아 자신의 실력적 지배 아래 둔 약취·유인행위를 의사에 반하여 억지로 데리고 간다는 의미의 '납치'로 표현하고, 초등학생들을 질식사하게 한 위 행위를 '살해'라고 표현한 것이 허위라고 볼 수 없고, 이 사건 기사에 원고가 초등학생들을 성폭행하였다는 내용을 찾을 수 없으므로, 원고의 위 주장은 이유 없다.

믿기 어렵겠지만 위에서 인용한 내용은 단독판사의 독단이 아니라 합의부의 판단이다. 다시 말해, 판사 세 사람이 머리를 맞대고 숙의한 끝에 내린 결론이란 얘기다.

변호사로서 갑과 을이 분명한 법조계에 오래 머물다 보니 어지간해서는 법원의 판단에는 군말을 안 다는 편이지만, 이 판결에 대해서는 한마디하지 않을 수 없다. 법리가 문제가 아니다. 재판이란 게 결국 사람과 사람 사이의 문제인데, 그것을 다루는 언어가 어찌 그리 메마르고 냉정한가. 소시오패스의 교리서가 있다면 아마도 이런 문투이지 않을까 싶을 정도로 공감과 연대의 통로가 꽉 막혀 있는 느낌이다. 무엇보다 시야라고는 느껴지지 않을 만큼 근시안적이다.

한번 물어보고 싶다. 동아일보의 저 기사가 사감(私感)에 사로잡힌 기자가 정성현을 일부러 모함하기 위해 쓴 기사인가? '사람을 죽였다'와 '사람을 때려 죽였다'는 칼같이 구별해서 써야 할 만큼 완전히 다른 문맥의 언어인가? 사람을 죽을 때까지 팬 후 여러 토막으로 썰어 야산에 암매장한 행위는 사람을 단칼에 죽여 놓고 내뺀 것보다 훨씬 더 고상하고 소박한 일인가? '무한대(∞)+1'은 '무한대'보다 큰 개념인가? 이미 3명의 목숨을 빼앗고 사형을 선고받은 사람에게 강간 혐의 하나가 더 추가됐다고 해서 독자들이 '아이쿠, 우리가 사람을 잘못 보고 있었네!'라며 생각이라도 바꾸게 된다는 얘기인가? 형사 판결로 확정된 범죄가 아니면 공론의 필요가 있을 때에도 함부로 거론해서는 안 되는 것인가? "납치·살해를 부인하는 것은 확정 판결에 배치되니 말이 안 되고 '성폭행'은 기사에 없는 표현이니 판단할 필요가 없다"고 한마디만 하면 될 일에 대해서는 왜 그렇게 주저리주저리 장황설을 늘어놓고 있는가? 사형수 입장에만 치우치지 않은 '균형 잡힌' 시각임을 강조하려는 것인가? 무엇보다 사형수에게 손해배상금을 지급하는 굴욕을 감수하게 할 만큼 동아일보 기사가 잘못된 것인가?

인권의 위대한 승리, 그리고 후유증

사형수의 인권까지 세심하게 챙긴 이 고상한 판결의 후유증은 바로 나타났다. 정성현한테 법원도 가지고 놀 수 있다는 엄청난 자신감을 심어준 것이다. 그렇지 않아도 눈에 뵈는 것이 없던 자였다. 그는 그 뒤로 걸핏하면 소송을 냈다.

2011년 1월에는 당시 담당 검사였던 신성식 검사가 수사 도중 피해 아동의 부패한 시신 사진을 보여주며 "이 사진을 재판 방청객들에게 뿌리면 넌 골로 가는 거야"라고 말하는 등 자신을 협박하고 증거조작을 해 진술을 강요했다며 신 검사와 대한민국 정부를 상대로 소송을 제기했다.

경기도 지역의 한 신문기자가 정성현에게 살해당한 이혜진 양의 아버지가 2014년 숨지자 관련 기사를 작성하면서 정성현을 '살인마'라고 표현한 일이 있는데, 정성현은 '자신을 살인마로 지칭해 명예를 실추시켰다'며 해당 기자를 수원지검에 명예훼손 혐의로 고소했다.

그는 또 2012년 7월 서울구치소장을 상대로 서울행정법원에 징벌처분 취소 소송을 냈다. 2012년 8월27일자 연합뉴스를 통해 세상에 알려진 이 기막힌 사연을 소개하면 다음과 같다.

안양 초등생 혜진·예슬 양 살해사건 범인으로 사형이 확정된 정성현(43)이 구치소에서 교도관들을 상대로 소송을 제기한 사실이 확인됐다. 어린이에게 극악한 범죄를 저지른 자가 기본권을 강하게 주장하며 억울함을 호소해 논란이 예상된다.

27일 법조계에 따르면 정은 최근 "금치 13일 처분은 부당하다"며 서울구치소장을 상대로 서울행정법원에 징계처분취소 청구소송을 냈다. 정 씨는 A4 용지 크기 편지지 8장에 직접 손으로 작성한 소장에서 시종일관 법과 원칙을 강조해 혀를 내두르게 했다.

그는 "구치소 기동순찰팀 소속 교도관 4명이 지난달 중순께 자신의 방을 검사하면서 '뒤로 돌아서서 쪼그려 앉으라'는 등 업무지침에 반하는 지시를 내렸다"고 주장했다. 이어 "지침을 들이밀며 지시에 따를 수 없다고 반발한 끝에 징벌 사동에 입감됐다"며 "국민의 기본권을 제한하는 법의 내용은 명확해야 하고, 집행기관의 자의적인 해석과 적용은 배제해야 한다"고 강조했다. 현행법 조항을 언급하며 해박한 법 지식을 자랑하기도 했다. 정은 "교도관들의 행위는 헌법 10조에 대한 공무원 주의의무 위반"이라며 형사소송법이나 형의 집행 및 수용자 처우에 관한 법률을 보더라도 명백한 재량권 일탈이라고 주장했다.

정성현이 조선일보를 상대로 해서 제기한 첫 번째 소송에서는 답변서만 간략하게 적어 법원에 제출하고 변론기일에 직접 출석을 하지는 않았다. 그 소송은 상대방의 얼굴을 한 번도 보지 못하고 종결돼 버려 과연 어떻게 생겨먹은 인간인지 궁금했었는데, 정성현이 그 뒤에도 조선일보를 상대로 두 차례나 더 소송을 제기했으므로 결국은 법정에서 그의 얼굴을 볼 기회가 생겼다.

법정에서 본 정성현의 얼굴은 말끔했고 혈색도 좋았다. 170cm 정도의 신장에 체중은 최하 90kg 정도는 돼 보여 약간 비대한 느낌을 주었다. 수의에 붙은 빨간색 명찰이 아니었으면 누구도 사형수임을 알아챌 수 없을 평범한 인상이었다.

법정에서는 포승을 풀고 재판을 진행하기 때문에 그 점은 약간 신경이 쓰였다. 남자 대 남자의 정정당당한 대결이라면 얼마든지 상대할 자신이 있었지만, 상대는 '규칙'이라는 것을 모르는 사형수이다. 더군다나 정성현의 손에는 언제든 흉기로 돌변할 수 있는 날카로운 필기구가 쥐어져 있어서, 기껏해야 50cm 정도 떨어진 원·피고석에 나란히 앉아 재판을 진행하는 게 여간 부담스러운 일이 아닐 수 없었다. 재판부도 이 점이 신경 쓰였는지 필자가 구술로 변론을 개진하는 과정에 정성현의 감정을 자극할 만한 말이 하나라도 튀어나왔다 싶으면 강하게 제지했다.

그러므로 법정에서의 변론은 거의 정성현의 독무대가 되다시피 했다. 명색이 변호사인 필자는 '굳이 과거 일을 왜 들추느냐'는 재판장의 질책을 듣고 빈정이 상해 피고석에서 입을 굳게 다물고 있고, 오로지 정성현만 누구의 제지도 받지 않고 자유롭게 자신의 의견을 개진했다.

정성현은 마치 책을 읽는 듯 억양이 전혀 느껴지지 않는 말투로 길게 변론을 이어갔는데, 자신이 왜 아직까지 감옥에 수감돼 있는지 전혀 이해가 되지 않는다는 주장을 여러 번 되풀이했다. 자신은 고의로 아이들의 숨통을 끊은 일이 없으며, 아이들이 호흡기가 막혀 질식사한 것은 교통사고 수준의 사고에 불과하므로, 10년형도 과하다는 주장을 폈다. 또 형사소송법과 대법원 판례를 장황하게 거론하며, 자신의 유죄를 인정한 형사판결은 별다른 보강증거 없이 자백만으로 유죄를 인정한 셈이어서 형사증거법의 대원칙에 위반된 것이라고 주장했다. 자신은 '죄 없이' 수감된 사람이므로 재심을 통해 기필코 무죄 판결을 받아내겠다는 각오도 드러냈다.

요즘은 시골 노인네들도 모르는 사람이 없을 정도로 유행어가 되어 버린 '사이코패스'라는 용어는, 원래는 속임수를 이용해 남의 등을 쳐 먹는 뻔뻔스런 사람을 일컫는 용어였다고 한다. 그러다가 1980년대 캐나다의 심리학자 로버트 헤어와 그의 동료들이 원래의 의미를 가다듬어 사이코패스 진단법을 개발하면서부터 지금의 형태로 구체화되었다.

이 진단법은 20개의 항목으로 구성되어 있는데, 그중 '성격'과 관련된 항목들을 취합하면 '다른 사람은 전혀 고려하지 않고 오로지 자기밖에 모르는' 인격상이 그려진다. 그러한 자들의 특징을 나열해 보면, 유창한 언변, 과장하는 버릇, 병적인 거짓말 습관, 죄책감의 부재, 타인에 대한 냉담함, 공감능력 부족, 자기 행동에 대해 책임지지 않는 태도 등이다. '행동'과 관련된 항목으로는 충동성, 가학적·변태적 성적 욕구, 자제력 부족, 남에게 기생하는 생활 습관 등이 있다.

이 둘을 종합해 사이코패스의 유난히 두드러지는 특징을 정리하자면, 배려와 양보라는 사회적 규범을 모르거나 아예 무시하면서 극단적으로 자신의 쾌락과 이익만을 추구한다는 점이다. 타인의 고통에 무심하며 양심의 가책을 느끼지도 못하므로, 살인을 저지르고도 피해자 가족들에게 전혀 미안한 마음을 갖고 있지 않다. 법정에서 본 정성현의 말과 태도는 마치 이 기준에 맞추어 누군가 대사를 써준 게 아닐까 하는 느낌이 들 정도로 완벽하게 일치하고 있어서 모골이 송연해질 정도였다.

보통사람들은 정성현을 보면서 혹시 '미친' 게 아닌가 하고 생각할 수도 있다. 실제로 정성현의 변호인 측에서도 미친 사람한테 너무 과도한 형을 선고했다며 심신장애(충동조절 장애)를 양형부당의 상고이유로 내세우기도 했다. 하지만 정성현이 지금까지 해온 짓들에서 보듯이 오히려 정신이 너무 멀쩡해서 문제다. 판결도 집행도 걱정할 필요가 전혀 없는 것이다. 사이코스패스는 정신질환을 앓는 경우가 거의 없어서, 망상에 사로잡히거나 환청을 듣지 않으며, 현실감각을 잃지도 않는다.

연쇄살인범의 절반 정도는 분열성 인격장애를 갖고 있는 것으로 알려져 있다. 분열성 인격장애의 특징은 '무심함'이다. 다른 사람들과의 친밀한 관계를 원하면서도 동시에 가까워지기를 두려워하는 회피성 인격장애와 달리 분열성 인격장애가 있는 사람은 기본적으로 은둔형이고 혼자 사는 스타일을 추구한다. 어디에도 소속되지 못하고 또 누구하고도 친밀한 관계를 맺지 못한 채 혼자 살아가는 것이다. 분열성 인격장애를 가진 사람에게서 두드러지는 또 하나의 특징은 소름끼치는 '초연함'이다. 연쇄살인범 중에서도 분열성 인격장애가 있는 살인범들이 유난히 끔찍한 살인을 저지르는데, 이들은 전혀 감정의 동요 없이 시체를 훼손하거나 토막낸다.

정성현은 사이코패스의 전형이자, 연쇄살인범의 교과서 같은 인물이다. 은둔형 외톨이에 소름끼치는 초연함, 그리고 타인의 감정이나 고통에 대한 공감능력이 전무하고 최소한의 양심의 가책도 없다는 점까지. 비록 살인혐의에 대해서는 무죄 판결을 받기는 했지만 전화방 도우미 정 씨 실종사건을 보면, 과연 그게 아마추어의 첫 번째 살상범행이었을까 하는 의문이 자연스럽게 드는 것은 어쩔 수 없다.

법을 준수하며 성실하게 생활하다가 35세에 갑자기 살인마로 바뀌는 사람은 없다. 사람을 때려 실신하게 했으면 응급차부터 불러야 되는 것 아닌가? 실신한 사람 위에 올라타 얼굴이 뭉개지고 피범벅이 되도록 주먹질을 하고, 시신을 모텔 밖으로 몰래 빼내 양날톱으로 여러 토막 분리해낼 발상을 어떻게 했을까? 극단적 폭력과 살인을 통해 성적 희열을 탐닉하는 악마적 욕구가 범행의 배후에 내재돼 있었던 것은 아닐까? 살인마의 피가 뼛속까지 흐르는 자가 초등학생들을 상대로 한 2007년 크리스마스의 범행까지 4년 가까이 되는 긴 시간 동안 다른 범죄를 한 건도 저지르지 않고 착하게 살았을까? 그 기간 동안에 경기 남부에서 여러 건 발생했던 부녀자 실종사건과는 아무 관계가 없는 것일까?

단언컨대, 이런 자를 개선시킬 방법은 없다. 그것은 마치 원과 면적이 같은 정사각형을 작도하는 것처럼 불가능한 일이다. 교화는 기대할 수 없고 치료 또한 아무 효과를 발휘할 수 없다. 국가의 명에 따라 직무수행의 일환으로 사형대 단추를 누른 것만으로도 평생 죄책감에서 벗어나지 못하는 사람들이 수두룩하다. 하물며 어린아이의 숨통을 끊고 그 시신을 톱으로 써는 행동은 '타고 나야만' 가능한 것이지 배워서 할 수 있는 행동이 결코 아니다. 그렇지 않다고 믿는 사람이 있다면 어설픈 감성팔이로 세상을 미혹할 게 아니라 자기 집에 데려가서 같이 한번 살아보라고 권유하고 싶다. 분명한 것은 이런 자를 세상에 다시 돌려보내는 것만큼 위험한 일은 없다는 점이다.

우리에게 남은 일

동아일보와의 소송에서 재미를 본 정성현은 그 이후에도 헤럴드경제, 파이낸셜뉴스, 서울신문 등 언론에 자기 이름이 거론되기만 하면 언론사를 상대로 소송을 냈다. 조선일보를 상대로 한 소송도 2011년 이후에 진행된 일련의 '묻지마 소송'의 한 부분이었다. 국가가 법에서 정한 의무는 소홀히 하면서 엉뚱하게 사형수의 호기만 잔뜩 부풀려준 셈이다.

판결이라는 것은 일단 세상에 나오게 된 이상에는 그 뒤에 나올 판결들에 어떤 식으로든지 영향을 끼치게 마련이다. 비록 하급심이긴 하지만 '선례'임에는 분명하기 때문이다. 실제로 법원은 2012년 9월21일자 헤럴드경제 기사 중 "2004년 7월 군포에서 정 모(당시 44세) 씨를 살해한 뒤 시신을 훼손해 버린 혐의…"의 표현을 허위로 인정해 30만 원의 손해배상 책임을 인정하기도 했다. 헤럴드경제 사건의 논지도 동아일보사의 판결과 거의 유사했다. 동아일보사의 우울한 판결은 조선일보사에도 영향을 끼칠 가능성이 높아졌다.

필자가 보기에 동아일보사의 판결, 특히 헤럴드경제의 판결에 대한 법원의 판결은 명백한 오판이었다. 헤럴드경제 기사는 정성현이 "수사과정에서 협박을 당해 누명을 썼다"며 최 모 경감과 국가를 상대로 각각 2000만 원의 손해배상을 청구했다가 대법원에서 최종 패소한 사건을 소개하면서 정성현의 과거 범죄 사실을 간략하게 소개한 것에 불과한데, 마치 현미경을 놓고 들여다보듯 '살해'란 표현을 물고 늘어져 손해배상 책임을 인정한 것은 정말 납득하기 어려운 일이다. 필자는 법원에 낸 주장서면을 통해 이러한 법원의 판단을 아래와 같이 비판했다.

1. 신문이라는 매체는 학식과 경험이 풍부한 극소수의 전문가를 대상으로 하여 발행하는 것이 아니므로, 사회일반의 평균적인 눈높이에 맞춘, 쉽고 간결한 표현을 선호합니다. 그러다보니 전문가의 관점에서 보면, 오해나 오류로 비칠 만한 표현이 등장할 가능성이 얼마든지 있습니다. 아래의 예를 한번 봐주시기 바랍니다.

● 돈을 빼앗기 위해 친구를 살해하고 암매장한 20대들에게 중형이 선고됐다.

청주지방법원 형사합의11부(부장판사 정선오)는 3일 살인 등 혐의로 구속기소된 김 모(20) 씨와 지 모(20) 씨에게 상해치사죄를 적용, 각각 징역 9년과 7년을 선고했다. 또 이들의 범행을 도운 혐의(사체은닉방조)로 기소된 이 모(20) 씨에게는 징역 1년에 집행유예 2년을 선고했다.

김 씨 등은 지난해 10월24일 오전 2시께 충북 청주시 청원구의 한 원룸에서 구 모(20) 씨를 둔기로 때리고 목 졸라 살해한 뒤 시신을 강원도 강릉의 한 야산 농로길에 암매장한 혐의로 구속 기소됐다.

● 대구지법 포항지원 제1형사부(부장판사 김종혁)는 아버지를 살해한 뒤 시신을 암매장한 혐의(존속상해치사, 사체유기)로 구속 기소된 김 모(43) 씨에게 징역 7년을 선고했다고 14일 밝혔다.

상해치사 사건을 다룬 비교적 최근의 언론보도입니다. 위 보도를 보면 적용법조가 상해치사죄임에도 불구하고 '살해'란 표현을 쓰고 있습니다. 법률전문가의 엄격한 관점에서 보면 이들 표현 역시 잘못된 것이라고 평가될 여지가 있을지 모르지만, 저널리즘의 관점에서는 결코 잘못된 표현이라고 말할 수 없습니다.

국어사전을 보면 '살해'라는 말은 "남을 죽임, 남의 생명을 해침"이라고 정의하고 있습니다. 여기서 '죽인다'는 행위에는 형법 제250조 소정의 살인뿐 아니라, 제259조 소정의 '상해치사', 제262조 소정의 '폭행치사', 제275조 소정의 '유기치사', 제281조 소정의 '감금치사', 제301조의2 소정의 '강간치사', 제338조 소정의 '강도치사' 등 우리 형법 및 형사특별법에 규정된 각종 치사범죄를 거의 대부분 포괄하는 개념입니다. 굳이 형법 제250조 소정의 살인에 한정할 이유가 하나도 없습니다.

2. 전화방 도우미 정 모 씨를 살해한 진범이 따로 있는데, 원고를 진범이라고 보도를 했다면 이는 심각한 오보가 될 수 있습니다. 그러나 이 사건에서는 살인의 미필적 고의와 인식 있는 과실 사이의 접점에 있는, 우리 사회의 일상적인 언어 관념에 비추어 거의 구별이 불가능한, 약간의 뉘앙스가 다른

표현이 문제가 되고 있습니다.

심급을 거듭하는 과정에 '살인'이 '상해치사'로 바뀌는 경우는 우리 형사재판에서 매우 흔히 발생하는 일입니다. 비근한 예로, 얼마 전 사회를 충격으로 몰아넣었던 '윤 일병 폭행 사망사건'의 주범으로 지목된 이 모 병장(27)은 1심에서 상해치사죄를 적용받았으나, 2심 재판에서 살인의 미필적 고의가 인정되어 살인죄로 처벌되었습니다. 이처럼 '미필적 고의'를 둘러싸고 상하급심의 판단이 달라지는 경우는 비일비재한데, 범죄의 결과를 예상하고 그것을 감수했는지는 사실상 피고인 자신만이 알 수 있는 '내심의 영역'이기 때문입니다.

법원의 판단은 존중되어야 하지만, 과거 권위주의 정권 시절에 이루어진 민주화 운동 관련 판결이 최근 들어 잇달아 재심을 통해 폐기된 데서 보듯 그것이 절대적인 진리로 받아들여질 수는 없습니다. 특히 '미필적 고의'와 같이 사람의 내심의 영역과 관련된 부분에 있어서는 어느 하나의 결론만을 진리로 강요해서는 결코 안 됩니다.

사회일반의 관점에서 생각해 보더라도, 전화방 도우미 정 모 씨에 대한 원고의 범행을 간략하게 한두 줄로 묘사하자면, 전형적인 '토막 살인'에 해당합니다. 살인이 됐든 상해치사가 됐든 사람을 죽인 후, 그 시체를 여러 토막으로 썰어 야산에 암매장했다면 토막 살인인 것이지, 법률전문가 수준의 엄격한 관점과 표현방식에 따라 사회일반도 "상해치사 후 사체훼손 및 사체유기를 한 사건"이라고 암호처럼 길게 늘여서 쓸 이유가 하나도 없습니다.

3. 1964년 미국 연방대법원의 브레넌 판사는 유명한 '뉴욕타임스 대(對) 설리번 사건'에서 사소한 오류 때문에 언론의 자유가 박탈돼서는 안 된다고 판시하면서, 언론보도에 있어서 이른바 '숨쉴 공간'이라는 개념을 제시한 바 있

고, 이는 현재 우리 대법원에서도 채택하고 있습니다.

'이 양을 비롯한 3명을 살해한 혐의'라는 표현은 그 자체로도 잘못된 표현이 아닙니다. 굳이 현미경으로 들여다보듯 법적 관념을 가지고 따지자면 '부정확한' 표현이 될 수 있을지 모르지만, 손해배상이 거론될 정도의 문제는 결코 아니라고 생각합니다. 결국 원고의 청구는 기각됨이 마땅할 것입니다.

이 소송에서는 조선일보사가 이겼다. 재판을 맡은 단독판사는 별다른 사실심리 없이 소장과 답변서만 보고 변론을 종결한 후 바로 판단했다. "살해는 고의에 의한 죽임뿐 아니라 상해치사나 폭행치사와 같이 의도하지 않은 살인의 경우에도 사용하는 용어"라는 게 기각의 이유였다. 너무나 상식적인 판단이었다.

정성현이 낸 그 밖의 소송들도 대부분 정성현의 패소로 끝났다. 행정소송도, 여러 언론사를 상대로 한 소송도….

사필귀정인가? 그럴지도 모른다. 하지만 아직 갈 길이 멀다. 우리가 애써 외면해 왔던 불편한 질문 하나가 아직도 해결의 기미를 전혀 찾지 못하고 표류하고 있기 때문이다. 우리는, 도대체 우리가 왜 이런 자와 공존해야 하는지, 도대체 언제까지 동행해야 하는지에 대해 더 이상 답변을 미뤄서는 안 된다.

저는 아주 먼 곳에 갔다가 집으로 돌아가는 길이었습니다.

한겨울 새벽 세 시쯤 되었을 텐데, 제가 걷고 있던 길에는

말 그대로 램프 불빛 말고는 아무것도 보이지 않았습니다.

걷고 또 걸었습니다. 사람들은 모두 잠들어 있었지요. …

그때 갑자기 두 개의 형체가 눈에 들어왔습니다.

하나는 동쪽을 향해 빠른 속도로 터벅터벅 걸어가는 몸집이 자그마한 사나이였고,

다른 하나는 최대한 빠르게 교차로를 향해 뛰어가는 여덟 살에서 열 살 가량

먹은 여자아이였답니다. 당연하게도 두 사람은 모퉁이에서 맞부딪혔지요.

무서운 일이 일어난 것은 그 다음 순간이었습니다.

그 사나이는 태연하게 아이의 몸을 그대로 짓밟고, 땅바닥에 쓰러져

비명을 지르는 아이를 내버려두고 계속 발길을 옮겼답니다.

아무것도 아닌 것으로 들릴지 모릅니다만,

정말 몸서리쳐지는 광경이었습니다. 사람 같지 않았어요.

빌어먹을 저거너트(Juggernaut)[1] 같았습니다.

– 로버트 루이스 스티븐슨 《지킬박사와 하이드》

---

1. 영화 〈엑스맨3〉에 등장하는 강력한 힘의 돌연변이 저거너트를 기억하는 사람이 많겠지만, 실은 힌두교의 최고신인 비슈누 신의 한 형태이다. 매년 여름 수천 명의 순례자들이 저거너트의 신상(神像)을 거대한 수레 위에 올린 후 이 수레를 끌고 행진을 한다. 독실한 신도들 중에는 거대한 수레바퀴 밑에 몸을 내던져 죽는 경우가 종종 있다고 한다.

제
2
장

사형폐지론자들의 민낯

사형수 김용제의 수기

김영삼 정부 말기인 1997년 12월30일, 23명의 사형을 집행한 이후로 우리나라에서는 아직 사형이 집행되지 않고 있다. 그날 형사(刑死) 처리된 23명의 사형수 중 김용제라는 청년이 있다.

김용제는 1992년 6월 대법원에서 사형이 확정된 뒤 1997년 12월 사형이 집행될 때까지 5년6개월여의 수감생활 동안 조성애 수녀와 여러 통의 편지를 주고받았는데, 이것이 《마지막 사형수》라는 제목의 단행본 책자로 출판됐다. 두 사람이 주고받았던 편지는 공지영의 장편소설 《우리들의 행복한 시간》에도 상당한 모티브를 제공해, 위 소설의 주인공 정윤수의 불우했던 어린 시절 모습으로 형상화되고 있다.

내가 서울 시내 한 대형서점의 에세이 코너에서 우연히 이 책을 발견한 것은 정성현의 소장을 받은 직후였다. 출판된 지 몇 년이 지난 책이라 사람들 눈에 잘 띄지 않는 서가의 한쪽 귀퉁이에 숨겨져 있다시피 했는데도, 묘하게 '마지막 사형수'라는 제목이 눈에 확 들어왔다.

책은 "하느님께 저에 대한 모든 것을 고백합니다"라는 김용제의 육필로 서장을 연다. 아마도 김용제는 이 말을 책의 제목으로 삼고 싶었던 모양이다.

'하느님께 저에 대한 모든 것을 고백합니다'를 쓰게 된 것은 조성애 수녀님의 권함이었지만 저는 수녀님께 고백한 것이 아니라 정의로우시고 영원한 생명을 주시는 하느님께 고백한 것입니다. 지금 저는 속이 후련하고 무척 기쁩니다.

마지막으로 추기경 할아버님과 조성애 수녀님, 김우성 신부님, 오 베로니카 수녀님과 최남순 크리스티나 수녀님께 깊은 감사를 드립니다. 그리고 이 글은 제가 어려서부터 지금까지 살아온 삶을 조금도 거짓 없이 솔직하게 표현한 것임을 밝혀드립니다.

책의 마지막에도 위에서 보는 것과 비슷한 내용이 다시 한 번 반복되는데, 이를 보면 김용제의 글은 미완성이 아니라 완벽하게 탈고를 마친 것임을 알 수 있다. 뒤에서 다시 보겠지만, 원고가 완성된 시점이 언제인지는 매우 중요한 의미가 있는데 유감스럽게도 이 책에는 원고의 완성 시점이 따로 표시돼 있지 않다. 책의 앞머리에 김용제의 육필원고를 찍은 사진이 여러 장 나오고, 그 사진 중에는 '96 자서전 I '이라는 제목의 표지가 보이는데, 아마도 사형 집행 1년 전인 1996년경에 원고가 완성된 것이 아닌가 짐작된다.

이 책을 읽어나가면서 가장 납득이 가지 않은 대목이 있었다. 그것은 '사형수'를 전면에 내세운 책인데도, 책의 저자가 무슨 짓을 저질러 사형을 받게 되었는지에 관해서는 똑 부러지는 언급이 없다는 점이다. 진정한 참회는 자신의 잘못을 정직하게 바라보고 인정하는 데서 시작되는 법인데도, 이 책에는 '이를 악물고 미친 듯이 광장 안으로 차를 몰았다' 정도로 잠깐 한두 줄 나오는 모호한 표현 말고는 범죄사실에 대한 언급이 생략돼 있다.

자신의 비행을 똑바로 쳐다본다는 것은 몹시 고통스러운 일이므로 김용제 본인은 그럴 수 있다고 치지만, 최소한 편집자라도 그의 범죄사실을 책 서두에 정직하게 명시해 주는 게 독자에 대한 예의가 아닐까 싶은데, 오히려 쉬쉬하는 느낌까지 들 정도였다. 책 전체를 통틀어 김용제의 범죄사실을 요약한 내용은 책 뒤표지에 적힌 몇 줄이 고작이다.

1991년 10월19일 오후 4시경, 여의도 광장에 있던 시민들을 향해 한 대의 승용차가 돌진했습니다. 이 사고로 자전거를 타고 있던 어린이 2명이 숨지고 21명이 중경상을 입었습니다. 범인은 시각장애를 가진 김용제(21). 그날 이후 그는 사형수가 되었습니다.

김용제가 저지른 '여의도 광장 살인질주 사건'은 당시에도 워낙 충격을 줬던 사건이라 나도 어렴풋한 기억은 가지고 있다. 하지만 책 뒤표지에 기재된 김용제의 범죄사실은 내가 기억하고 있는 범죄사실과는 완전히 다른 내용이다. 김용제의 범죄사실은 '살인'이다. 김용제에게 있어서 차량은 이동 수단이 아니라, 칼이나 독약과 마찬가지로 사람을 살해하는 수단에 불과했다. 그러므로 '교통사고'가 아닌 '살인'이었음을 분명히 해둘 필요가 있었다. 그런데도 책에서는 '사고'라는 표현을 태연하게 쓰고 있어서, 마치 '시각장애자'가 무슨 불행한 교통사고라도 낸 것처럼 읽힌다. 이 문맥에서 김용제의 범행이 갖는 본질, 즉 불특정 다수의 어린이들을 대상으로 치밀하게 계획된 극단의 살인행위였다는 사실은 완전히 희석돼 자취를 감추고 있다.

김용제의 당시 범행이 어땠는지 확인하기 위해 각 신문사의 인터넷 홈페이지에 들어가 보도된 내용을 뒤져보았다. 검색 엔진의 문제 때문인지 사건 당시의 기사를 찾기가 어려웠고 유독 조선일보의 기사만 검색이 되었는데, 1991년 10월20일자 사회면 기사를 인용하면 다음과 같다.

20代, 여의도 광장 "殺人질주" 놀이 人波 덮여 2명 死亡 20명 부상

세상을 비관한 한 젊은이가 혼자서 자살하기 억울하다며 훔친 차를 몰고 주말 오후 여의도 광장에 놀러온 인파 속으로 돌진해 어린이 2명이 숨지고 학생과 회사원 등

20명이 중·경상을 입은 참사가 발생했다.

19일 오후 4시 35분쯤 서울 영등포구 여의도 광장에서 김용제(20·주거부정)가 사흘 전에 훔친 서울3구6539호 프라이드 승용차를 몰고 KBS 쪽에서 광장 한복판 북쪽으로 폭주, 광장에 놀러와 있던 어린이, 학생 등을 마구 치어 이중 윤신재(5), 지현일(12) 군 등 2명이 사망하고, 김○○(15) 군 등 20명이 중·경상을 입었다.

김은 사고를 낸 후 김○○(13) 양을 붙잡고 인질극을 벌이다 시민들에게 붙잡혀 경찰에 넘겨졌다.

김은 경찰에서 "바로 눈앞의 물체도 알아보지 못할 정도로 시력이 나빠 일터에서 번번이 쫓겨나 여러 사람을 죽이고 자살하기로 마음먹었다"고 말했다.

범행 순간

범인 김은 차의 시동을 걸어 KBS 뒤편 주차장에서 나와 건물 앞쪽으로 좌회전해 진행하다 여의도 광장으로 뛰어들어 마포대교 방향으로 돌진했다. 당시 광장에는 주말 휴일을 즐기러 나온 학생, 어린이 등 200여 명이 자전거를 타거나 산책 중이었다. 김은 눈을 감은 채 시속 120㎞로 폭주, 사람들을 잇달아 치며 400여 m를 진행했다.

광장에서 자전거를 타다 중상을 입은 유○○(12) 군은 "갑자기 광장 안으로 차 한 대가 빠른 속도로 돌진해와 미처 피할 겨를이 없었다"고 말했다.

또 이○○(23, 여 회사원) 씨는 "차가 달려오면서 광장에 앉아있던 젊은이 2명을 친 뒤 이어 세발자전거를 타는 어린이와 나를 연달아 들이받고는 계속 아이들이 몰려 붕붕카를 타고 있는 곳을 향해 돌진했다"고 말했다.

인질극—검거

김은 20여 명의 사상자를 잇달아 낸 뒤 계속 질주, 광장 한복판에 있는 새마을봉사대 가건물 앞에 세워진 자전거 20여 대를 들이받았다. 김은 그러고도 차를 계속 몰았으나 앞뒤 바퀴에 자전거 부속과 조각이 끼여 움직이지 않자 후진해 옆으로 20여 m쯤 가다 여의도 광장 가운데 소나무 동산 앞길에서 유아용 놀이 자동차를 들이받고 멈춰 섰다.

이때 김의 차를 쫓던 시민과 새마을봉사대 경비원 김창석(36) 씨 등 10여 명이 차를 에워싼 뒤 자전거용 펌프로 앞 유리창을 깨고 김을 차에서 끌어냈다.

그러나 김은 품 안에서 길이 25cm 가량의 등산용 칼을 꺼내 휘두르며 시민들을 뿌리치고 150m쯤 달아나다가 친구 3명과 함께 자전거를 타던 김ㅇㅇ 양을 붙들어 목에 칼을 들이대고 인질극을 벌였다.

김은 5분쯤 버틴 뒤 김 양의 배를 칼로 찔렀으나 김 양의 혁대의 버클 덕택에 상처를 입지 않았고 이 틈에 시민과 경비원들이 김을 덮쳐 붙잡았다.

범행 준비

범인 김은 다른 사람들을 죽이고 자신도 죽겠다고 결심. 지난 16일 서울 강서구 화곡 아파트단지 안에서 한때 자신이 일했던 양말공장 사장(32)의 프라이드 승용차를 훔쳤다. 김은 이어 시장에서 등산용 칼을 사 품 속에 넣고 다니면서 이틀간 범행 장소를 물색, 한꺼번에 여러 사람을 해칠 수 있는 장소로 여의도 광장을 점찍었다.

김은 범행 하루 전날인 18일 오후 7시쯤 여의도 KBS방송국 뒤편 국회의사당 쪽 노상주차장에 차를 세운 뒤 차안에서 밤을 보냈다.

범인 주변

충북 옥천이 고향인 김은 국민학교를 마친 뒤 7년 전 상경했다. 김은 경찰에서 "국민학교 다니던 시절 어머니가 가출했고, 아버지는 음독자살했다"고 말했다.

김은 선천적으로 눈이 나빠 철공소 등 여러 공장을 전전했고, 지난 7월에는 부산의 사출기성형 공장에 취직했으나 여기서도 두 달 만에 쫓겨났다.

김은 차 안에 남긴 수첩에 6페이지에 걸쳐 세상을 원망하는 내용으로 형과 훔친 차 주인에게 보내는 유서형식의 글을 적어놓았다. 경찰은 김의 정신감정을 의뢰키로 했다.

피해자 주변

숨진 윤신재 군은 쌍둥이 여동생인 ㅇㅇ(5) 양이 엄마와 함께 여의도 광장에 있는 동아일보 문화센터에 발레 강습을 받으러가는 길에 함께 따라 나섰었다.

KBS프로듀서 윤○○(36) 씨의 외아들인 윤 군은 ○○ 양이 강습을 받고 있는 도중 한 동네친구와 함께 자전거를 타다 변을 당했다. 또 숨진 지현일 군은 떡 가게를 하는 지○○(39) 씨의 외아들로 고모의 손을 잡고 여의도 광장으로 바람 쐬러 나갔던 길이었다.

여의도 공원이 조성되기 이전인 1991년 당시의 여의도 광장을 아는 사람이라면, 주말 오후의 여의도 광장에서 인파 한가운데로 차량을 질주하는 것이 얼마나 섬뜩한 일인지 쉽게 공감이 갈 것이다. 당시 드넓었던 여의도 광장은 주말만 되면 그야말로 인파로 그득한 대형 놀이터였다. 어린아이를 동반하고 산책을 나온 가족, 쌍쌍이 짝을 지어 자전거를 타고 광장을 누비는 친구나 연인들로 시끌벅적했다.

김용제는 엔진의 출력을 최대한 끌어올려 사람들을 덮쳤고, 죽을힘을 다해 넓디넓은 광장에서 벗어나려는 사람들을 끝까지 추적했다. 김용제는 당시의 상황을 이렇게 회고했다.

"도망가는 놈은 끝까지 쫓아갔습니다."

지그재그로 사람들을 짓밟으면서 좌충우돌하던 자동차가 자전거 대여소 시설물에 부딪치면서 멈추지 않았더라면, 또 인질로 잡은 소녀의 배를 찌르기 위해 휘두른 칼이 허리띠 버클에 걸리지 않았더라면 인명피해는 훨씬 클 뻔했다. 많은 사람을 한 번에 죽이기 위해 차량을 범행도구로 이용하는 바람에 제2의 범행도구로 격하되기는 했지만, 그 칼도 김용제가 범행 직전에 구입해 "숫돌로 정성스레 날을 세워 푸르게 날이 선" 군용 대검이었기 때문이다. 우리나라에 자동차가 들어온 지 수십 년이 됐지만, 김용제 이전에 이런 평화로운 공간을 자동차로 밀어버릴 생각을 한 사람은 없었다. 그래서 김용제는 이른바 '묻지마 살인'의 원조로 통하게 됐고, 이 사건이 준 충격도 그만큼 컸다.

범행 당시 김용제의 나이는 스무 살이었다. 스무 살 청년이면 기껏해야 대학교 1, 2학년 나이여서 '자서전'에 올릴 만한 내용이 과연 얼마나 있을까 싶지만, 책을 보면 그게 얼마나 순진한 생각인지 쉽게 확인 된다.

김용제는 초등학교 4학년 때 이미 "자위행위와 담배 그리고 술로 충만"한 삶을 보내고, 초등학교 6학년 때부터는 동네 여자아이들과 성관계를 갖기 시작한다. 도벽(盜癖)이라는 정신적 원인으로 인해 절도범 중에는 유독 상습범이 많은데, 책에 언급된 김용제의 절도 행각은 일일이 셀 수가 없을 지경이다. "돈이 떨어져 몇 끼 굶으면 다시 어딘가를 털러가고, 턴 돈으로 며칠 연명하고, 다시 털고…"라고 뭉뚱그린 것 말고, 책에서 장소와 피해자를 특정해 구체적으로 언급한 절도만 해도 야간주거침입 절도(10년 이하의 징역)가 3회, 단순절도도 5회 이상이다.

거기에다 책에 언급된 강도상해(무기 또는 7년 이상의 징역), 현주건조물 방화(무기 또는 3년 이상의 징역), 미성년자에 대한 간음(2년 이상의 유기징역), 특수강도(무기 또는 5년 이상의 징역) 2회, 미성년자 약취·유인(10년 이하의 징역), 강제추행, 강간, 강간 미수, 강도예비, 손괴 등의 범죄까지 포함시키면, 스무 살 청년으로서 범할 수 있는 거의 모든 범죄를 다 저지른 게 아닌가 생각된다. 제대로 적발이 됐으면 김용제의 나이만큼 교도소에서 복역해도 부족할 판인데, 이렇게 많은 범죄를 저지르고도 김용제가 처벌받은 것은 칼을 품고 다니다가 불심검문에 걸려 강도예비로 '징역8월에 집행유예 2년'을 받은 것이 전부다.

김용제가 저지른 범행의 특징은 어김없이 주변 사람들을 대상으로 했다는 점이다. 자기를 거둬준 공장에 불을 지르고, 자기와 숙식을 같이 하던 공장 사람들의 옷을 뒤져 돈을 훔치고, 자기를 돌봐주던 중국집 종업원의 여자 친구를 강간하고, 자기를 고용한 사장 내외를 식칼로 위협해 돈을 뺏었다. 김용제의 마지막 범행에 사용된 자동차도 자기를 고용했던 양말공장 사장에게서 훔친 차였다.

그럼에도 김용제는 자기가 저지른 범죄에 대해 놀라울 정도의 초연함을 보인다. 다음의 글을 보자.

> 밤이 이슥해지자 나는 지하실에서 나와 열린 창문을 통해 집 안으로 들어갔습니다. 그 방에는 여자 한 사람이 자고 있었는데 대학생쯤으로 보였습니다. 그런데 인기척에 놀란 이 여자가 깨어나 소리를 지르기 시작했습니다. 입을 틀어막았으나 소용이 없었습니다. 순간 나도 모르게 드라이버를 꺼내 그 여자를 찔렀습니다. 그리고 주머니 속에서 지갑을 꺼내 뒤져보았더니 천 원짜리 한 장뿐이었습니다. 여자는 바닥에 쓰러졌습니다. 다른 방에서 인기척이 느껴지자 나는 나비처럼 날아서 그 방 창문에서 뛰어내렸습니다.

김용제의 이 범행은 법정형의 하한선이 살인죄(5년)보다 높은 강도상해죄다. 밤에 자고 있다가 집 안으로 잠입해온 강도에게 드라이버로 찔려 쓰러지고 돈까지 뺏긴 그 여자는 얼마만큼의 트라우마가 생겼을지 짐작조차 할 수 없다. 몸에 새겨진 상처를 볼 때마다 악몽처럼 떠오를 그 기억에서 벗어나기란 좀처럼 쉽지 않았을 것이다. 몸서리가 쳐질 정도의 끔찍한 범죄인데도, 김용제의 글에서는 마치 남의 얘기를 전하듯 아무 감정도 드러내지 않고 편안하게 얘기한다.

형네 집에는 세 들어 사는 가구가 여럿이었습니다. 그중 한 가구에 초등학교에 다니는 여자아이가 있었습니다. 나는 그 아이를 꼬드겨 치마를 벗기고 손을 집어넣었습니다. 몇 번 그 짓을 하자 그것도 재미없어 이번에는 그 옆 집에 들어가 서랍을 뒤졌으나 땡전 한 푼 나오지 않았습니다. 나는 심심해 서 미칠 것만 같았습니다.

이것이 얼마나 무서운 범죄인지에 관해서는 따로 설명할 필요가 없을 것이다. 그 초등학생 여자아이는 또 얼마나 심각한 트라우마를 갖고 살아야 할지, 가슴이 답답하다. 하지만 김용제는 자신의 범죄에 관해서 언급할 때는 한두 줄로 끝내버리고, 피해자의 고통에 대해서는 어떠한 관심도 보이지 않 는다.

자신의 성 경험담, 자신이 학대받고 무시당했던 기억들을 옮길 때는 주 저리주저리 별 시답잖은 얘기까지 다 꺼내며 지면을 낭비하면서도 자기로 인 해 얼마나 많은 사람들이 고통 속에 빠져 있는지에 관해서는 아예 관심이 없 다. 자신이 왜 사형 선고를 받게 됐는지를 꼭꼭 숨기다 보니 책 전체를 통틀 어 윤신재 군과 지현일 군, 피살된 두 아이의 이름은 단 한 번도 언급되지 않 는다. 당연히 피해 아동들에게 용서를 구하거나 그들의 명복을 비는 말도 등 장하지 않는다.

"광장 안으로 차를 몰았습니다"라는 밋밋하기 짝이 없는 표현으로 자신 의 범죄에 대한 회상을 마무리할 뿐 누군가 내 차에 받혀 목숨을 잃었다거나 장해를 입었다는 얘기는 전혀 입 밖으로 꺼내지 않는다. 책 말미에 '마지막 고백'이라는 항목을 마련해 무려 8쪽에 걸쳐 자신에게 하느님을 소개해 천국 행 열차를 탈 수 있게 해준 분들에 대한 감사의 말을 길게 늘어놓은 것과는 정반대의 태도다.

조성애 수녀는 공동저자로 책 표지에 김용제와 나란히 이름을 올렸고,

실제로 책의 상당 부분을 자신의 글로 채우고 있음에도 그녀 역시 피해 아동들에 대해서는 눈길 한 번 주지 않는다. 사형수가 '참회와 반성의 기록'을 운위하며 세상에 내보낸 글에서 피해자에 대한 언급이 빠져 있다면 누가 보더라도 '선지 빼고 우거지 뺀' 해장국처럼 그야말로 건져먹을 게 아무 것도 없는 맹탕인 셈인데, 각자 자기가 하고 싶은 말을 쏟아내는 데만 정신이 팔려있는 두 사람은 물론이고 책을 낸 편집자도 이를 깨닫지 못한다.

김용제에게 편지를 보낼 당시에는 굳이 지난 일을 들춰 사형수의 심기를 건드릴 필요가 없었을지 모르지만, 그 편지들을 엮어 책으로 출판한 것은 사형 집행 후 강산이 한번 변한 시점이었다. 즉 김용제에게 보낸 편지에서 '불쌍한 아이들을 위해서도 기도해 주세요'라는 부탁 한마디 꺼내지 못한 것은 유감스럽긴 하지만 이해할 수 있다 쳐도, 자신이 직접 쓴 책의 서문과 에필로그에서조차 피해자들에 대한 언급을 생략하고 넘어간 것은 암만 생각해도 이해가 되지 않는다.

희생된 아이들조차도 외면하는 판이니 더 기대할 일도 아니지만, 김용제는 사건 현장에서 인질로 잡은 열세 살짜리 여자아이의 배를 온 힘을 다해 칼로 찔렀다는 사실에 대해서도 입을 꼭 다문다. "(현장에서) 여학생을 인질로 잡았습니다"라는 단 한 문장으로, 정말 아무 일도 아닌 것처럼 편안하게 마무리하고 만다. 치명적이라 할 만큼 핵심이 빠져 있다. 그러면서도 "내 '고추'가 꽃피던 날"이라는 제하로 긴 항목을 마련해, 어린 시절 동네 여자아이들과 가졌던 성관계를 마치 예전의 B급 에로비디오물을 재연하듯 적나라하게 묘사하고 있다. 수녀한테 어떻게 이런 내용을 편지에 담아 보낼 생각을 했을까 싶은 지경의 구질구질하고 민망한 화장실 낙서 수준이다. 조성애 수녀의 답글을 보다 보면, 김용제가 언젠가 조 수녀를 붙들고 "인간의 원초적 본능의 하나인 성적 욕구와 그 해소방안에 대해서"도 진지한 자문을 구한 적이 있었던 모양인데, 이것이 과연 수녀한테 할 짓인가 싶어 보는 내가 낯이 후끈해진다.

고해성사를 하려면 이 정도로는 '화끈하게' 털어놓아야지, 하고 생각할 사람도 있을지 모르지만 내 생각은 좀 다르다. 책의 전체적인 문맥에 비추어 꼭 필요한 내용도 아니고, 본인 스스로도 반성의 의미로 그런 내용을 까발리고 있는 것 같지는 않기 때문이다. 대화체의 소설 형식으로 된 음탕한 내용들을 보면, 상대방을 은근히 떠보는 가학적이고 변태적인 성욕의 표출이 아닌가 하는 생각까지 들 정도다. 수많은 이들에게 죽음과 장애, 씻을 수 없는 트라우마를 남긴 중범죄자가, 피해자들에게는 단 한 줄의 배려도 없이 이런 같잖은 추억에 온통 몰입돼 있는 것이 과연 정상인가.

속죄(贖罪)라는 것은 대단히 종교적이고 도덕적이며 형이상학적인 것으로서 단순히 '잘못했습니다'라는 말 한 마디로 끝낼 수 있을 만큼 간단한 개념이 아니다. 그런 의미에서 김용제는 결코 속죄를 운위할 만큼 자신의 죄를 씻지 못했다. 오히려 아주 교활하게 피해자들에게 그 책임을 떠넘긴다. 김용제의 범행 뒤에는 거의 어김없이 그들은 그런 짓을 당해도 싸다는 뉘앙스가 뒤따른다.

"주님! 제가 지금 사람들을 죽이려 하고 있습니다. 너무 괴롭습니다. 어떻게 해야 합니까? 모든 걸 해결해 주시고 응답하소서. 주님. 주님!"

김용제가 범행 직전에 매우 불안하고 괴로운 심정으로 하느님께 했다는 기도이다. 그럼에도 주님께선 아무 응답이 없으셨고, 나중에는 하느님을 원망하고 모든 것을 원망하는 '원망의 기도'까지 드렸건만 끝내 응답이 없으셔서, 홧김에 범행을 저질렀다는 것이 죽음의 문턱에서 내놓은 그의 진솔한(?) 고백이다. 이 비뚤어진 인간은, 자신의 잘못을 처음부터 끝까지 남의 탓으로, 심지어 하느님에게까지 전가하고 있다.

사람은 누구나 부조리한 존재지만, 처형 직전까지 하느님을 자신의 방패막이 내지는 공범으로 내세웠던 김용제가 "이 죄인의 영혼이 하느님을 섬기고 대죄를 용서받아 천국에서 영원토록 행복하게 살아갈 것을 믿고 있습니다"라고 뿌듯해하며, 마치 자신이 천국행 직행열차나 예약해 놓은 사람인 것처럼 행세하는 것은 이율배반의 끝을 보는 것 같아 마음이 편치 않다.

김용제는 찢어지게 가난한 집에서 태어났다. 어머니는 몇 번의 가출과 귀가 끝에 끝내 집을 나가 돌아오지 않았고, 청각장애자인 아버지는 실의 끝에 농약을 먹고 스스로 목숨을 끊었다. 김용제는 눈이 잘 안 보이는 장애를 가진 탓에 취직해서 제대로 할 수 있는 일이 많지 않았다.

김용제에 관해서는 신문 기사나 칼럼 등을 통해 몇 차례 다루어진 적이 있는데, 거기에서 하나같이 강조하는 내용이 바로 이것이다. 이런 어려운 처지의 청년을 우리 사회가 제대로 보듬지 못했다는 것이다. 그의 범행은 자신을 무시하고 천대했던 세상에 대한 복수였으며, 거기에는 우리 모두가 일말의 책임이 있다는 식이다.

하지만 가난한 집에서 혹은 결손가정에서 태어났다고 해서, 다 김용제처럼 범죄를 저지르고 살지는 않는다. 장애가 있다고 해서 세상을 향해 마구잡이로 폭력을 휘두르지도 않는다. 더 어렵고 힘든 처지에서도, 또한 더 큰 장애를 가지고 있음에도 세상 사람들 대부분 정직하게 살아간다. 가난과 장애를 앞에 내세워 흉악범죄를 변호하려는 이런 시각이야말로 또 다른 의미에서의 차별이며 편견일 가능성이 높다.

그는 풀잎에 맺힌 이슬방울 같은 무구함을 지닌 청년이었습니다. 마치 녹슨 베어링이 기름 한 방울로 스르륵 하고 돌아가듯이 그의 성정은 새물내 나는 무명 같았습니다.

《마지막 사형수》의 서문에 등장하는 조성애 수녀의 인물평이다. 나는 솔직히, 조성애 수녀가 《마지막 사형수》란 책의 어느 부분에서 그만한 감동을 받았는지 도통 알 수가 없다. 그가 저지른 다른 범죄의 피해자는 논외로 치더라도, 피어보지도 못하고 살인범에게 억울하게 희생된 아이들을 생각한다면, 아무리 사형수에 대한 동정에서 비롯된 것일지언정 이런 식의 여과되지 못한 감정을 쏟아내선 곤란하다.

필자는 사형수의 수기가 됐든 혹은 그를 옆에서 돌본 사람의 수기가 됐든 수기라는 형식으로 집필된 글들을 꽤 봤다고 자부하는 편인데, 좋은 느낌으로 책을 덮은 기억이 거의 없다. 정직한 글들이 거의 없을 뿐 아니라 절제되지 못한 감정들이 아교처럼 덕지덕지 엉겨붙어 있어서 읽기에 여간 불편한 게 아니었기 때문이다. 특히 대부분의 책들이 보통사람들의 도덕 수준을 마구 깔아뭉개면서 마치 사형수야말로 세상에서 가장 선하고 순수한 사람들인 양 치켜세우는데, 여간 불쾌한 게 아니다.

심지어 한 여성 교화위원이 쓴 수기는 사형수의 입장에 너무나 깊게 몰입된 나머지, 희생자들에 대한 비난을 아무렇지 않게 늘어놓으면서 "세상에서 제일 착하고 제일 억울하고 제일 불쌍한 ○○ 오빠!" 식의 절규에 가까운 오버액션을 남발하고 있어서 과연 제정신인가 하는 의문이 들 정도였다. 순수 문학이 아닌 한 어느 정도의 객관성이 담보돼 있어야 할 것인데, 심야 라디오 프로그램의 디제이에게 적어 보내는 사연인지 사회일반에 내놓는 글인지 분간 자체가 안 되는 사람들의 글이 책의 탈을 쓰고 시중에 나와 있는 꼬락서니가 차마 눈 뜨고 볼 수가 없을 지경이다.

밀란 쿤데라가 쓴 《불멸》이란 소설을 보면, 속물 냄새를 물씬 풍기는 한 유한부인의 얘기가 나온다. 그녀는 주변의 어려운 처지에 놓인 사람들은 전혀 보지 못하는 정신적 노안(老眼)을 가졌으며, 남편이 "하인들에게도 영혼이 있어요"라고 각성을 촉구할 정도로 하인들을 심하게 다루면서도, 기독교적 사명감에 충만해 사형 선고를 받은 외국인을 돕기 위해 발 벗고 나선다. 사형수 주변을 맴도는 교화위원이라는 사람들이 그런 부류라는 뜻은 아니다.

범죄자의 말과 태도를 액면 그대로 믿는 것은 어리석은 일이다. 그들은 보통 사람들의 머리 꼭대기에서 노는 사람들이다. 사이코패스나 소시오패스적 기질을 가진 사람들의 교활함은 상상을 초월한다. 중형을 선고받은 범죄자들이 성경책부터 찾는다는 얘기가 농담으로 그냥 나온 말이 아니다.

"어떤 예술가도 매일 스물네 시간을 쉼 없이 예술가로 있을 수는 없다"는 말처럼 범죄자 역시 스물네 시간을 범죄자로 살지는 않는다. 예술가가 이루어낸 위대한 성취가 대부분 아주 드물고도 짧은 영감의 순간에 창조된 것처럼, 범죄자의 끔찍한 범행 역시 정신세계의 깊숙한 곳에 잠복해 있던 광기가 내면적 감시와 통제의 소홀한 틈을 순식간에 비집고 나온 결과물이다. 범죄자의 그러한 악성과 광기는, 어린 시절 우리 몸에 스며들었다가 몸의 저항력과 면역체계가 흔들릴 때면 어김없이 활성화되는 대상포진 바이러스와 같아서 체내 너무나 깊숙한 곳에 숨어 있기 때문에 쉽게 찾을 수도 완벽하게 제거할 수도 없다.

"우리 그이는 절대 그럴 사람이 아니에요!" 사이코패스를 남편으로 둔 어느 부인의 이 절규처럼 수년간 한 이불을 덮고 살아도 알기 어려운 게 사람 속이다. 하물며 일주일에 한 번씩 30분 정도가 고작인 만남을 통해 상대방에 대해서 알면 도대체 무엇을 얼마나 알 수 있겠는가. 특히 종교인들처럼 '믿음' 자체가 삶의 본령이어서 사소한 의심조차 죄악시하는 사람들은, 다시 말해 증거에 입각해 사실을 판단하는 습관이 체질에 배지 않은 사람들은 범죄자에게 깨끗이 속아 넘어갈 가능성이 매우 높다.

무시해서 하는 얘기가 아니다. 나 역시 종교를 가진 사람이라 그렇게 할 이유도 없다. 다만 저마다 능숙하게 잘할 수 있는 영역이 있고 그렇지 못한 영역도 있는데, 성직자라는 직업이 범죄자의 교화에는 어떨지 몰라도 범죄자의 평가에는 대단히 적절치 않다는 점을 지적하고자 하는 것이다.

육하원칙은 글쓰기의 가장 기본적인 원칙이다. 그런데 이 책에는 믿기지 않을 정도로 '언제?'가 빠져 있다. 순수 창작물도 아니고 자신의 인생역정을 시간의 흐름에 맞춰 회고하는 글임에도 300쪽이 넘는 책 안에 연도 표시가 단 하나도 없다. 그래서 김용제가 언제 태어난 사람인지도 확인할 길이 없고, 언제 쓴 편지인지도 전혀 알 수 없다. 심지어 조성애 수녀가 보냈다는 편지에도 날짜 표시가 없다.

이 수기에서 날짜는 아주 중요한 의미가 있다. 김용제가 범행 직후 구속되어 사형을 받기까지 6년 2개월의 시간이 소요됐다. 짧지 않은 시간이다. 만약 사형 집행이 예정보다 빨리 이루어져 미처 사죄할 시간이 없었다면 모르겠지만, '그리스도를 내 안에 모시도록' 도움을 준 사람들의 이름을 길게 거론하면서 감사를 표시한 뒤 성경의 한 구절을 인용하며 끝을 맺는 분명한 '결론'이 있는 글이기에 왜 가장 중요한 대목이 빠졌는지 궁금하지 않을 수 없다. 만약 이 마지막 편지가 그의 사형이 집행되기 한참 전에 나온 것이 맞다면 결론은 딱 하나다. 김용제는 구제불능의 사이코패스였다.

김용제가 저지른 범행의 본질을 한마디로 요약하면 천진난만하게 뛰노는 아이들을 향해 최대한으로 가속페달을 밟은 사건이다. 그 내면에는 얼마나 저주받은 괴물이 숨어 있었을까. 이 얼마나 '빌어먹을 저거너트'인가. 형태만 다를 뿐 정성현의 범죄나 김용제의 범죄나 그 흉악성에 있어서는 별 차이가 없다. 스무 명이 넘는 사람들이 차에 치였고, 그중에는 평생 장애를 안고 살아가야 하는 아이도 있었지만, 김용제로부터 어떠한 보상도 받지 못했다.

그렇다면 범죄의 성격을 오도하고 흉악범을 미화할 수 있는 이런 책을 내는 것에 대해, 죽은 아이들에게 그리고 다친 아이들에게 최소한의 미안함이라도 표시해야 되는 것이 도리가 아닐까. 300쪽이 넘는 책에서 사죄는 둘째 치고 희생자의 이름조차 단 한 번도 밝히지 않고 넘어가는 심보는 무엇인가.

이십대 청년이 쓴 초등학생 수준의 작문에서 독자가 기대할 수 있는 것은 그저 딱 하나 진솔한 속죄의 기록일 터. 그것마저도 찾아볼 수 없다면 도대체 이 글을 세상에 내놓을 이유가 어디에 있을까?

공지영의 소설

사실 《마지막 사형수》라는 책은 초판 5쇄 정도에 그친 책이어서 비록 해롭긴 해도 우려할 만한 책은 아니다. 문제는 수십만 부의 발행부수를 내고, 영화로도 제작돼 수백만의 관객을 모은 공지영의 《우리들의 행복한 시간》 같은 책이다. 사형제도의 존폐에 관한 우리 사회의 진중하고 합리적인 토론을 방해하는 대단히 해로운 책이다.

나는 업무상의 이유로 우리 시대를 대표하는 여류 작가 몇 분과 교류한 적이 있지만, 공지영과는 그럴 기회가 없었다. 하지만 얼마 전에 나온 《수도원 기행 2》까지 27년 동안 27권의 단행본을 낼 정도로 다작(多作)하는 작가이니 만큼, 그의 글도 우연찮게 많이 접한 셈이어서 공지영이란 사람에 대해 전혀 모른다고 말할 수는 없다. 다른 것은 몰라도, 그녀의 풍부한 감수성만큼은 발군이라는 생각을 하고 있다.

사형이란 것은 그 무겁고 복잡한 인상 때문에 문학을 하는 사람들이라면 누구든 한 번쯤 다루어보고 싶은 주제일 가능성이 높다. 하지만 현실의 제도로서의 사형을 다루는 데는 객관적이고 신중한 접근이 필요하다. 특히 공지영처럼 감정의 절제에 극도의 미숙함을 보이는 사람은 사형이란 문제를 다루는 것 자체가 부적절해 보인다. 그간 공지영이 우리 사회에 쏟아냈던 온갖 종류의 독설은 논외로 하더라도, 통합진보당 해산결정 후 헌법재판소를 겨냥해서 한 "한때 인간 막장이던 사형수들이 당신들보다 낫다"고 한 말을 보면, 분노조절 장애가 거의 위험수위에 다다른 사람이 아닌가 우려될 정도다(그 헌법재판관들이 공지영이 '단군 이래 최대의 정의'라고 찬사를 보냈던 탄핵결정을 이끌어냈다).

2006년 5월 초판을 찍은 공지영의 산문집《빗방울처럼 나는 혼자였다》에《우리들의 행복한 시간》의 집필 경위가 다음과 같이 나와 있다.

> 지난 해『별들의 들판』이라는 소설집을 내면서 다시 글을 쓰기 시작한 이후 연이어『우리들의 행복한 시간』의 취재에 들어갔습니다. 소재가 사형수의 이야기였고 제가 전혀 알 수 없는 곳의 이야기라서 많은 취재가 필요했지요. 평생 처음 보는 사람에게 말 한 번 붙여보지 못했던 제가 아무에게나 전화를 걸어 만남을 요청했습니다. 교도소에서 봉사하시는 신부님, 수녀님은 물론이고 교도관, 형사, 검사, 경찰과 의사 그리고 살인 사건의 피해자들까지도 만났습니다. 그들과 그렇게 만나고 집에 돌아와서는 살인 기록들과 공판 기록 그리고 이미 처형당한 사형수들의 자필 수기를 읽었습니다. 용어가 어려운 범죄학과 형법 책도 밑줄을 그어가며 공부했습니다. 무릇 모든 것이 죽음에 관계된 것이어서 한 달 남짓 악몽과 불면증에 시달리기도 했지요. (중략) 취재와 소설을 위한 만남이 아니고는 딱 두 번 외출한 것이 고작인 채 넉 달이 지났습니다. 그리고 어느 날 새벽 3시쯤, 나는 소설을 완성했습니다. 7년 만의 장편소설이었습니다.

좋은 글은 성실한 취재를 통해 나온다. 아마 공지영도 그녀 나름으로는 많은 공부를 했을 것이다. 실제로 공지영은 《우리들의 행복한 시간》이 크게 히트한 후 여러 언론인터뷰 등을 통해 자신의 '엄청난' 공부량을 과시했다. 사형제와 관련된 논쟁이라도 생기면 마치 '나만큼 공부한 사람 있으면 나와 봐!'라는 식의 태도를 보이기도 했다. 당연한 일이다. 엄연히 피해자가 존재하는 사형이라는 주제를 다루면서, 기존에 나온 여성 교화위원들의 수기처럼 사형수를 맹목적으로 미화하는 식의 감성팔이를 하는 것은 우리 사회의 성공한 작가로서 공지영의 위상에 걸맞지 않는 행동이다.

당연히 많은 공부를 했으리라 믿지만, 그럼에도 영 찜찜한 구석이 있다. 공지영이 다작에 천부적인 재주가 있는 사람이라는 것은 잘 알지만, 그녀 스스로 토로하고 있는 것처럼 글쓰기라고 하는 "아무 것도 없는 곳에서 무언가를 만들어 내는 작업"을 350쪽이나 되는 긴 호흡으로 이어가는 데는 절대시간으로도 엄청난 양이 소요되기 마련이다. 공지영이 공부했다고 밝힌 '넉 달'의 시간 중 글 쓰는 데 걸린 시간을 뺀 나머지 시간이 공지영이 사형이라는 '전혀 모르는 곳'을 공부했을 시간인데, 과연 그 시간이 공지영의 자신감 넘치는 태도를 뒷받침해 줄 만큼 충분했을까?

유감스럽게도 《우리들의 행복한 시간》을 보면 그런 우려가 결코 기우(杞憂)가 아니었음을 확인하게 된다. 해당 출판사에서 친절하게 요약해 놓은 《우리들의 행복한 시간》의 줄거리는 대충 다음과 같다.

살인을 저지른 윤수는 감옥에서 자신의 죽음을 기다리는 처지에 놓이고, 사춘기 시절 사촌오빠에게 성폭행을 당한 유정은 자살을 통해 자신의 슬픔을 잊고자 한다. 하지만 유정의 자살기도는 번번이 실패로 돌아가고, 결국 유정이 자신의 고모인 수녀 모니카의 권유로 교도소를 방문하면서 윤수와 유정은 처음으로 마주하게 된다. 남자와 여자, 그리고 사형수와 대학교수. 절대로 어울릴 수 없을 것 같은 두 주인공을 잇는 연결고리는 다름 아닌 죽음과 삶이다. 상대방에게 느낀 불편함을 뒤로 하고 차차 가까워진 두 사람은 서로를 이해하면서 과거의 상처를 치유한다.

공지영은 한때 '386'으로 불렸던 60년대 출생, 80년대 학번을 가진 사람이다. 그 또래의 사람들이 대체로 그렇듯 공지영 역시 80년대 운동권에 대한 열등감 내지는 부채의식에서 자유롭지 못한 태도를 드러낸다. 그녀 자신이 괜찮은 학벌에 상업적으로 큰 성공을 거둔 작가임에도 불구하고 작품 전반에서 '돈 있는 사람들'에 대해 증오에 가까운 적대감을 드러내고, 특히 페미니즘 소설을 선도하는 작가로서 '남자들 일반'에 대해 혐오 수준의 극단적인 거부감을 표출한다.

주인공 유정의 집안은 "의사 검사 박사 등등 모두 '사'자가 붙은 잘난 사람 일색"이다. 유정의 집안은 '잘나가던 여당 국회의원'이었던 큰아버지의 비호 속에 "아버지가 사업하면서 탈세하고 불법적으로 입찰하고 배임하고 가지가지 횡령"을 일삼으면서 지금의 부를 이루었다. 유정에게 결혼하자고 접근한 '사법연수원 수석 졸업' 출신의 검사는 '부장검사의 막내동생'인 유정과 결혼하기 위해 '삼 년 동안 동거하면서 아이를 두 번씩이나 지워가며' 뒷바라지를 한 동거녀를 배신한 인간 말종이다.

유정이 '열다섯 살' 때 유정을 강간한 사촌 오빠는 당시 '부인이 있고 아이까지 있는' 유부남이었는데, 독실한 그리스도교 신자로서 인격자로 유명할 뿐 아니라 세계적으로 이름난 대기업의 임원으로 재직하고 있다. 유정의 큰오빠는 유복한 집안 환경 때문에 청렴한 검사로 재직했지만 자백을 받아내기 위해 피의자에게 비인간적인 고문을 서슴지 않았던 사람이고, 유정이 만났던 전직 서울구치소장은 "머리에만 아니라 얼굴에까지 기름을 바른 것 같은" 불쾌한 인상의 소유자로 사람의 목숨보다 돈을 앞세우는 속물로 묘사된다.

유정의 눈에 세상의 남자들은 "돈을 냈다는 이유만으로 버젓하게 남들 앞에서 그 어린 여자아이들 짧은 스커트 사이로 손을 넣어서 주물탱이가 되도록 만지작거리다가, … 다음날 아침이면 아직 지난 밤, 매춘부의 음부 냄새가 가시지도 않은 그 입으로 신성한 학문이 어쩌고, 이 사회의 불평등한 분배 구조가 어쩌고, 대학에서 그러고 있는 미친놈들"과 하나도 다를 바 없다. 과거 공지영이 자신과 정치적 견해를 달리하는 사람들을 향해 거침없이 던졌던 독설들이 이 소설에서도 그대로 되풀이된다.

마치 악에 받친 사람처럼 세상 모든 사람들과 물어뜯고 싸우는 사람들도 자기 자식만은 끔찍이 사랑하는 경우가 많다. 하지만 그런 사람들의 내면에 각인처럼 새겨진 '다른 사람은 어찌 되든 말든' 내 새끼만, 내 편만 잘 되면 된다는 생각을 사회 일반이 동의할 수 있는 '사랑'의 모습으로 포장하는 것은 매우 어색한 일이다. 공지영의 소설에서도 그런 이율배반이 느껴진다. 공지영의 세상은 적군과 아군만이 존재하는 계급투쟁의 장이며 거기에 중간지대는 없다. 이 소설에서는 적들이 주류인 세상에 대한 증오와 저주, 원망, 냉소 등의 부정적인 감정으로 가득 채워져 있다. 공지영에게 있어서 사형수가 구원받아야 할 이유가 있다면, 바로 내 편이기 때문이다. 만약 적이었으면 불에 태워 죽여도 시원찮았을 것 같은 그녀의 격렬한 태도에서 사랑의 보편적 메시지를 공감하기는 매우 어렵다.

책의 편제가 아주 독특해서 윤수의 이야기는 '블루노트'로 이름 붙여진 파란색 종이에, 유정의 이야기는 그냥 종이에 실려 있는데, 두 사람의 이야기가 번갈아가며 전개되는 방식이다. 블루노트는 김용제의 《마지막 사형수》

와 비슷한 느낌이고, 보통 종이에 써진 내용은 기존에 나온 여성 교화위원들의 수기 정도라고 보면 된다.

블루노트에 기재된 윤수의 어린 시절 이야기는 '엄마는 다른 남자와 눈이 맞아 가출하고 아빠는 술에 취해 자식들한테 맨날 폭력만 일삼다가 농약 먹고 자살한다'는 점에서 김용제의 어린 시절 얘기와 매우 흡사하다. 1997년 12월30일 사형이 집행돼 불귀의 객이 됐다는 점도 같다. 블루노트의 서술 태도도 김용제의 《마지막 사형수》와 다르지 않다. 블루노트는 주인공인 사형수가 사형 판결을 받게 된 과정을 서술하는 부분이므로, 감정을 절제하고 팩트 위주의 객관적인 서술을 할 필요가 있는 부분인데도 마치 김용제가 《마지막 사형수》에서 그랬던 것처럼 '도대체 윤수의 죄가 뭔데?'라는 궁금증만 자아내고 마무리된다.

백지에 기재된 유정의 이야기는 유정이 자신의 얘기가 좀 더 구체적으로 진술되었다는 점을 제외하면 예전에 여성 교화위원들이 종종 내곤 했던 수필류의 글들과 거의 차별성이 없다. 아무래도 프로 작가가 쓰는 글인 만큼 문장이 좀 더 세련되고 여기저기서 좋은 말들을 많이 가져다 붙여 읽는 재미가 좀 더 있는 것은 사실이지만, 감정조절의 실패라는 점에서는 거의 차이가 없다. 작가 자신이 감정 컨트롤을 전혀 하지 못하고 거의 통곡하는 분위기로 글을 써 내려갔다는 느낌까지 들 정도다. 공지영 같은 대한민국의 대표작가 작품을 두고 내가 이런 비평을 하는 것은 주제넘은 일이지만, 사형제라는 주제는 공지영이 다루기에는 너무나 안 맞는 주제여서 생긴 일이 아닐까 싶다. 아무튼 윤수의 범행을 내 나름대로 요약해 보자면 이렇다.

〈어두운 과거를 보낸 윤수에게 사랑하는 사람이 생겼는데, 그녀가 자궁외임신을 해 그녀를 살리자면 수술비로 300만 원을 꼭 마련해야 할 상황이 발생했다. 윤수가 그 돈을 마련하기 위해 과거에 돈을 빌려줬던 친구한테 찾아갔더니, 친구는 없고 친구의 선배라는 자가 딱 한탕만 하자고 제안한다.

윤수와 선배는 의정부에 있는 한 금은방을 털기 위해 전철을 타고 가는데 이야기에 열중하다가 갈아탈 곳을 놓치고 엉뚱한 역에 내리고 만다. 그런데 하필 거기에서 예전에 윤수가 알고 지내던 술집 여주인을 우연히 만나게 됐는데, 술집 여주인이 자기 아파트에 가서 술이나 한잔 하자며 유혹해 세 사람이 함께 그녀의 아파트로 갔다.

윤수와 술집 여주인이 안방에서 이야기를 나누는 동안 선배는 건넌방에서 자고 있던 그녀의 열일곱 살짜리 딸을 강간하고 칼로 찔러 살해했다. 선배는 비명을 듣고 나온 술집 여주인까지 목 졸라 죽인다. 그리고 그때 하필 파출부가 시장을 보고 집으로 들어오는 바람에 그녀 역시 현장에서 살해된다.

금품을 훔쳐 각자 달아난 후 선배는 부인의 설득으로 자수하고 윤수에게 죄를 다 뒤집어씌운다. 설상가상으로 윤수가 처음 돈을 받으러 찾아갔던 친구는 돈을 떼먹고, 윤수의 동거녀도 차지하기 위해 윤수를 배신하고 경찰에 신고한다. 책의 서두에 순수하고 심지도 곧은 여인으로 묘사됐던 윤수의 동거녀는 윤수가 죄를 짓기 무섭게 언제 그랬냐는 듯 친구의 품에 안겨 윤수의 처지만 낙동강 오리알이 된다.〉

선과 악의 이분법적 대립은 공지영 소설의 특징이다. 이 소설에도 죽어 마땅한 사람이 둘 등장하는데 하나는 유정을 강간했던 사촌 오빠이고, 나머지 하나는 윤수를 유혹했던 술집 여주인이다. 사실 사촌 오빠에 대한 비난은 누구든지 공감할 수 있고, 공지영이 간간이 내비치는 살의(殺意)도 이해가 된다. 그러나 술집 여주인에 대한 부정적인 묘사는 정말 공감이 되지 않는다. 혼자 사는 마흔 살가량의 여자가 윤수를 유혹한 것은 주제넘은 짓이긴 해도 도덕적으로 비난받을 일은 아니지 않는가. 윤수를 동생처럼 예뻐했고 가끔 용돈도 집어주었다는 여자가 남자한테 눈독 한번 잘못 들였다고 강도살해를 당한다는 것은 너무나 불공평한 일이다. 더군다나 그녀는 자기 눈으로 자기 딸이 강간살해된 참혹한 현장을 목격하는 극단의 비극까지 경험했다.

그런데 이 소설에서 이 불쌍한 여자는 그림자나 다름이 없이 취급되며 전혀 동정을 받지 못한다. 억울하게 죽은 파출부에 대한 애도가 소설 전체에 골고루 퍼져있는 것과는 정반대다. 오히려 소설 초반의 블루노트를 보면, 윤수조차도 그녀를 '죽어 마땅하며 살 가치가 전혀 없는 인간'으로 여겼다고 한다. '조그만 술집'을 경영하는 여자에게 무슨 돈이 얼마나 있었는지는 모르겠지만, 저런 여자에게 돈이 많다는 것은 "벌레에게 비단을 감아 놓은 것"과도 같다고 저격한다. 도대체 왜?

윤수의 생각이 결국 공지영의 생각이겠지만, 사람의 죽음까지도 '그가 얼마나 돈을 가지고 있었느냐'에 의해 달리 평가되는 공지영식 사고를 쫓다 보면 1980년대 이념 서클에 갓 가입한 운동권 학생 수준의 치기 어린 세계관을 넘어 피해자에 대한 공감능력의 부재와 놀라울 정도의 초연함이 느껴진다. 내가 앞에서 이 책을 통해 사랑의 보편적 메시지를 느끼기가 매우 어려웠다고 지적한 이유이다.

이 소설에서 유일한 반전은 세 명의 피살자 중 "파출부는 누가 죽었나"이다. 작가의 상상력 결핍을 여실히 드러내며 한 치의 예상을 벗어나지 않고 구태의연하게 전개되던 스토리는 윤수의 범행을 적시할 때 갑자기 추리소설로 돌변해 범인이 누구냐고 묻는다. 마치 히가시노 게이고의 추리소설 《둘 중 누군가 그녀를 죽였다》에서처럼 범인을 끝내 드러내지 않고 독자들에게 퍼즐의 해결을 맡긴다.

나는 소설을 원작으로 한 영화의 영향 때문인지 처음에는 윤수를 파출부의 살인범으로 보았는데, 무능하고 야비한 수사기관과 법원 때문에 '제가 한 일은 그가 한 일로, 그가 한 일은 제가 한 일로' 바뀌어버렸다는 내용이 자주 언급되는 것으로 보아 그런 것 같지도 않다. 피살자 세 사람에 대한 살인혐의를 모두 뒤집어쓴 것은 윤수이므로, 위 문언대로 하자면 선배가 세 사람을 모두 죽였다고 볼 수도 있기 때문이다.

어떻든 윤수가 매우 억울한 사형수인 것은 분명하다. 공지영은 김용제의 불우한 어린 시절과, 《죄와 벌》의 라스콜리니코프에게 닥친 예정에 없던 살인과, 공범의 죄책을 모조리 떠안은 불운한 강도범의 사연(자주 거론되는 오판 사례) 등을 적당히 조합해 '억울한' 사형수 하나를 용케 만들어 내는 데 성공했다.

공지영이 《우리들의 행복한 시간》을 통해 남성들, 특히 가진 게 많거나 배운 게 많은 남성들에 얼마나 극단의 증오감을 드러냈는지는 앞에서 언급한 바 있다. 이런 공지영에게 있어서, 파편적으로 거론되는 남성들 한두 명을 빼면 유일한 예외는 사형수들뿐이다. 오로지 사형수야말로 순수하고 정직하고 인간적인 사람들이다. 공지영은 작품 후기에 이런 말까지 남기고 있다.

그들은 왜 그렇게 맑은 얼굴을 하고 있을까. 가끔 미래에 대한 불안으로, 어두움이 그들의 얼굴을 파도치듯 흔들어 놓기는 했지만 그들은 내가 사회에서 만난 어떤 인간들의 집단보다 더 아름다운 수도자의 얼굴을 하고 있었다.

스티븐 핑거 같은 학자는 '환경 결정론'을 "지난 수십 년 동안 나쁜 행동에 대한 핑계로 사용된 가장 우스꽝스러운 주장"으로 폄훼하고 있고, 이는 사실 대한민국의 거의 모든 변호사들이 공감하는 바이지만, 공지영은 다르다. 이 책은 마치 환경 결정론의 교리서를 보는 것처럼 '개인의 잘못은 사회의 책임이고, 폭력은 폭력을 낳는다'는 환경 결정론의 강령을 수없이 되풀이하며 독자들을 세뇌한다.

윤수는 수사나 재판 과정을 통해, 자신이 결코 책임질 이유가 없고, 그렇게 해줄 만한 가치도 전혀 없는 '비열한 살인마'의 책임을 대신 져줌으로써 끔찍한 괴물을 우리 사회에 다시 돌려보내는 심각한 잘못을 저질렀지만, 거기에 대해 일말의 책임감도 느끼지 못하고 주변 사람들도 다 마찬가지다. 오히려 그것은 윤수의 초월적인 생사관 때문에 가능했던 대단한 양보처럼 묘사되며, 심지어 윤수조차도 '내 탓이오' 하며 살인자를 용서하기까지 한다. 윤수는 교도소 내에서도 계속해서 선행을 이어가다가, 형 집행 직전에는 생뚱맞게 대한민국 사형수 사상 가장 완벽한 교화·개선 모델로 회자되는 '서진룸살롱' 사건의 주역 고금석으로 빙의해 강원도 태백 어느 분교의 아이들에게 바다를 보여주겠다는 약속까지 한다.

윤수와 유정이 나누는 대화를 보면, 윤수의 말은 마치 득도한 사람의 선문답처럼 깊이가 있고 표현도 시적이다. 윤수의 매력은 내면의 아름다움이 전부가 아니다. 이 책에 묘사된 윤수의 외모는 다음과 같다.

키는 한 일 미터 칠십오 센티미터쯤 될까, 흰 얼굴 검은 고수머리, 그리고 그 위에 걸쳐진 뿔테 안경 속의 눈은 길고 날카로웠다. 그러나 넓고 흰 이마 위로 흘러내린 보통 사람보다 아주 검고 부드러운 고수머리는 전체적으로 그의 날카로움을 많이 완화시켜 주고 있었다. … 나는 순간적으로 저 사람의 가슴에 달린 빨간 명찰이 혹시 국가보안법이라는 것을 의미하는 것은 아닐까 하는 착각을 잠시 했다. 아마도 얼추 비추었던 이지적인 인상이 그런 상상을 불러일으켰는지도 모르겠다. 그는 파리에서 젊은 사람들이 입고 다니던 티셔츠 위에 새겨진 체 게바라의 험악한 얼굴이라고 말할 수도 있는 느낌을 주는 사내였다.

공지영이 워낙 길게 묘사해 대충 어떤 모습인지 그려지는 윤수의 외모는, 미팅만 나가면 늘 폭탄 신세가 되곤 했던 우리 시대의 보통 남자들이 간절히 선망했던 외모이기도 하다. 여자들이 딱 좋아할 스타일인 것이다. 공지영은 이런 사형수를 하나 만들어놓고 "이래도 사형을 집행해야 합니까?" 하고 묻는다. 영화에서는 아예 한술 더 떠 강동원이라는 대한민국 최고의 조각상을 윤수 역에 캐스팅해(강동원을 보고 공지영이 속으로 '야, 잘됐다. 이 사람이 죽으면 대한민국 여자들의 반은 사형제 폐지하자고 하겠지' 하고 생각했다고 한다) 사형제의 존폐를 묻고 있다.

이런 식으로 물으면 누군들 '매답시다!'라는 인정머리 없는 대답을 내놓을 수 있겠는가? 마치 뻔한 문제를 내놓고 30초당 200원의 유료통화를 유도하는 방송사들의 '돈벌이 퀴즈'를 보는 느낌이다. 사형이라는 것이 희생자가 됐든 사형수가 됐든 사람의 목숨과 관련된 일인데, 그런 주제를 다루는 태도가 어찌 그리도 경박한가?

눈을 밖으로 한번 돌려보자. 빅토르 위고의 《사형수 최후의 날》은 죽음에 대한 생각으로 가득 찬 불행한 사형수의 일인칭 화법을 통해 사형제도의 비인간성을 통렬하게 비판한 책이다. '4시'로 예정된, '내가' 단두대에 올라서는 그 시간까지, 자유와 행복을 상징하는 과거와 구속과 불행만을 환기시키는 현재가 계속해서 교차하면서 읽는 사람의 심장까지 답답하고 고통스럽게 억누른다.

빅토르 위고는 "법의 이름으로 행해지는 사악한 행위, 즉 사형제도와 투쟁할 것"을 결심하고는 27세에 《사형수 최후의 날》을 썼으며, 이 책을 신호탄으로 생애에 걸쳐 사형제도 반대 투쟁을 격렬하게 전개했다.

그런데 이 위대한 작품을 읽다보면 매우 특이하게 느껴지는 대목이 있다. '나의 이야기'라는 부제가 붙은 제47장이 그것인데, 내용 전체가 공란으로 비워져 있어 사형수의 신분과 삶, 살인 사건의 내용과 동기, 그리고 사건 현장에 대한 묘사가 완전히 생략돼 있다. 공교롭게도 독자들이 가장 궁금해하는 부분이 쏙 빠져 있어서 마치 '앙꼬 없는 찐빵'처럼 무언가 중요한 게 누락된 느낌이 든다.

《사형수 최후의 날》은 빅토르 위고가 익명으로 출판했음에도 불구하고 독자들의 열렬한 관심을 불러온 책이었기 때문에 출판사 측에서는 판매부수를 보다 늘리기 위해 마치 쓰다 만 것처럼 남아 있는 제47장을 해결해 줄 것을 작가에게 요구했다. 하지만 위고는 이 위대한 작품의 화룡점정(畵龍點睛)을 끝내 거부했는데, 아마도 사형제 폐지라는 메시지의 보편성을 확보하기 위함이 아니었을까 싶다. 즉 개별적이거나 일회적인 사건이 아니라 우리 모두가 연루된 보편적인 사건으로 읽혀지길 바란 것이다. 억울하기 짝이 없는 꽃미남 사형수를 하나 내세워놓고 '이래도 죽일래요?'라고 묻는 공지영식 화법은 대문호의 발상에서는 상상도 할 수 없는 꼼수인 것이다.

영화로 눈을 돌려, 팀 로빈스 감독의 1995년작 《데드맨 워킹》을 보자. '데드맨 워킹'은 사형 집행장에 입장하는 사형수를 일컫는 간수들의 은어이다. 전 세계를 돌아다니며 사형제 폐지운동에 앞장서온 헬렌 프리진이란 수녀가 1984년 여학생 두 명을 강간 살해한 패트릭 소니어와 만난 후 그 경험을 바탕으로 쓴 글이 원작이다.

작가 자신이 이렇게 격렬한 사형폐지론자다 보니 《데드맨 워킹》은 기본적으로 사형폐지론의 관점에서 제작됐다고 볼 수 있다. 하지만 사형존치론자들은 이 영화야말로 사형제의 정당성을 뒷받침하는 영화라고 주장한다. 수

미일관하게 이어지는 감독의 객관적이고도 중립적인 시각 때문에 사형폐지론자들도, 사형존치론자들도 각자 자신들의 주장을 뒷받침하는 영화라고 원용할 정도가 된 것이다.

영화 속의 사형수 매튜 폰스렛은 데이트 중이던 두 연인을 강간한 후, 잔혹하게 살해한 혐의로 사형 선고를 받은 흉악범으로 죄질이 극히 무거우며 아주 비열하고 불량스러운 데다 자신의 죄를 조금도 인정하지 않는 사이코패스다. 게다가 그는 히틀러를 열렬히 사모하는 나치 추종자에, 지독한 인종 차별주의자이기도 하다. 배우 숀 펜은 원래 생긴 것 자체가 호감을 느끼기 어려운 외모에다 어둡고 사악한 기운까지 풍기는 배우여서 그 이상의 캐스팅을 생각할 수 없을 정도로 이 역에 잘 맞는다.

감독은 사형폐지론을 주장하면서도 사형존치론을 무시하거나 비하하지 않고, 피해자와 유가족의 입장을 다루는 것도 소홀히 하지 않는다. 사형수의 호송부터 약물이 투여되고 사형수가 사망에 이르기까지의 일련의 과정을 긴 호흡으로 다루면서 사형수의 범죄 장면과 사형 장면을 교차편집 방식으로 균형 있게 보여줌으로써 관객이 자칫 감상주의에 빠져 사형수의 입장에만 매몰되지 않도록 경계한다. 사형수 매튜 폰스렛이 참회했는지 여부는 관객의 판단에 맡긴다. 죽음에 임박할수록 선한 느낌을 더해가는 사형수의 눈빛을 통해 감독은 예정대로 작동되는 집행만이 이 흉악범의 영혼을 정화시킬 수 있는 마지막 수단임을 암시하는 것 같기도 하다.

우리 관객들의 취향과 잘 맞는 영화는 아니다. 감독의 화법이 지나치다 싶을 정도로 차분하고 메말라 있어서 뭔가 화끈하거나 절절한 것을 기대했던 관객이라면 "무슨 놈의 영화가 이래?"라고 욕만 잔뜩 하고 나올 가능성이 매우 높은 영화다.

물론 공지영은 빅토르 위고가 아니고, 《우리들의 행복한 시간》의 감독

송해성은 팀 로빈스가 아니다. 문화적 기반이 다르고, 각자의 철학과 관점과 수준이 다르고, 그에 따라 접근하는 방식이 달라지는 것은 당연한 일이다. 왜 그런 식으로밖에 글을 못 쓰느냐, 왜 그런 식으로밖에 영화를 못 만드느냐고 비난하는 것은 말이 안 된다. 솔직히 공지영의 글이 훨씬 수월하게 읽혀지고 송해성의 영화가 훨씬 재미있다는 점도 부인하기 어렵다. 나는 다만, 책으로든 영화로든 크게 히트한 이들 작품들로 인해 사형제의 존폐에 관해 오도된 인상을 갖게 된 독자들에게 이 문제에 접근하는 이들의 방식이 공정하지도 정직하지도 않다는 점을 지적하고 싶은 것이다.

경험은 우리에게 세상을 이해하게 하는 방편이 되기도 하지만 세상에 속게 만드는 함정이 되기도 한다. 변호사 일을 하면서 인상적으로 느끼는 것 중 하나는 사기꾼한테 '제대로 걸린' 사람들의 공통점은 자신의 경험에 대해 남다른 확신을 가진 사람들이라는 점이다. 노련한 사기꾼은 그런 확신의 맹점(盲點)을 귀신처럼 파고든다. 공지영이 운 좋게 양질의 사형수를 몇 명 만났는지 모르겠지만 이 책에 실명이 언급된 사형수들을 만났을 때도 똑같은 느낌을 받았을지 궁금하다. 그런 사형수들을 만나고 나서도 '깊고 선한 눈매'를 가진 그들이 사는 곳이 진정한 '천국'이요 "정녕 회개한 인간이 뿜어내는 그 기운은 이 세상의 모든 잘난 사람들의 냉정함을 덮히고도 남는 것"이라고 극찬을 해줄 수 있을지 궁금한 것이다.

이런 가정을 해 본다. 만약 유정이 모니카 수녀를 통해 만난 사형수가 정윤수가 아니라 정성현이었어도 똑같이 과거의 상처를 치유받았을까? 난 그럴 리 없다고 확신한다. 아마 매주 목요일 교회(敎誨)를 위해 찾아갈 때마다, 필자가 법정에서 본 것처럼 "아이들 목을 눌러 질식을 유발시킨 것과 차로 친 것 사이에 무슨 차이가 있어서 죄 없는 나를 아직도 감방에 가두고 있느냐"며 방방 뜨는 모습을 접하게 될 텐데, 그러고도 "내가 그들보다 착하고 아니 내가 그들보다 죄가 적을까" 하고 자꾸만 자책에 빠지게 될 것 같지는 않다. 만약 상대가 정성현이었다면 아마도 유정은 강력한 사형존치론자가 되어 매주 법무부 청사 앞에 찾아가 "당장 집행하라!"고 피켓팅을 벌이는 여전사가 되어 있을지도 모른다.

사형수의 현재 모습은 저마다 다를 수 있다. 그러나 그들이 과거에 지은 죄의 무게는 크게 다르지 않다. 아리스토텔레스가 말한 것처럼, 우리가 반복적으로 행한 것이 바로 우리 자신이 된다. 어느 날 갑자기 나타난 인간은 없다. 현재의 회개한 사형수와 과거의 잔혹한 살인마를 면도날로 도려내듯 깨끗이 분리한 뒤 자신의 입맛에 맞는 부분만 내세워 보통 사람들의 도덕성을 조롱하는 것은 과연 올바른 태도일까? 적을 대할 때는 지독할 정도로 과거에 집착하는 사람들이 왜 내 편을 대할 때는 그렇게 하지 못하는 것일까?

피해자에게 용서를 강요하는 사람들

오래전 일이다. 변호사들끼리 모인 술좌석에서 사형제 존폐 문제가 화제가 된 일이 있다. 내가 열띤 논쟁 중에 사형폐지론을 두둔하는 변호사에게 '네 가족이 피해자라고 생각해 봐'라고 하자, 그는 내 말이 끝나기 무섭게 '네 가족이 사형수라면 어떡할 건데'라고 응수했다. 나는 그 친구의 순발력에 당황해 순간 할 말을 잃었다.

그런데 지금 와서 생각해보면 그 친구의 말은 궤변에 지나지 않는다. 상황을 만든 것은 가해자이지 피해자가 아니기 때문이다. "우리 ○○는 죽을 죄를 지었습니다"고 동의하는 사형수 가족은 많지만, "우리 ○○는 끔찍한 죽임을 당할 만했습니다"고 동의할 수 있는 피해자 가족은 아무도 없다.

두 가족이 받는 충격의 강도도 완전히 다르다. 이런 경우를 가정해보자.

19세 남자가 아무나 죽여 세상에 대한 분노를 풀겠다며 칼을 들고 나왔다가 마침 버스정류장에서 차를 기다리던 생면부지의 19세 여성을 칼로 수십 회 찔러 잔인하게 살해했다. 그날 밤 가해자와 피해자 두 사람의 집에 불행한 사건을 알리는 경찰의 전화가 '불쑥' 걸려온다. 둘 다 끔찍한 전화다.

　피해자 가족의 시간은 그때부터 완전히 멈춘다. 그 충격은 결코 치유될 수 없는 정신적 외상이 되어 고장난 레코드판처럼 영원히 반복되면서 피해자 가족의 미래를 집어 삼킨다. 물론 과거도 왜곡한다. 사건 하나가 한 가족의 과거와 현재, 미래를 완전히 바꿔 놓는다. 뿐만 아니라 뇌의 화학성질까지 바꿔 정서적 마비는 물론이고 극심한 육체적 고통까지 가져올 가능성이 높다. 식욕을 잃게 만들고 시름시름 앓게 만들고 심지어 스스로 목숨을 끊도록 극한으로 몰고 가기도 한다. 사람마다 슬픔에 적응하는 방식과 속도가 다르기 때문에 서로 점검하고 보살피지 않으면 남은 가족들 간의 관계가 소원해지고 부부관계는 파탄에 이른다.

　가해자 가족도 물론 충격을 받는다. 하지만 재판이라는 긴 여정이 남아 있고, 거기에는 다소간의 희망이 동반되기 때문에 불안, 분노, 좌절감 등의 부정적 감정은 금세 사라진다. 나중에 사형 선고를 받고 집행까지 됐다고 해도 사정은 크게 달라지지 않는다. 가해자 가족이 느끼는 죽음의 충격은 피해자 가족이 느끼는 그것과는 '질적으로' 다르다. 예기치 못한 죽음이 아니기 때문이다. 아무리 사랑하는 사람을 떠나보낸 상황이라도, 그것이 암(癌)이 됐든 사형 집행이 됐든 예정된 죽음은 외상 후 스트레스 장애를 야기할 만큼의 파괴적인 트라우마를 남기진 않는다. 그 죽음의 경험이 과거를 왜곡하지도 않고 시간의 흐름을 현재로 고정시키지도 않는다. 남은 사람들은 그 슬픔을 함께 견디며 살아가고 가족구성원 간의 유대는 유지된다.

　고생물학 분야의 세계적 대가인 스티븐 제이 굴드는 《풀하우스》란 책에서 그의 나이 마흔 살 때 중피종이라는 희귀하고 거의 치료가 불가능한 암에 걸려 투병했던 경험을 소개하고 있다. 회의적이고 이성적인 성격의 스티븐 제이 굴드는, 암환자에게 '긍정적인 사고'를 강요하는 베스트셀러 작가의 글에 꽤 반감을 가졌던 모양이다. 그는 이렇게 적고 있다.

〈긍정적인 태도를 갖자〉 하는 운동이 생각지 않게 발휘하는 잔인성에 단호히 대처해야 한다. 이 운동은 개인적 절망에서 벗어나지 못해 내면 깊은 곳에서 긍정적 사고를 불러내지 못하는 사람들을 꾸짖는 식으로 교활하게 변질되는 경우가 있기 때문이다. 성격과 기질은 오랜 세월에 걸쳐 형성된 것이기 때문에 성격을 근본적으로 개조할 필요가 있음을 알아도 그렇게 쉽게 고치지 못한다. 우리의 심장에 〈긍정적 태도〉라는 이름의 단추는 없으며, 그것을 한 번 누르기만 하면 당장 긍정적 사고가 효과를 발휘하게 하는 손가락도 없다. 개인의 습성과 기질은 오랜 세월에 걸쳐 쌓인 것이다. 어떤 사람이 자신의 인생에 초대한 적도 없고 반갑지도 않은 사건에 휘말렸을 때 다른 사람들은 다 잘 대처하는데 당신은 왜 그렇게 못하느냐고 누가 감히 책망할 수 있겠는가? 한 사람이 공포와 절망 속에서 암으로 사망하면 그의 고통과 지난 삶을 애도해 주자. 이를 악물고 끝까지 웃으며 싸우다 죽은 사람은 마지막 인생을 좀 더 편히 살았는지는 모르겠으나 더 인간적으로 세상을 떠난 것은 아니다.

굴드는 암이라는 예기치 못한 불행에 맞닥뜨린 환자의 경우를 이야기하고 있지만 살인 피해자 가족의 경우도 상황은 거의 비슷하다. 그런 일을 당해보지 않은 외부의 제3자가 피해자의 심정을 완전히 헤아리기는 불가능하므로 피해자가 표출하는 노여움, 두려움, 고통과 같은 감정을 잘 이해해주고 공감해주면 될 일이지 그 이상까지 막나가서 '감 놔라 배 놔라' 해서는 곤란한 일이다.

굴드의 지적을 실감케 하는 사례가 있다. 바로 이청준의 《벌레이야기》에 나오는 '김 집사 아주머니'다. 이 소설은 잔혹한 유괴범에게 하나뿐인 아들을 희생당한 엄마의 얘기다. 그녀가 사형 선고가 내려진 유괴범에게 구원의 은혜를 베풀기 위해 구치소로 면회를 갔다가 "이미 주님의 이름으로 자신의 모든 죄과를 참회하고 그 주님의 용서와 사랑 속에 마음의 평화를 누리고 있는" 사형수의 모습에 절망해 스스로 약을 먹고 목숨을 끊는 이율배반적 상황을 다루고 있다. 김용제에게 자식을 잃은 부모들도 아마 그 엄마와 똑같은 심정이었을 것이다.

김 집사 아주머니는 알암이가 유괴돼 그 애 엄마가 지옥의 나락에 떨어진 틈을 이용해 잽싸게 전도에 성공하더니, 알암이가 차가운 시체로 발견되고 범인(알암이가 다니던 주산학원 원장 김도섭)이 잡히자 매일같이 알암이 엄마한테 찾아와 범인을 용서해야 된다며 물고 늘어진다. 위 소설에 나오는 김 집사의 말을 한 번 들어보자.

— 이번에 알암이가 당한 일만 해도 우리 인간들의 눈에는 슬픔뿐이지만, 거기에 어떤 주님의 섭리가 임하고 계시는지도 알 수 없어요. 그러니 주님의 사랑과 섭리와 권능을 믿으시면 거기서 알암인 구원을 받을 거예요. 알암이가 이번에 당한 일이 어쩌면 우리가 모르는 더 큰 사랑을 베푸시려는 주님의 뜻인지도 모르니까요. 그 왜, 있지 않아요. 주님께선 그 당신의 사랑을 위해 누구보다 먼저 알암일 당신 곁으로 부르셨을 수도 있다고 말이에요….

— 그것은 다만 그 사람(김도섭)만을 위해서가 아니에요. 그 사람보다는 알

암이 엄마 자신을 위하는 일이에요. 그리고 가엾은 알암이의 영혼을 위하는 일인 거예요. 알암이의 영혼과 애 엄마 자신을 위해서라도 그에게 너무 깊은 원망을 지니지 않도록 하세요. 그래서 마음을 편하게 가지도록 노력해보세요. 그렇게 되도록 노력을 하시면 주님께서 반드시 도와주실 거예요.

— 알암이의 슬프고 불행한 사고가 그 어머니에게 주님을 영접할 은총의 기회일 줄을 누가 알았겠어요. 그건 모두가 이런 영광과 은총을 예비해두고 계신 주님께서 우리를 단련시켜 맞이하시려는 사랑의 시험에 불과했던 거예요. 우리는 오히려 그것을 기쁨으로 감내했어야 할 일들이었어요. 그토록 오묘한 주님의 섭리와 사랑의 역사 앞에 우리가 어찌 알암이의 영혼의 구원을 믿지 않을 수 있겠어요. 죄인을 아주 용서하도록 하세요. 그게 틀림없이 주님의 뜻이며 기쁨이실 거예요.

— 흉악스럽기는커녕 그 사람은 자신의 모든 잘못을 순순히 시인하고 애 엄마에게 간절한 용서를 빌었어요. (중략) 그게 그 사람의 진심이었던 것이 그 사람도 이미 주님을 영접하여 주님의 뜻을 따르고 있었거든요.

— 전 애 엄말 이해할 수가 없었어요. 아니 차라리 실망감을 금치 못했지요. 알암이 엄마가 마음속에서 아직 그를 용서하지 못하고 있는 걸 알았기 때문이었지요. 알암이 엄만 아직도 주님에 대한 믿음이 그토록 부족했던 거예요.

— 용서도 마찬가집니다. 주님께서 그를 용서하셨다면 우리도 그를 용서해야 합니다. 그것이 전지전능하신 주님의 종이 된 우리 인간들의 의무인 거니까요. 알암이 엄마도 그날 똑똑히 들었지만, 그는 애 엄마의 어떤 원망이

나 책벌이라도 달게 받을 각오라고 말하지 않았어요. 그건 그가 이미 주님의 사함 속에 죽음을 두려워하지 않는 영혼의 평화를 얻고 있는 증거였어요. 그래서 그는 애 엄마의 어떤 원망이나 증오도 달갑게 감수하고, 그걸 용서할 수가 있었던 거예요.

참으로 못 말리는 오지랖이다. 처음엔 알암이의 구원을 미끼로 용서를 간곡히 부탁하더니, '이미 주님의 사함을 받고 있는 사람을 용서하지 못한다'며 알암이 엄마를 나무라는 지경에 이르고 있다. 종당에는 알암이 엄마가 오히려 자신의 원망이나 증오에 대해 '같은 형제'인 사형수 김도섭에게 용서를 구해야 한다는 식으로 몰고 간다. 김 집사는 알암이 엄마의 아집을 꺾는 데만 정신이 팔려, 질식해 죽어가는 불쌍한 인간을 외면한 채 하느님의 엄숙한 계율만을 강제하고 있다. 용서라는 위대한 명분으로 상처받은 사람을 더욱 깊게 할퀴어 그녀를 죽음으로 내몰고 있다.

이것이 그냥 소설에만 나오는 얘기일까. 지금 사형폐지론을 부르짖는 종교인들 중에는 이런 잘못을 저지르는 사람이 한 사람도 없다고 장담할 수 있을까.

하나님이 우리의 죄를 용서하신 것처럼 우리도 우리를 해한 원수를 용서해야 마땅할 테지만, 그것이 마음먹은 대로 될 수 있는 일은 결코 아니다. 잔혹한 살인범에게 아이를 잃은 부모의 심정이 돼서 생각해보라. 몇 달째 돌아오지 않는 아이를 애타게 기다리다가 불쑥 걸려온 전화 한 통 때문에 모든 것이 무너져 버린 사람 앞에서 마치 득도한 사람처럼 "다 내려놓고 용서하세요. 그런다고 죽은 애가 돌아옵니까?"라고 훈계하는 것은 그 얼마나 폭력적인 일인가.

용서를 하는 일은 쉽지도 않고, 주제넘게 제안할 수 있는 것도 아니다.

용서할 의사가 없거나 용서가 불가능한 사람에게 용서를 강요하는 것은 아물지 않은 상처에 굵은 소금을 뿌리는 것처럼 난폭한 행동이 될 수 있다. 조용필의 노래처럼 '웃고 있어도 눈물이 나는' 것이 감정이다. 사람의 감정이라는 것은 독하게 마음먹고 결심한다고 해서, 누가 시킨다고 해서 바뀌는 것이 아니다. 당연한 말이지만 서둘러서 될 일도 아니다. 용서라는 것은 결국 시간만이 해결해 줄 수 있는 문제이므로, 피해자의 내면에서 끓고 있는 피가 차분하게 식을 때까지 기다려야 한다.

용서의 가장 중요한 조건은 정의(正義)다. 피해자가 '이건 아닌데…'라며 좌절과 분노의 늪에 빠져 있는 상태에서 진정한 용서란 결코 이루어질 수 없다. 설사 피해자를 설득해 '용서'란 말을 끄집어냈다고 해도 그것은 위선이며 거짓말일 뿐이다. 정의의 경험은, 공동체가 정한 규범과 절차에 따라 가해자가 저지른 행동이 잘못된 것이라는 사실이 공식적으로 선언되고, 그 잘못에 대해 톱니바퀴처럼 정확하게 책임이 부과될 때 비로소 이루어진다. 불의를 놓아두고 고개를 돌린다고 해서, 쉬쉬한다고 해서 해결될 수 있는 문제가 아니다.

사형폐지론자들은 사형수를 사형에 처한다고 죽은 사람이 돌아오는 것은 아니며, 사형이 집행된다고 피해자 가족의 상처가 치유되는 것도 아니고, 결국 남는 것은 허탈함밖에 없을 것이라고 주장한다. 그럴 수 있다. 하지만 허탈하든 말든 그것은 외부의 구경꾼이 참견할 일이 아니다. 피해자 가족은 무슨 뿌듯한 만족을 얻기 위해 사형을 요구하는 것이 아니다. 단지 살인범이 살아 있는 동안에는 결코 벗어날 수 없는 정신적 굴레에서 벗어나고 싶은 것이며, 법적 절차를 마무리 짓고 자신들의 슬픔에도 마침표를 찍고 싶은 것이다. 이것이 의미 있는 출발점이 될 수 있음은 서구의 사형폐지론자들도 인정하고 있다.

우리 유족들, 우리의 가장 큰 두려움은 우리의 자식이나 우리가 사랑하는 사람을 죽인 살인범이 언젠가 석방될 것이라는 점입니다. 우리는 우리가 사랑한 사람을 결코, 결코 돌려받지 못한다는 것을 압니다. 그러나 우리는 다른 사람들의 안전을 위해 살인범이 거리에 나다니지 않기를 바랍니다. 우리들에게 정의란 우리에게 피해를 준 살인범이 다시 살인을 할지도 모른다는 걱정을 할 필요 없이 사는 것입니다.

— 도라 라슨(열 살 딸을 강간살인범에게 희생당한 어머니)

사형폐지론의 최대 약점은 "만약 네 가족이 피해자였더라도…?"라는 질문에 대해 일관성 있는 대답을 내놓을 수 없다는 점이다. 한 형법 교수는 사형폐지론을 잘 늘어놓다가 이 질문에 이르러서는 약간의 신경질적인 반응까지 내비치며 그런 식의 가설적인(hypothetical) 질문으로 덫을 만드는 것은 좋은 토론 자세가 아니라면서 정색한 표정으로 훈계한다.

그렇다. 사형을 당장 폐지하라고 목청껏 외치지만 거기에는 언제나 '내 가족이 피해자였을 때만 빼고…'라는 전제조건이 붙어 있다. 다른 사람은 죽건 말건 나와 내 주변사람들만 안 죽으면 된다는 생각으로 벌이는 러시안 룰렛이라고나 할까. 2014년 10월10일 한국천주교주교회의가 '세계 사형폐지의 날'을 맞아 낸 성명서를 보면 이런 고민이 짙게 묻어나 있다.

"누구도 '네 부모 혹은 자식이 범죄로 그렇게 죽었어도 사형제도를 폐지하겠다고 말할 수 있느냐'는 질문에서 자유로울 수 없다. 중요한 것은 그런 참혹한 질문을 가정하지 않아도 되는 사회를 만들어가는 것에 있다."

그럴듯한 말이지만 스스로 낸 질문에 대해 거의 빵점에 가까운 대답을 내놓고 있다. 사형제 폐지라는 지극히 현실적인 주제를 다루면서 이렇게 공허하고 무책임한 주장을 내놓아선 안 된다. 사형제 폐지와 관련해서 가장 일차적으로 나올 수밖에 없는 질문이자 형벌의 본질에 관련된 가장 중요한 질문을 애써 외면하자는 것도 수긍하기 어렵지만, 마치 사형제를 폐지하면 '그런 질문을 가정하지 않아도 되는 사회'가 오기라도 할 것처럼 전제하는 것은 그야말로 선(善)을 선점하기 위한 사기에 가깝다. 그런 식으로 따지면 사형 집행을 촉구하는 공청회에서도 똑같은 말을 할 수 있다.

"누구도 '네 부모 혹은 자식이 범죄를 저질러 사형수가 되었어도 사형을 집행하겠다고 말할 수 있느냐'는 질문에서 자유로울 수 없다. 중요한 것은 그런 참혹한 질문을 가정하지 않아도 되는 사회를 만들어가는 것에 있다."

앞으로 천 년이 가건 만 년이 가건 인류가 이 지구상에서 존속하는 한에는 누군가의 부모나 자식이 살해되는 일이 없는 세상은 결코 도래할 수 없다. 불능조건은 법적으로도 무효인데, 무효인 조건을 내세워 핵심에서 빠져나가려 하는 것은 이 문제가 어떻게 머리를 굴려도 마땅한 답을 낼 수 없는 모럴 아포리아(注: 도덕적 난제)라는 뜻이다.

이렇게 말문이 막힐 때 써먹을 수 있는 가장 유력한 타개책은 감성팔이다. 즉 살인범을 용서한 피해자 가족들을 내세우는 것이다. 범행이 끔찍할수록 피해가 심각할수록 사연이 애절할수록 잘 통한다. 이런 불쌍한 사람들을 엄폐물로 내세워 "네 가족이 당했다면?"이라는 질문을 원천적으로 봉쇄해버리는 것이다.

물론 용서는 아름답다. 가족을 뺏어간 그야말로 찢어 죽여도 시원찮을 흉악한 범죄자를 용서한 행동은 보통 사람은 상상할 수도 없는 사랑의 실천이다. 하지만 그 용서가 정말로 내면에서 우러나오는 진정한 화해였을까? 내가 보기엔 아니다. 해갈되지 않는 증오와 복수심 때문에 이대로 가다가는 내가 죽을 것 같아서, 용서라는 의식을 통해 범죄의 끔찍한 악몽에서 한 발이라도 벗어나고 싶어서, 정의는 멀고 할 수 있는 것은 아무 것도 없는 무기력한 상태에 절망해서, 마지못해 내민 손길에 불과하다.

이것은 외국의 경우도 마찬가지다. '화해를 위한 살인피해자유족회(MVFR)'라는 긴 이름을 가진 단체가 낸 《세상에서 가장 아름다운 용서》라는 책을 본 적이 있는데, 내가 예상했던 것과 한 치도 다르지 않다. 그 용서란 게, 용서의 본래적 의미는 거의 탈색된 채 《벌레이야기》의 김 집사 같은 오지랖의 협찬을 받아 지극히 억지스럽게 구축해 놓은 사상누각에 불과하다. 살인자가 막상 형기를 마치고 출소해 찾아가면 다시 악몽 속으로 빠져드는 의미 없는 화해인 것이다. '용서는 가해자를 위한 것이 아니라 오히려 피해자를 위한 것이니 어찌 보면 이기적인 것입니다'라는 식의 궁색한 논리까지 펴가며 용서를 종용해야 하는 것인지 실로 의문이 든다.

우리는 왜 시간의 흐름에 맡겨두지 못할까? 왜 타인의 삶에 끼어들어 작위적인 무언가를 연출하려는 것일까? 아직도 흉악범을 용서하지 못하고 사는 대다수 유족들을 왜 패배자로 만들려고 하는 것일까?

기독교가 이렇게 용서에 집착하는 이유가 있다. 탈무드의 성자 랍비 힐렐은 어느 이교도로부터 한 발로 서 있을 동안 하느님의 가르침을 설명해보라는 요구를 받고, '네 이웃을 자신처럼 사랑하라'를 신의 명령 전체를 한 마디로 요약한 완벽한 대답으로 제시했다. 프로이트는 "다른 어떤 것도 '네 이웃을 (자신처럼) 사랑하라'라는 계명만큼 강하게 인간의 본성에 반하는 것은 없다"고 말했다.

당연하다. 굳이 진화생물학자들이 좋아하는 '이기적 유전자'의 관점까지 가지 않더라도, 우리 문명은 개인의 이익과 행복을 증진하는 방향으로 진행돼 왔다. 우리 문명이 만들어낸 어떤 논리로도 '왜, 이웃을 사랑해야 되는데?'라는 질문에 대답할 수 없다. 오직 '불합리하기 때문에 믿는다'는 신학적 훈계에 복종할 때만 이해 가능한 것으로 받아들여지고 수긍되며 실행될 수 있다. 그러므로 네 이웃을 사랑하는 것은, 특히 그 극단적 형태인 네 가족을 죽인 사람을 사랑하는 것은 믿음의 위대한 도약이며, 세속적 인간에서 하느님의 백성으로 탈바꿈하는 계기가 된다.

용서는 가장 실천하기 어려운 일이다. 오로지 신앙만이 그것을 실천하게 해준다. 그것은 위대한 기적이며 신앙의 승리이다. 그런데 살인범의 피해자가 된다는 것은 아무나 원해서 될 수 있는 것이 아니므로, 기독교인들은 이 위대한 기적을 세상에 보여주기 위해 피해자 가족들을 애타게 찾아다닌다. 그런 연후에 끊임없이 최면을 걸거나 인자한 미소로 본심을 가린 채 악성 채권자처럼 물고 늘어져 용서를 재촉한다.

'이 세상에서 가장 아름다운 것은 무엇일까?' 하고 오시리스가 아들 호루스에게 물었다. 그는 '부모의 원수를 갚는 것'이라고 말했다. 유명한 이집트 신화 '오시리스와 호루스'에 나오는 말이다. 예기(禮記)의 곡례(曲禮)에도 비슷한 말이 나온다. "아버지의 원수와는 하늘을 같이 할 수 없다. 따라서 세상에 살려둘 수는 없고 반드시 죽여야 한다." 불구대천(不俱戴天)이란 말이 여기에서 나왔다. 그런데 우리 속담에 "아비 죽인 원수는 잊어도 여편네 죽인 원수는 못 잊는다"는 말이 있다. 불구대천의 만행보다 더 눈이 뒤집힌다는 얘기이다. 그러나 그 무엇도 자식을 잃은 단장(斷腸)의 아픔보다 더 고통스럽진 않을 터이다.

생각하기도 싫은 이 세 가지 불행을 한꺼번에 겪은 이가 있다. 살인범 유영철에게 팔순 노모와 육순 처, 그리고 4대 독자인 아들을 잃은 고정원 씨이다. 고 씨가 잠시 집을 비운 사이 집안으로 몰래 스며든 살인범 유영철은 쇠망치를 휘둘러 차마 필설로 옮길 수 없을 정도로 잔혹하게 고 씨의 가족 세 사람을 죽였다. 그런데 고정원 씨는 유영철 사건 재판부에 사형을 원치 않는다는 탄원서를 냈다. 이러한 사실이 언론을 통해 세상에 알려지면서 많은 사람들에게 감동을 주었다. 고 씨의 행동에 대해서는 찬부 양론이 있을 수 있고, 실제로 고 씨의 두 딸조차 아버지에게 등을 돌릴 정도로 가족 내 이견이 있었던 것으로 보이지만, 어쨌든 잔잔한 감동을 세상에 알린 바로 그쯤에서 끝냈어야 했다.

그러나 '원수를 용서한 성자(聖者)'요, '용서의 아이콘'이 된 고정원 씨를 언론이 가만 두고 볼 리 없었다. 한 신문은 이렇게 썼다.

사형수 유영철 씨의 연쇄 살인 행각에 가족 셋을 한꺼번에 잃고도 유 씨를 용서한 고정원(64) 씨. 그의 용서의 끝은 어디인가. 유 씨의 사형을 원하지 않는다는 탄원 편지를 내기도 했던 고 씨는 최근 본지 기자와 만나 유 씨를 양자로 삼겠다고 밝혔다.

'단독보도'로 나간 이 기사는 여러 언론에 의해 재탕, 삼탕 인용됐다. 하지만 이것은 오보였다. 아무리 신실한 기독교 신자라고 해도 그렇지 동갑내기 아들을 살해한 살인마를 누가 양자로 받고 싶겠는가? 그렇지만 한 번 나간 보도는 되돌릴 수 없는 법이어서, 많은 독자들에게 고정원 씨는 살인범에게 간도 쓸개도 다 내준 어처구니없는 사람이라는 부정적인 인상으로 각인됐다.

이후 언론의 보도는 뉘앙스가 약간 달라졌다.

주님의 말씀대로 원수까지 사랑하는 분들이 있습니다. 연쇄살인범으로 교도소에 수감되어 있는 유영철이라는 사형수를 고정원 루치아노라는 교우분이 아들처럼 돌보고 계십니다.

'양부'에서 '아들처럼 돌보는 사람'으로 바뀌었다. 기자는 용서의 위대한 승리를, 기독교의 위대한 승리를 이렇게 증언한다.

2005년 사형수 유영철이 루치아노 씨에게 감사하며 보낸 편지를 저희 ○○ 잡지에서 소개한 적이 있습니다. "사회에 대한 앙갚음이 목적이었던 저의 바보 같은 분노에 희생양이 되셨던 할머님과 사모님, 그리고 저와 동갑내기였던 아드님의 모습까지 요즘 들어 부쩍 꿈속에 자주 나타납니다. 감히 용서를 바라지 않겠습니다. 저의 미래는 없지만 이 세상 떠나는 그 순간까지 숨쉬고 있는 시간 시간 뉘우치겠습니다." 구절마다 절절한 뉘우침이 보이는 글이었습니다.

유영철의 성인잡지 파문이 있기 불과 몇 개월 전에 나온 보도다. 그들은 단 한 번이라도 유영철을 만나보고 '구구절절한 뉘우침'을 운위하는 것일까? 동아일보 2010년 6월12일자에 실린 기사의 다음 한 구절을 보면서, 용서와 화해의 참된 의미를 되새겨보기 바란다.

연쇄살인범 유영철에 어머니-아내-4대독자 잃은 고정원 씨의 삶

…그(注: 고정원)는 2008년 '용서'라는 다큐멘터리 영화에 출연한 뒤로 최근 2년간

언론 보도에 등장하지 않았다. 그 이유가 궁금했다. "유영철을 죽여선 안 된다는 생각엔 변함이 없으십니까"라고 물었다. "유영철도 인간입니다. 그의 목숨을 빼앗기보다 감형 없는 종신형을 살게 해 평생을 반성하도록 해야 합니다." 그는 이 짧은 한마디를 하면서도 수많은 생각이 오가는 듯 몇 번이나 숨을 골랐다.

"영화 '밀양'을 보셨습니까?"라고 다시 물었다. 이창동 감독의 '밀양'은 아들을 죽인 살인범을 소재로 '인간의 용서'가 얼마나 어려운 일인지를 보여주는 영화다. 그는 천천히 고개를 끄덕였다. "그 영화가 내 마음과 똑같습니다. 내가 용서했다는 말을 내뱉으면서도 진정 용서를 한 것이 맞는지, 고해를 하고 성경을 베끼면서도 이것이 과연 옳은 길인지…" 7년간 눈물도 다 메말랐다는 그의 눈가에 살짝 물기가 배어들었다. 그가 사는 33㎡ 남짓한 오피스텔 창틈으로 스며드는 햇살은 아플 만큼 눈부셨다. 그 햇살을 받은 커다란 사진 속에선 여섯 가족이 아무 일 없었다는 듯 함박웃음을 지으며 그를 내려다보고 있었다.

'잘 알지도 못하면서' 인권만 찾는 사람들

"인권의 마지막 사각(死角)지대 … 교도소"

어느 인권단체에서 발간한 책을 펴보니 첫 머리에 등장하는 말이다. 수용시설의 인권상황에 대해 대단히 부정적이다. 그런데 과연 그런가? 저런 말을 입에 달고 사는 사람들은 수용시설의 실태를 제대로 조사해보고 하는 말일까, 아니면 '인권의 사각지대'라는 멋진 표현을 버리기 아까워서 습관적으로 그냥 써 본 것일까?

보통사람들은 어떨지 모르겠지만 수용시설, 즉 교도소와 구치소는 변호사들이 자주 방문하는 곳이다. 변호사를 하면서 이른바 유명한 정치인부터 떠돌이 잡범까지 두루 만나본 나로서는 '인권의 사각지대'라는 말이 왜 지금도 회자되고 있는지 도무지 이해가 안 된다. 자유를 억압당한 것 말고 구치소나 교도소 생활 자체에 따로 불편한 것이 있다고 말하는 사람을 거의 본 적이 없기 때문이다.

내 의뢰인 중 50대 중반의 잘나가는 회사의 임원이었던 분은 교도소에서 먹은 김치 얘기를 하면서, 아무래도 수용자들이 자신들이 먹을 김치라 더 열심히 담가서 그런지 집에서 먹던 것보다 더 낫더라고 했다. 나와 친분이 있는 한 정치인은 3년간의 수감생활을 마치고 난 소감으로, 이른바 범털끼리 모인 방에서 재소자들과의 대화와 열띤 토론을 통해 우리 사회에 대한 깊은 통찰을 얻었으며, 앞으로 든든한 백이 되어 줄 좋은 인연도 많이 맺었다고 말했다.

실제 교도소 안에서 벌어지고 있는 일들을 들여다보면, 인권단체들의 주장과 정반대의 상황이 확인된다. 정작 인권의 사각지대에서 구출해야 할 사람은 범죄자가 아니라 교정공무원들인 것이다.

일부 수용자들은 교도관을 길들일 목적으로 서로 공모하여 집단폭행을 가한다. 각종 법률서적 등을 구입하여 탈법행위를 연구하고, 관계법령을 빌미로 교도관들의 교정권 집행에 저항하는 일이 비일비재하다. 또 일부 수용자들은 인권침해를 빌미로 재야 인권단체나 종교단체와 연계를 꾀하는가 하면, TV·신문·잡지 등 미디어 매체를 이용하여 교정시설 내 처우에 관해 허위사실을 유포하기도 한다.

이외에도 일부 수용자들은 지속적으로 진정, 청원, 고소·고발 등을 제기하여 교도관들의 업무를 방해하고 스트레스를 가중시키기도 한다. 일단 진정이나 청원, 고소·고발 등이 제기되면 관계기관에서 해당 교정직원들에 대한 조사나 수사에 착수하게 되므로, 교정직원들은 피조사자의 신분으로 전락함은 물론 경위서·조서 등 각종 서류를 작성하여야 하기 때문에 그 피로도가 매우 높아지게 된다. 조사를 받으면서도 본연의 교정업무는 계속 수

행해야 하기 때문에 업무가 가중되고 근무시간과 정력이 분산돼 그 피해는 결국 선량한 수용자들이 고스란히 떠안게 된다.

이러한 행태는 어느 곳 할 것 없이 전국 교정시설에서 일상적으로 나타나는 현상이다. 통계치로 확인되는 교도소의 무법실태를 살펴보면 다음과 같다.

첫째, 청원이다. 수용자들은 행형 관계법령에 따라 자신의 처우에 불복하는 경우 법무부장관, 지방교정청장 등에게 청원을 제기할 수 있다. 1997년부터 2007년까지 10년 동안 수용자가 제기한 청원 건수는 총 8486건에 이르는데 이 가운데 처우에 반영된 것은 2.2%(189건)에 불과하다. 쓸모없는 청원이 그만큼 많았단 얘기다.

1997년에는 총 35건에 불과했던 청원이 2007년 말에는 56배나 증가해 1999건에 이르고 있는 점도 눈여겨볼 필요가 있다. 폭발적으로 늘고 있는 청원은 인권운동의 위대한 승리를 보여준다.

둘째, 국가인권위원회에 대한 진정이다. 국가인권위가 출범한 2001년 이후 2008년 12월까지 8년간 수용자들이 국가인권위에 진정한 접수 건수는 총 3만4643건이며 2008년 한 해에만 6420건의 진정이 접수됐다. 지난 8년간 진정이 제기된 3만여 건 중 권고건수는 141건(0.14%)에 불과해 얼마나 쓸모없는 진정이 남발됐는지 알 수 있다.

수용자 1인이 최다 진정한 경우는 모 교도소에서 강간죄로 수용중인 자로서 4년 복역기간 동안 국가인권위에 진정 195회(월평균 4회), 청원 116회(월평균 2.5회) 등 총 311회에 이른다. 교도소의 기강을 흔들고 교도관을 골탕 먹이기 위해 '아니면 말고' 식의 장난을 끊임없이 되풀이한 것이다.

셋째, 교도관에 대한 고소·고발이다. 2004년 이후 2009년까지 6년 동안 교도관들을 상대로 한 수용자들의 고소·고발은 총 5313건에 피소 인원은 1만2344명에 이른다. 피소건 처리결과를 보면 기소유예 17명, 선고유예 1명 등 18명으로 0.15%에 불과하다. 얼마나 많은 교도관들이 악성 고소·고발에 시달리고 있는지 알 수 있다.

넷째, 각종 제소행위다. 2004년부터 2009년까지 6년 동안 수용자들이 교도소나 교도관을 상대로 해서 제기한 행정심판은 1588건, 행정소송은 492건, 헌법소원은 224건, 국가배상청구는 735건에 이른다.

다섯째, 정보공개청구다. '공공기관의 정보공개에 관한 법률'에 따라 모든 국민은 공공기관에 정보공개를 청구할 수 있는데, 이것이 악용되면 피청구기관에서는 아무 쓸모없는 서류들을 수용자에게 잔뜩 복사해 갖다 주느라 인력과 시간, 물자를 낭비하게 된다. 수용자들이 자신들과 아무 이해가 없는 교도소장의 판공비를 공개하라든지, 심지어 전국 우체국장들의 판공비 내역을 공개하라고 요구하고 있는 상황이다. 교정시설의 운영 및 직원들의 근무에 큰 부담이 되고 있는 정보공개청구 역시 꾸준히 증가해 2008년도 청구건수만 4만1599건에 이른다.

필자는 군대에서 군내 사건·사고 처리를 담당하는 부서에서 근무했다. 흔히 보고되는 사고 중 하나가 탈영인데, 정말로 이해가 되지 않았던 것은 '육방'으로 불렸던 복무기간 6개월짜리 단기사병들이 벌이는 탈영이었다. 누구는 칼바람 부는 휴전선에서 밤낮이 바뀐 생활을 30개월씩 하는 사람도 있는데, 어찌하여 집에서 출퇴근하는 단 6개월도 못 견딘단 말인가.

그러나 그것이 사람 사는 모습이다. 누구든 다 잘 견디는 것은 아니다. 4년 동안 300건의 진정을 남발한 저 강간범처럼, 매사가 짜증나고 모든 게 다 눈에 거슬리는 불만투성이의 인간은 어디에든지 있다. 정말 사회를 살 맛 안 나게 만드는 인간들인데, 이상하게 인권단체 관계자들은 이런 부류들을 좋아한다. 교도소가 인권의 사각지대임을 확증하는 소중한 증인들이기 때문일까?

수감자들의 은어로 사형수를 보통 '최고수'라고 부른다. 더 올라갈 데가 없다는 뜻이다. 일단 사형 판결이 확정돼 최고수가 되면 누구도 건드릴 수 없는 존재가 된다. 더 이상 잃을 게 없는 것처럼 무서운 것은 없다. 듣자하니 중범죄자 중에는 수용시설 내에서 다른 재소자들을 상대로 끔찍한 범행을 저질러 또 다시 사형이나 무기를 선고받는 소위 쌍사형(雙死刑)이나 쌍무기(雙無期)가 적지 않다고 한다.

사형수는 교도소의 왕이다. 교도소 내에서 발생한 소요나 폭력사태, 기강문란 등의 배후에는 거의 대부분 사형수가 있다는 것이 정설이다. 사형수는 다른 재소자들에게 심각한 위협이 되는 공포스러운 존재이며, 교도관들에게는 평범한 재소자 100명을 돌보는 것보다 더 어려운 말썽꾸러기다. 예전에 감시카메라가 없던 시절, 감방문에 조그맣게 설치된 감시창으로 사형수의 동정을 살피던 교도관이 사형수가 힘껏 찌른 손가락에 한쪽 눈을 실명한 일도 있었다고 한다. 우리가 잘 몰라서 그렇지 일반 재소자들의 생명과 인권을 심각하게 위협하는 것은 교정공무원이 아니라 사형수나 무기수 같은 통제불능의 중범죄자인 것이다.

징역형은 단어 중간의 역(役)이라는 말에서 보듯 단순히 격리수용하는 것으로 형의 집행이 완결되는 것이 아니라 수감기간 동안 강제노역을 부과해야 한다. 하지만 사형수가 받은 형은 사형이지 징역형이 아니다. 사형수가 교도소에 수감돼 있는 것은 당초 선고받았던 형을 집행할 때까지 마땅한 대기장소가 없어서 그곳에 임시적으로 수용하고 있는 것뿐이다. 목에 올가미가 걸릴 때까지 사형수는 영원히 미결수인 것이다. 바로 이 때문에 사형수는 일반 기결수들이 받는 강제노역도 면제받은 채 교도소에서 하루 세 끼 꼬박꼬박 챙겨먹으면서 빈둥빈둥 생활한다.

사형수 정성현은 제 몸 하나는 끔찍이 챙기는 것으로 유명한데, 구치소 반입이 금지된 스테이플러 철침과 면봉, 볼펜을 변형해 만든 수지침을 갖고 있었다. 얼마 전에는 사형수 유영철이 구치소에서 성인물을 반입해온 것으로 드러나 파문이 인 적도 있다. 남다른 인권의식을 가진 한 교도관을 통해, 시중에서 구하기 힘든 19금(禁) 일본 성인화보와 소설 등을 전달받아 왔다는 것이다.

사형수도 사람인데, 취미생활 좀 할 수도 있지 뭘 그리 야박하게 생각하느냐고 말할 사람이 있을지 모르겠다. 이런 주장에 굳이 토를 달기보다 경향신문 2013년 5월17일자에 실린 기사를 하나 보여드린다. 아마도 생각이 조금은 달라질 것이다.

큰형 피살되자 두 동생 자살
형수·조카는 지금 행방도 몰라요

지난 1일 서울 성동구 도선동 자택에서 만난 안대영(48·가명) 씨의 삶은 어둡고 절망적이었다. 20평이 채 안돼 보이는 집안은 적막만 감돌고 작은방 창호문은 다 뜯겨져 있었다. 벽시계는 고장나 멈춰 있었고, 거실 한쪽엔 쉰 김치와 손대지 않은 찬밥 한 덩이가 나뒹굴고 있었다. 끼니도 잘 안 챙겨먹는 눈치였다.

"나도 자살하려고 해요. 저기 끈 묶여 있는 거 보이죠? 죽으려고 매달아 놓은 거예요. 세상이 미워서 어떤 땐 나도 거리로 뛰쳐나가 아무한테나 해코지를 하고 싶어요." 그는 불안정해 보였다. 감정의 진폭도 컸다. 큰형(당시 44세)이 살인범죄로 희생된 이래 그의 가족에게 연거푸 불어닥친 불행이 그를 이렇게 만든 듯했다. 그는 지금도 우울증 치료를 받고 있다고 했다.

서울 황학동에서 노점을 하던 그의 큰형은 지난 2004년 4월14일 연쇄살인범 유영철에게 희생됐다. 유영철은 그해 7월18일 경찰에 검거되기 전까지 2년여 동안 서울에서 노인과 여성 등 20명을 무자비하게 살해했다. 경찰 발표에 따르면 유영철은 경찰을 사칭해 안 씨의 형에게 접근했고, 수갑을 채운 채 승합차에 태워 납치한 후 목숨을 빼앗았다.

"유도로 단련된 건장한 형이었는데 그놈이 형의 손목에 수갑을 채운 후 수갑의 한쪽을 차 안 손잡이에 고정시켜놓아 당하고 만 거예요. 저와 둘째형은 형의 사체도 직접 봤어요. 칼로 60번이나 난자당하고 머리도 뭉개져 있었어요. 두 손은 잘린 채 없는 상태였고요."

그는 사건에 대해 이야기할 때는 여전히 분노감을 주체하기 힘들어 했다. 사건의 충격은 다른 가족의 목숨까지 앗아갔다고 했다. 둘째형과 막내동생이 잇따라 스스로 목숨을 끊은 것이다. 그는 "큰형과 우애가 깊었던 둘째형은 유영철의 재판과정에서 분노를 억누르지 못했고 우울감이 깊어지면서 투신자살했다"고 말했다. 몸이 성치 않았던 막내동생이 자살한 건 그로부터 얼마 안돼서라고 한다. 4형제 중 남은 이는 이제 그뿐이다. 안 씨는 "형들과 동생이 꿈에 나타나 '너도 우리 있는 데로 빨리 오라'면서 손짓한다"고 말했다.

"우리 형제들은 어려운 가정형편 탓에 어려서부터 뿔뿔이 흩어져 살았어요. 사건이 일어나기 몇 년 전에야 겨우 가까이 모여 살게 됐죠. 이제야 좀 사람 사는 것 같다고 생각했는데…. 결혼해 자식들을 둔 우리 큰형은 정말 열심히 일했어요. 작은형도 체격이 좋았어요. 경호업체에서 일하면서 정치인들도 수행하다가 나중에 큰형과 다른 품목으로 노점상을 시작했어요. 그런 작은형에게도 동거하던 여자가 있었어요. 하지만 둘째형이 자살하고 나서 얼마 후 따라 죽었다고 해요. 큰형수와 조카들은 지금 어디로 갔는지 행방을 몰라요."

살인범죄로 인해 집안은 풍비박산 났고, 그 역시 급격하게 사회에서 고립됐다. 사회생활을 하면서 인연을 맺은 사람들도, 당시 사귀던 여자친구도 모두 그를 떠났다. 그는 "저주받은 집안도 아니고, 우리 형제들이 나쁜 짓을 한 것도 아닌데 너무 비참하다"고 말했다. 그는 수년 전부터 병원에 가는 일 외에는 세상과 담을 쌓고 거의 집안에서만 지낸다고 했다. 그런 그에게 정부와 사회에 하고 싶은 이야기가 있느냐고 물었다. 돌아온 말은 이랬다. 한껏 높은 목소리에 절망적 분노가 가득 배어 있었다.

"우리 식구들은 이렇게 다 죽어나갔는데, 가해자인 유영철 그놈은 사형도 안 시키고 지금껏 국민 세금으로 먹여 살리고 있는 게 말이 됩니까."

교도소는 점점 더 좋아지고 있다. 우리나라 교도소는 서구식으로 교도관들이 중앙의 감시탑에서 원형으로 조성된 여러 감방의 죄수들을 속속들이 들여다보고 통제할 수 있는 파놉티콘(panopticon)형이 아니다. 프랑스 철학자 미셸 푸코는 개인이 말살되는 현대의 감시·통제 메커니즘으로서의 파놉티콘을 비판했지만, 고시원처럼 꾸며진 한국형 수감시설과는 일정한 거리가 있는 비판이다.

얼마 전 새 단장을 마치고 공개된 서울 남부교도소는 '최신식' 고시원이나 다름없다고 해서 화제가 됐다. 교도관이 총을 메고 감시하는 첨탑도 없고, 쌀밥에 온돌방, 평면TV와 봉지커피 등 '호화로울 정도'였다고 한다.

좋은 현상이긴 하지만 기분이 좀 개운치가 않다. 일단 어디에선가 포문을 열면 결국에는 한국의 교정시설이 다 이렇게 바뀌게 될 터인데 사형수들이 의식주와 의료서비스가 완비된 이런 최신 시설에서 느긋하고 평화롭게 여생을 보내는 게 과연 정의에 부합하는 일일까 하는 의문이 들기 때문이다. 사형을 언도받았을 때는 우리 사회에서 그의 존재를 깨끗이 삭제해도 좋을 만큼 죄업이 무겁다는 얘기인데, 그렇다면 당초의 약속대로 목을 매달거나 최소한 그에 준하는 처우를 받아야 되는 것 아닌가.

이탈리아 형법학자 체사레 베카리아는 사형폐지를 강력히 주장하면서, 범죄에 대한 가장 강력한 억제력은 한 악당이 처형되는 장면을 목격하는 데서 생겨나는 것이 아니라, "자유를 박탈당한 채 짐 나르는 짐승처럼 취급받고, 자신의 노동으로 그가 사회에 끼친 손해를 속죄하는 인간의 모습을 오래 보게 하는 것"에서 생겨난다고 했다. 흉악범에게 죽음이라는 일시적 고통만으로 죄업에서 벗어나게 하는 자비를 베풀지 말고 "족쇄나 사슬, 채찍과 멍에, 철창"으로 가두고 종신노역의 "끝이 보이지 않는 지루함과 비참함"을 안겨 죽음보다 더 큰 고통을 "일생에 걸쳐 분산"되게 하자고 한다. 쉽게 말해, 사람들이 많이 모이는 광화문 광장쯤에 강제노역장을 만들고, 족쇄와 사슬을 채운 흉악범들을 채찍으로 다스리면서, 신들의 저주로 시시포스에게 부과된 형벌처럼 노동의 보람을 전혀 느낄 수 없는 가장 단순한 형태의 중노동을 죽을 때까지 반복시킴으로써 사회일반에 범죄의 대가가 얼마나 혹독한 것인지 똑똑히 보여주자는 것이다.

칸트가 베카리아를 못 마땅해 한 이유가 여기에 있다. 사람을 목적으로 보지 않고 교화의 수단으로 쓰다니. 헤겔의 표현을 빌리자면 사람을 개(狗) 취급해서 '몽둥이로 때려서 다스리는' 것과 다름이 없는 비인격적 처사다. 그럼에도 우리 인권주의자들은 베카리아의 주장 중 "사형은 사회계약과 모순되니 폐지돼야 한다"는 앞부분만 쏙 빼서 인용함으로써 마치 베카리아야말로 인간미 넘치는 휴머니즘의 화신이고 칸트나 헤겔은 혈관 속이 얼음으로 꽉 찬 비정한 사람들인 것처럼 오도하고 있다. 사실은 그렇지도 않은데 말이다. 내 말이 의심스러우면 서울대학교 한인섭 교수가 유려한 필치로 번역해 놓은 《범죄와 형벌》을 구해다 보라.

사형존폐에 관해서는 저마다 의견이 다를 수 있다. 나는 사형 집행을 강력하게 주장하는 입장이지만 내 생각이 옳다고 강변하진 않겠다. 나는 이 문제가 논증의 문제가 아니라 신념의 문제라고 보기 때문에, 옳고 그름을 따지는 것은 의미가 없다고 생각한다. 나는 다만 되도록 많은 사람들이 내 의견에 동조해주기를 바랄 뿐이다.

설사 당신이 사형제를 매우 사악한 제도라고 생각하고 있고, 그래서 유영철 같은 끔찍한 사이코패스한테도 참회의 기회를 부여해야 한다고 생각하더라도, 적어도 현 상태가 이대로 계속 유지돼서는 안 된다는 데는 이견이 없을 것이다. 반대로 당신이 사형제 존치를 강력히 주장하는 사람이라고 하더라도, 베카리아의 의견처럼 흉악범죄자의 처벌이 이루어지기만 한다면 굳이 사형존치론을 끝까지 고집하진 않겠다고 싹싹하게 물러설 용의가 있을 것이다. 그런 관점에서 본다면 사형존치론과 사형폐지론의 간격은 생각만큼 넓지 않다.

진영논리의 늪에 빠진 사람들

박근혜 전 대통령이 후보 시절에 10대 성폭행 피해자를 다룬 영화 〈돈 크라이 마미〉 시사회에서 영화를 보고난 뒤 "성폭행은 한 아이의 인생을 망치고 그 가족들한테 말할 수 없는 엄청난 피해와 고통을 주는 범죄다. 사실 사형까지 포함해 아주 강력한 엄벌에 처해야 한다고 생각한다"고 말한 적이 있다. 이것이 언론을 통해 보도가 되자, 박 후보의 발언을 두고 온라인에서는 '경솔하다'는 질타가 쏟아졌다. 여기에는 소설가 공지영도 포함돼 있다. 한 언론매체는 아동 성폭행범에게 최고 '사형'까지 선고하는 나라는 중국, 이란 정도라며, 박 후보자의 낙후된 인권관을 비판했다.

솔직히 좀 이해가 안 된다. 아이들을 상대로 한 성폭행은 어른들을 상대로 한 것보다 훨씬 더 잔인한 양상일 때가 많다. 그 가해자가 대부분 심각한 변태성욕자이기 때문이다. 이런 범죄의 참상을 본 사람이라면 누구든지 '사형까지 포함해 아주 강력한 처벌을 해야 한다'고 생각하게 마련이다. 나는 유신시대를 살아봤던 사람으로서 박근혜 전 대통령에 대해 본능적인 거부감을 가진 편이긴 하지만, 그의 말이 결코 입 밖에 내서는 안 될 말이었다고는 생각하지 않는다. 온라인을 통해 비난을 개진하는 데 여념이 없었던 사람들은, 혹시 자신이 어떤 사회적 의제를 다룰 때 오로지 진영논리에만 사로잡혀 판단하는 것은 아닌지 성찰해볼 필요가 있다.

제2차 세계대전 당시 나치의 집단수용소에 수감된 유대인들은 인간의 정체성이라는 측면에서 가장 잔인하고 비인간적인 만행을 당했다. 나치 부대는 남자와 여자를 한꺼번에 수용소에 몰아넣고 완전 나체를 만들어 같이 몸을 씻거나 도열하게 하는 치욕을 주었다. 이처럼 수용자들에게 알몸을 강요한 주요 원인은 성적 호기심 때문이라기보다 수용자의 존엄성과 개인적 정체성을 파괴하여 그들로부터 저항할 힘을 빼앗으려는 의도에서 비롯되었다.

다른 사람들 앞에서 벌거벗겨진 채로 세워진다는 것. 여자에게 이 이상의 치욕적인 모욕은 없다. 그 기원은 고대 그리스나 로마의 노예시장으로까지 이어진다. 이런 극단적인 모욕은 피해자의 인격을 바꾼다. 종당에는 아예 수치심마저 상실되어 노예근성이 뼛속까지 스며든 '새로운 정체성'을 갖게 된다.

성범죄자들의 행태도 똑같다. 성범죄자들은 단순히 육체적 쾌락이 아니라 상대 여자에 대한 모욕을 노린다. 즉 성교 그 자체가 아니라, 최대한의 성적 괴롭힘을 통해 피해여성을 지배하고 치욕을 안겨주려는 것을 목적으로 한다. 피해자를 무자비하게 폭행해 저항할 의지를 꺾은 다음, 옷을 찢거나 발가벗긴 후 차마 필설로 옮길 수 없는 온갖 종류의 치욕을 강요한다. 오래 전 영국에서 조사된 자료에 따르면 그 과정에 피해자의 70% 정도가 심각한 부상을 입었고, 20% 정도는 회복이 어려울 정도의 중대한 장해를 입었다고 한다. 얼마 전 우리 사회를 떠들썩하게 했던 아동상대 성폭행 사건에서 보듯 피해자가 어린애라고 해서 결코 예외가 되지는 않는다.

성범죄의 후유증은 심각한 육체적 부상과 트라우마라는 개인적 차원의 문제로 끝나지 않는다. 오랫동안 동·서양을 막론하고 강간범죄의 피해자라는 사실 자체가 낙인이 되어, 그것이 대부분의 여성들에게 '사회적 죽음'으로 이어졌다. 기혼 여성들은 남편들에게 버림받았고, 젊은 처녀들은 홍등가로 가서 몸을 파는 것만이 그들이 생존할 수 있는 길이었다. 아랍 문화권에서는 아직도 잔재가 남아 있지만, 집안의 명예를 훼손했다는 이유로 살해되는 경우도 있었다.

법에 호소해 권리구제를 받는 것도 쉽지 않았다. 예를 들어 14세기 파리에서는 매춘부를 성폭행한 것은 강간이 아니라고 판결했기 때문에, 성폭행범들은 으레 피해자를 매춘부로 몰았다. 특히 피해자가 여러 명의 남자들한테 집단 성폭행을 당한 경우, 가해자들이 서로 입을 맞추고 거기에 다른 증인들까지 내세워 피해자가 '천한 여자'임을 입증할 수 있었기 때문에 법에 호소해 구제를 받는 게 거의 불가능했다.

17세기 중국의 청나라 형법에서도 성폭행이 진행되는 동안 피해자가 처음부터 끝까지 저항을 하고 성교 도중 계속해서 비명을 질러야 비로소 성폭행으로 인정됐다. 그렇지 않으면 피해자도 그 행위를 통해 '즐긴' 것으로 인정됐기 때문이다. 우연히 성폭행 장면을 목격한 남자가 이후에 뒤이어 피해자를 폭행했더라도 그 행위는 성폭행으로 인정되지 않았다. 이미 '보호할 가치가 있는' 정조를 잃어버렸기 때문이다.

사기나 절도, 폭력 등은 습관성이 있어 자주 반복된다는 특징이 있지만 살인으로까지 이어지는 경우는 거의 없다. 연쇄살인범은 거의 대부분 변태성욕을 가진 연쇄강간범 중에서 나온다. 그러므로 성폭행범은 사형제가 정상적으로 존속이 된다면 장래 사형수로 변신할 가능성이 가장 높은 부류이다. 그런데도 우리는 성폭행범에 대해 지금까지 믿을 수 없을 정도로 관대한 태도를 취해 왔다.

"본죄의 기수(旣遂)시기에 관하여는 삽입설과 만족설이 대립한다."

강간죄의 기수시기를 언제로 볼 것이냐에 관해, 내가 대학교 때 본《형법각론》에 나오는 설명이다. 아주 유명한 교수님이 쓴 책이다. 형사재판에서 기수와 미수(未遂)의 법적 취급은 하늘과 땅 차이다. 미수라면 집행유예로 풀어줄 명분이 생긴다.

아니, 정조를 잃은 것만 해도 피눈물이 솟는데 강간범한테 성적 만족감까지 줘야 한단 말인가? 지금의 관점으로는 이해하기 어렵지만, 30년 전만해도 가해자가 성적 만족을 얻지도 못했는데 '기수로 보기엔 좀 그렇다'는 꽉막힌 생각을 가진 학자들이 있었다. 근대 이전의 유럽에서는 피해자가 범행 직후의 처참한 모습으로 판사 앞에 찾아가 정액에 젖은 음부를 확인시켜 주어야만 강간이 인정됐다. 강간죄의 고소 기한을 실질적으로 한나절 정도로 제한해버린 말도 안 되는 관행인데, 아마도 '만족설' 같은 학설이 나온 배경이 여기에 있지 않나 싶다.

이러한 상황은 오늘날에도 완전히 개선되었다고 말하기 어렵다. 오늘날의 형사법정에서도 피해자가 '천한 여자'임을 입증하려는, 혹은 카드대금이 연체돼 '돈이 궁한' 상태였음을 입증하려는 가해자 측 변호인의 질문이 집요하게 이어진다. 성교 도중 서로 끌어안고 신음을 냈지 않느냐는 추궁도 예외 없이 뒤따른다. 이미 중세부터 재판 과정 자체가 너무 고통스러워서 도중에 송사를 포기하는 여자들이 대부분이었다고 하거니와, 피해자에 대한 배려가 없기는 오늘날에도 크게 다를 바 없다.

고문(拷問)은 사람을 완전히 파괴시킨다. 육체적으로 정신적으로. 생각해 보라. 홍두깨를 항문에 박아 그것을 입으로 나오게 한다면 당신은 어떤 존재가 될 것 같은가? 그리고서도 여전히 이탈리아 식당에서 포도주를 마시며 앙트레, 해물 수프, 안심구이, 파스타, 디저트를 먹을 때의 당신의 모습을 그대로 유지할 수 있을까? 이건 지어낸 상상이 아니라, 필자가 어느 전시회에서 본 중세기 고문 방식 중 하나다.

조선일보 류근일 전 주필이 오래전에 쓴 글에 나오는 내용이다. 강간이라고 해서 다르겠는가. 어찌 보면 강간이야말로 가장 지독한 방식의 고문이 아닌가. 피해자들 대부분이 결코 치유되기 어려운 심리적 외상을 갖게 되고, 심한 경우 기억상실증에 걸리기도 한다. 그 기억을 가지고는 도저히 살 수가 없으므로 아예 기억 자체를 봉인해버리는 것이다.

탈무드는 이렇게 말한다. "태초에 오직 한 인간이 창조되었나니, 누구라도 사람의 영혼을 파괴하는 자를 성경에서는 온 세상을 파괴하는 자라고 간주한다는 걸 그대에게 가르치기 위함이라."

사형제 존폐에 관해 여론조사를 해보면 전체 국민의 압도적 다수가 사형제 폐지에 반대한다. 국가인권위원회에서 2003년에 실시한 국민 의식조사에서는 65%가 사형제 폐지에 반대했고, 2018년 실시한 두 번째 여론조사에서는 무려 80%가 사형제 폐지에 반대했는바, 이런 압도적인 지지율은 사막의 일부 지역을 제외하면 전 세계에서 유래를 찾아볼 수 없는 스코어이다. 유럽은 물론이고 미국이나 일본도 사형제를 지지하는 의견이 50%를 겨우 넘길까 말까다.

그런데도 우리나라에서 대놓고 사형제 존치를 주장하는 사람들의 목소리는 거의 찾아보기 어렵다. 사형제를 주제로 한 학술논문의 90% 가량은 사형폐지론의 관점이고, 언론 지상에 등장하는 사람들도 하나같이 사형폐지론자들뿐이다. 국민의 여론과는 정반대의 양상이다. 다수는 쥐죽은 듯 숨을 죽이고 소수만 큰소리로 떠들고 있다.

왜 그런가? 인권, 사랑, 이성, 진보, 개념, 따뜻함, 인간의 존엄성 등 좋은 말과 좋은 이미지는 전부 다 사형폐지론자들이 선점하고 있기 때문이다. 그리하여 사형존치론을 입 밖에 꺼냈다가는 원시적이고, 인정머리 없고, 개념 없고, 잔인하고, 감정적이고, 속 좁고, 보수반동에다 촌스럽다는 비난을 듣기가 딱 좋은 것이다.

아마도 사형폐지론자들의 교활한 상징 조작 때문에 형성된 이미지일 터이지만, 사형존폐론과 정치적 이념은 사실 아무 상관이 없다. 물론 인권이나 인간의 존엄성과도 아무 상관이 없다. 어느 한쪽이 흑(黑)이면 나머지 한쪽은 저절로 백(白)이 되는 식의 이분법적 논리로 편을 가를 만한 사안이 전혀 아닌 것이다.

사형제 존폐는 어차피 어려운 문제다. 법의 이름으로 사람의 목숨을 뺏는 것은 무척 잔인한 일이지만, 그렇다고 재미 삼아 사람을 스무 명씩이나 고문·살해한 유영철 같은 인간을 마냥 이 상태로 방치할 수도 없는 노릇 아닌가. 유영철 같은 살인마를 살려둠으로써 그 희생자들의 가족을 절망에 빠뜨리거나 자살하게 만들어, 희생자의 목록을 계속해서 늘려 나가는 이 모순적 상황을 어떻게 타개할 것인가.

이 딜레마에서 존치론이 됐든 폐지론이 됐든 여기에 관해 논리적으로 모순 없는 답을 내기란 불가능하다. 사실 이것은 논증의 문제가 아니라 신념의 문제이기 때문에 정답을 찾으려는 것 자체가 어리석은 일일지 모른다.

어쨌든 사형제는 우리 국민의 절대 다수가 지지하는 제도이다. 민주국가에서는 이것이 가장 중요하다. 국민투표는 어려운 수학문제를 푸는 데 필요한 도구가 아니라, 사형제 존폐론 같은 정책적 난제를 해결하는 데 꼭 알맞은 도구다. 그렇다면 우리 모두는 잘났든 못났든, 많이 배웠든 적게 배웠든 다 같이 한 표인 셈이다. 그러니 이제부터는 쫄지 말고 당당하게 얘기하라. 당신은 충분히 그럴 자격이 있다.

흰 국화 앞에서

잠시 마음 흔들리는

가위인가

白菊にしばしためらふ鋏かな

— 소세키(漱石)

범죄자는 여성이 임신하는 원리와 비슷한 방법으로 형벌을 받는다.

그들은 자신의 범죄가 나쁜 결과를 초래하리라고는 꿈에도 생각지 않으며,

수십 번 수백 번 같은 행위를 되풀이한다.

그러던 어느 날, 갑자기 모든 죄상이 낱낱이 폭로되어

형벌이 주어지는 것이다.

— 니체《인간적인 너무나 인간적인》

제
3
장

누가 사형 선고를 받는가

우리 형법상의 사형 규정

형법은 법정형으로서 사형을 형의 종류의 하나로서 인정하고 있다(형법 제41조 1호). 다만 범행시 18세 미만인 소년에 대해서는 사형을 과하지 못한다(소년법 제59조). 현행 형사법 체계상 사형을 법정형으로 하는 범죄는 총 20여 개의 법률에 110여 개의 조문, 160여 개의 구성요건으로 규정되어 있다. 이중 절대적 법정형으로 사형을 과할 수 있는 범죄는 형법상 여적죄(與敵罪, 형법 제93조)와 군형법상 군사반란죄(군형법 제5조 1호), 상관살해죄(군형법 제53조 1항)뿐이고, 나머지는 상대적 법정형으로서 법관의 재량에 의하여 사형과 자유형을 선택적으로 과하도록 규정돼 있다.

2010년 2월25일 선고된 2008헌가23 '형법 제41조 등 위헌제청' 사건의 결정 이유를 보면, 현행 형법 중 사형 규정을 그 구체적인 행위의 태양(態樣)이나 침해 결과 등을 기준으로 크게 7개 항목으로 나누어 요령 있게 잘 분류하고 있으므로 이를 인용하면 다음과 같다.

① 형법 제250조(살인, 존속살해), '성폭력범죄의 처벌 및 피해자보호 등에 관한 법률' 제10조 제1항(강간 등 살인), '특정범죄 가중처벌 등에 관한 법률' 제5조의2 제2항 제2호(약취·유인죄의 가중처벌) 등 고의적 살인범에 한하여 사형을 규정한 경우,

② 형법 제164조 제2항(현주건조물 등에의 방화치사), 군형법 제52조 제1항(상관에 대한 폭행치사), '장기 등 이식에 관한 법률' 제39조 제2항(장기 등 불법적출·이식치사), '원자력시설 등의 방호 및 방사능 방재대책법' 제47조 제4항 후단(핵물질 불법이전치사), '특정범죄 가중처벌 등에 관한 법률' 제5조의3 제2항 제1호(도주차량 운전자의 가중처벌) 등 결과적 가중범으로서

생명의 침해를 포함하고 있는 경우,

③ 군형법 제27조 제1호(지휘관의 수소이탈), 전투경찰대 설치법 제9조 제5항 단서(근무기피 목적 상해) 등 생명·신체에 대한 침해가 없고, 방화·파괴·폭행 등 적극적 침해행위도 없으나, 전투의 승패나 국가안보와 관련한 범죄를 '적전(敵前)'에 범한 경우,

④ 군형법 제42조 제2항(유해음식물 공급치상), '보건범죄 단속에 관한 특별조치법' 제2조 제1항 제3호(부정식품 제조 등의 처벌), '성폭력범죄의 처벌 및 피해자보호 등에 관한 법률' 제5조 제2항(특수강도강간 등) 등 생명의 침해 없이 상해나 강간 등 신체적 법익의 침해가 포함된 경우,

⑤ 형법 제119조(폭발물사용), 군형법 제6조(반란 목적의 군용물 탈취), '항공안전 및 보안에 관한 법률' 제39조 제1항(항공기 손괴죄) 등 생명·신체에 대한 침해가 없고, '적전(敵前)'에 범한 경우도 아니지만, 폭행 등 적극적 침해행위로 국가 또는 공공의 안전을 위태롭게 하는 범죄를 범한 경우,

⑥ 형법 제87조(내란), 군형법 제5조(반란), 국가보안법 제3조 제1항(반국가단체의 구성 등) 등 생명·신체에 대한 침해가 없고, 폭행 등 적극적 침해행위도 없으며, 적전(敵前)도 아닌 경우로서, 내란, 외환, 간첩 등 국가 또는 공공의 안전을 위태롭게 하는 범죄를 범한 경우,

⑦ 군형법 제75조 제1항(군용물 등 범죄에 대한 형의 가중), '특정범죄 가중처벌 등에 관한 법률' 제10조(통화위조의 가중처벌), '폭력행위 등 처벌에 관한 법률' 제4조 제1항 제1호(단체 등의 구성·활동) 등 생명·신체에 대한 침해가 없고, 폭행 등 적극적 침해행위도 없으며, 국가 또는 공공의 안전 이외의 국가적·사회적 법익을 침해한 경우.

어떤 행위를 범죄로 규정할 것이냐 하는 점에 관해서는 지역적 배경 및

역사적 시기에 따라서 견해가 달라질 수 있지만, 살인만은 어느 시대 어느 문화를 막론하고 가장 보편적 악행으로 간주돼 왔다.

국가에 대한 반역 역시 사면의 여지가 없는 악행이다. 과거 독재정권하에서 정치적 반대자를 탄압하는 빌미로 오·남용된 한국사회의 특유한 경험 탓에 다소 거부감을 주긴 하지만, 사형제도를 두는 이상에는 반역에 대한 처벌로 다른 형을 생각하기 어려울 정도로 해악이 큰 행위이다. 특히 법과 질서가 붕괴된 무정부상태에서 만인 대 만인 사이에 벌어지는 끔찍한 살육을 경험해 보았거나, 적에게 나라를 뺏겨본 역사가 있는 국민에게 반역은 살인과는 비교가 되지 않을 정도의 위험한 행위로 간주된다.

수돗물에 독(毒)을 풀거나 댐을 무너뜨리거나 건물에 불을 질러 다수의 안전을 위협하는 테러행위도 마찬가지이다.

우리 형법 및 형사특별법에 규정된 사형규정은 몇몇 예외를 제외하면 대체로 공동체의 안전을 위협하는 3대 악행, 즉 살인과 반역, 테러를 보다 세분하여 그 행위유형을 구체화한 것으로 보면 이해하기 쉽다.

사형이 선고될 수 있는 범죄라야 기껏 '살인'이나 '강도', '간첩죄' 정도밖에 떠오르지 않는 일반 사람들 입장에서는 자기가 잘 모르는 사형 범죄가 형사법에 160건 가까이 규정돼 있다는 사실에 다소 두려움을 느낄지도 모르겠지만, 실제로는 그다지 걱정할 필요가 없다. 어떤 범죄행위에 대한 사회일반의 가치평가와 법원에서 실제 선고되는 형량 사이에는 생각보다 큰 차이가 없기 때문이다. 쉽게 말해, 법을 잘 모르는 사회 일반의 소박한 관념으로도 '저런 놈은 절대로 살려둬선 안 돼!'라고 분노를 느낄 정도가 아니면 중형이 선고되는 일은 결코 없다.

사형폐지론자들은 오래전부터 우리 형벌규정 중에 사형이 너무 많다는 점을 지적해 왔다. 심지어 일부 논자들은 우리 형법의 사형규정이 북한 형법의 사형규정보다도 더 많다는 점을 지적하며, 마치 우리가 북한보다도 인권 상황이 더 열악한 것 같은 인상을 은연중 내비치기도 한다. 그러나 형법에 규정된 사형의 숫자만 가지고 인권 상황을 평가하는 것은 올바른 태도라고 보기 어렵다.

아프리카나 남미의 일부 지역에서처럼 법질서의 통제를 벗어난 폭력 (lynch)이 일상화된 사회, 구소련의 스탈린 체제하에서처럼 비밀스럽게 작동 하는 국가권력에 의해 어느 날 갑자기 한 사람의 존재가 흔적도 없이 증발될 수 있는 사회에서, 형법전에 무슨 내용이 어떻게 규정되어 있는가는 사실 아 무 의미가 없다. 이는 '건성건성 박수를 쳤다'는 게 죽음의 이유가 될 수도 있 는 사회에서도 마찬가지다. 중요한 것은 사형규정의 숫자가 아니라 "누구든 지 법률에 의하지 아니하고는 체포·구속·압수·수색 또는 심문을 받지 아니 하며, 법률과 적법한 절차에 의하지 아니하고는 처벌·보안처분 또는 강제노 역을 받지 아니한다"(헌법 제12조 1항)라는 자유민주주의 법치질서의 대원칙 이 얼마나 잘 지켜지느냐에 있다.

어쨌거나 현행 형법상의 사형규정을 대폭 축소해야 한다는 점에 관해서 는 사형존치론을 지지하는 입장에서도 별다른 이의가 없는 듯하고, 실제로 지금까지의 입법 과정을 통해 불필요한 사형 조항들이 대거 정리돼 왔다. 예 를 들어 1970년대에는 산림녹화를 너무나 강조한 나머지 "원산지 가격 500 만 원 이상 또는 개간면적 5만㎡ 이상의 산림절도 또는 산림훼손"에 대해서 도 사형을 부과할 수 있게 했는데, 국민들의 법감정에서 크게 벗어난 이런 황당한 사형규정들은 이제 더 이상 찾아보기 어렵다.

헌법재판소가 지적하고 있는 것처럼, 형벌로서의 사형에 대한 오·남용 의 소지와 그에 따른 폐해를 최대한 불식시키고, 나아가 사형이 인간의 존엄 성 및 책임주의에 반하는 잔혹하고도 비이성적이라거나 형벌의 목적 달성에 필요한 정도를 넘는 과도한 형벌이라는 지적을 면할 수 있도록, 앞으로도 그 적용 대상과 범위를 최소화해 나갈 필요가 있다.

앞에서 제시한 7가지 예 중 ①, ②, ③과 같이 인간의 생명을 고의적으로 침해하는 범죄나, 비록 고의적인 살인범은 아니지만 생명의 침해를 수반할 개연성이 매우 높거나 흉악한 범죄로 인하여 치사의 결과에 이른 범죄, 또는 개인의 생명·신체에 대한 침해나 폭행 등 적극적 침해행위는 없으나, 전쟁의 승패나 국가안보와 직접 관련된 범죄를 '적전(敵前)'이나 그에 준하는 국가적 위기 및 비상사태가 발생한 시기에 범한 범죄에 대하여는 법정형으로서 사형이 허용될 수 있다고 보아야 한다.

그러나 ④, ⑤, ⑥, ⑦과 같이 흉악범에 해당하거나 사회적 위험을 초래할 개연성이 큰 범죄라고 하더라도 생명에 대한 침해 없이 신체적 법익의 침해만 포함된 경우거나, 방화, 파괴, 폭행 등으로 국가 또는 공공의 안전을 위태롭게 하는 범죄라고 하더라도 생명·신체에 대한 침해가 없는 경우에는 설령 그 범죄로 인한 공공의 위험성이 크더라도 이에 대해 사형을 규정하는 것은 원칙적으로 과잉형벌에 해당할 여지가 있으므로, 이러한 범죄 유형에 대하여 사형을 유지하는 데에는 극히 신중을 기하여야 할 것으로 보인다.

사형수 현황

법무부에 따르면 1948년 정부수립 이후 1997년까지 사형 집행건수는 총 902명이고, 1990년 이후부터 최근까지는 일곱 차례에 걸쳐 총 89명에 대해 사형이 집행됐다. 김영삼 정부 때는 강력사건 등 흉악범죄가 잇따라 발생한 여파로 1994년 15명, 1995년 19명 등 모두 34명의 사형수에 대해 사형을 집행하였으며, 1997년 12월30일 사형 집행 대기자 23명에 대해 대규모 사형 집행을 하였다. 이후 김대중 정부부터 현재까지는 단 한 건의 사형 집행도 이루어지지 않고 있으며, 2015년 1월 현재 우리나라의 미집행 사형확정자는 총 58명이다.

김영삼 정부에서 김대중 정부로 이관될 당시 미집행 사형확정자는 총 39명이었고, 이후 김대중 정부 시절 27명, 노무현 정부 시절 14명, 이명박 정부 시절 4명 등 총 45명에 대해 새로 사형 판결이 확정됐다. 1998년 12월30일 이후 현재까지의 미집행 사형확정자 총 84명 중 ▲19명이 사형에서 무기로 감형됐고 ▲4명이 병사(病死)했으며 ▲3명이 자살해, 현재 58명의 사형수가 집행 대기 중에 있다.[1]

위에서 보는 것처럼 김영삼, 김대중 정부를 거쳐 현재에 이르는 동안 매년 확정되는 사형 건수가 크게 줄어 이명박 정부 5년 동안에 사형이 확정된 사람은 불과 4명에 그쳤다. 살인은 강도, 강간, 상해나 폭행 등 다른 범죄의 부수적 결과로서 나타나는 일이 많이 있어서 연간 살인사건의 발생건수를 정확하게 집계해 말하기는 어렵지만, 대략 매년 1000건 이상이라고 볼 때 극소수만이 엄청나게 희박한 확률로 사형이라는 극형을 선고받고 있다. 이 점에서 현재 미결수로 남아 있는 사형수들은 극단의 악행을 저지른, 그야말로 악의 화신들이라고 말할 수 있다.

1959년 7월31일 대법원에서 재심기각 결정이 통보된 지 18시간 만에 전격적으로 이루어진 조봉암 진보당 당수에 대한 사형 집행, 1975년 4월8일 대법원에서 사형이 확정된 후 불과 20시간 만에 가족도 모르게 이루어진 인혁당 재건위 관련자 8명에 대한 사형 집행 등은 정치적 암살의 성격이 짙은 것

---

1. 이 책의 최종 교정을 앞두고 확인한 바에 따르면 2021년 11월 기준 55명의 사형수가 '미집행' 상태로 교정시설에 수용돼있다.

이어서 그동안 사형 집행의 발목을 잡는 가장 큰 걸림돌이 되어 왔다. 하지만 현재 집행대기 중인 사형수 58명 가운데 정치범은 단 한 사람도 없다. 전원이 다 남자이고, 전부 다 살인범이다. 이들 중 어린 아이를 납치·살해하고 금품을 요구해 사형을 선고받은 극히 일부를 제외하면, 대부분 2명 이상을 무참하게 살해한 혐의로 사형이 선고됐다.

사형수 58명 중 가장 오랫동안 복역하고 있는 사람은 '여호와의 증인' 왕국회관에 불을 질러 15명을 사망케 하고 25명에게 중상해를 입힌 혐의로 1993년 사형이 확정된 원언식이고, 가장 최근에 형이 확정된 사람은 전남 보성에 여행 온 여대생 등 4명을 배에 태워 바다에 빠뜨리는 수법으로 목숨을 빼앗은 소위 '보성 어부 살인사건'의 주역 오종근으로 2010년 사형이 확정됐다.

이들 외에, 귀가 길의 유흥주점 업주를 납치해 금품을 빼앗고 소금창고에 생매장한 '막가파' 두목 최정수(1997년 사형 확정), 부산과 대전을 오가며 23건의 연쇄강도 행각을 벌여 총 9명을 살해하고 10명에게 심각한 상해를 입혀 경남지역을 공포로 몰아넣은 정두영(2001년 사형 확정), 서울 신사동 명예교수 부부와 출장 마사지 여성 등 21명을 쇠망치로 때려죽이고 사체를 불태우거나 절단하여 훼손한 유영철(2005년 사형 확정), 보험금을 타내려고 아내와 장모를 방화 살해한 데 이어 부녀자 8명을 납치·성폭행해 살해한 강호순(2009년 사형 확정) 등 이름만 들어도 소름이 확 돋는 한국 범죄사의 기념비적 인물들이 현재 형의 집행을 기다리고 있다.

살인사건 양형기준

형법 제250조 제1항은 "사람을 살해한 자는 사형, 무기 또는 5년 이상의 징역에 처한다"고 규정하고 있다. 그런데 살인죄의 하한으로 규정된 '5년의 징역'은 재판부가 한 번만 형을 감경(작량감경 또는 법률상의 감경)해도 집행유예의 요건을 쉽게 충족하게 되므로, 살인죄의 경우 양형의 폭이 집행유예에서 유기징역, 무기징역, 사형에 이르기까지 형벌의 거의 전범위에 걸쳐 있다.

양형의 폭이 이렇게 넓은 것은 살인죄의 유형이 그만큼 다양하다는 얘기다. 우리 대법원은 살인죄를 크게 세 가지 유형으로 분류하고 있다.

〈제1유형〉은 "동기에 있어서 특히 참작할 사유가 있는 살인"이다. ▲극도의 생계곤란으로 삶을 비관하여 살인에 이른 경우 ▲피해자로부터 장기간 가정폭력, 성폭력, 스토킹 등 지속적으로 육체적·정신적 피해를 당한 경우 ▲수차례 실질적인 살해의 위협을 받은 경우 등이 이에 해당된다. 기준형량은 '4~6년'이다.

〈제3유형〉은 제1유형과는 반대로 "동기에 있어서 특히 비난할 사유가 있는 살인"이다. ▲살해욕의 발로인 경우(살인에 대한 희열 등) ▲재산적 탐욕에 기인한 경우(상속재산 또는 보험금을 노린 살인 등) ▲다른 범죄를 실행하기 위한 수단인 경우(교도소 탈주를 위한 교도관 살해, 특정인의 납치를 위한 경호원의 살해 등) ▲다른 범죄를 은폐하기 위한 수단인 경우(유일한 증인 살해, 고소를 막기 위한 살인 등) ▲경제적 대가 등을 목적으로 한 청부살인을 한 경우 ▲조직폭력 집단 간의 세력 다툼에 기인한 경우 ▲별다른 목적 없이 무작위로 살인한 경우 등이 이에 해당한다. 기준형량은 '10~13년'이다.

〈제2유형〉은 제1유형 또는 제3유형에 속하지 않는 살인범행으로서 가장 일반적인 형태다. 기준형량은 '8~11년'이다.

예전에는 사람을 죽이면 특별한 사유가 없는 한 당연히 사형을 선고받는 것으로 알고 있었던 때가 있었는데, 대법원 양형위원회가 정한 살인죄의 기준형량을 보면 전혀 그런 걱정을 할 필요가 없다는 것을 알 수 있다. 특히

〈제3유형〉은 보통사람들이 보기에는 그야말로 '죽을 죄'인데 생각했던 것보다 훨씬 처벌이 가볍다. 가끔 언론지상을 통해 흘러나오는 '중형을 선고했다'는 법원의 심각한 발표가 사람들의 웃음거리가 되는 이유가 여기에 있다. 일선에서 형사재판을 직접 담당하고 있는 문유석 부장판사가 《판사 유감》이라는 책에 쓴 다음의 글은 많은 것을 생각하게 한다.

살인죄는 인간의 존엄한 생명을 앗아가는 범죄로 피해 회복이 불가능합니다. 따라서 국민 중에 이 정도 형량이 적정하다고 생각하는 사람의 비율이 얼마나 될지 의문입니다. 그런데 탄원서나 반성문 등을 읽다 보면 범죄자들조차 사람 1명을 살해한 경우 징역 13년 정도를 선고받을 것으로 예측하고 있었습니다. 게다가 일정 기간이 지나면 가석방도 가능하지요. 그래서인지 살인죄 피고인이 아직 1심 재판 중인데도 출소하면 무슨 일을 하면서 살겠다, 가족들을 위해 너무 오래 복역하게 하지는 말아 달라는 등의 반성문을 내는 경우를 보기도 합니다. 그럴 때마다 이것이 돌아가신 분에 대한 최소한의 예의인가 하는 생각에 인간이라는 존재에 대하여 곱씹어 보게 됩니다.

문유석 부장이 위 책에서 지적하고 있듯이 1960년에는 한국인의 평균수명이 52.4세에 불과했고, 형법이 제정된 1953년에는 그보다 더 낮았을 터이니 징역 15년은 당시 사람들에게 상당히 긴 시간이라고 말할 수 있다. 그러나 요즘처럼 평균수명이 80세가 넘는 시대에서 15년의 무게도 크게 달라졌다.

2014년 7월 울산에서 발생한 소위 '묻지마 살인'을 예로 들어 생각해 보자. 가해자(당시 23세)는 집에서 흉기를 들고 나와, 버스정류장 앞에서 버스를 기다리고 있던 여대생을 무작정 흉기로 수차례 찔러 숨지게 했다. 피해자는 일면식도 없는 가해자로부터, 아무 이유도 모른 채 극단적 폭력을 당했다. 그럼에도 가해자는 재판 과정에 피해자의 명복을 빌거나 그 유족들에 대해 진심으로 용서를 구하는 등 유족들을 위로하기 위한 어떠한 노력도 기울이지 않았다.

이런 이유로 가해자에 대해서는 1심에서 징역 25년의 중형이 선고됐지만, 그래봤자 가해자는 늦어도 40대 중반이면 세상에 다시 나올 것이다. 만약 가해자가 재판과정에서 좀 더 영리하게 굴었더라면 30대 중·후반께 세상에 나오게 됐을지도 모른다. 현재 대한민국에서 40대면 정말 창창한 나이이다. 반면 만 18세 대학교 신입생이던 피해자는 자신의 뜻을 전혀 펼치지도 못한 채 생명을 잃었고, 모친을 비롯한 그 유족들은 평생에 걸쳐 끝없는 고통을 안은 채 살아갈 수밖에 없게 됐다.

만약 나한테 생긴 일이라면 이런 모순과 부정의를 그냥 두고만 볼 수 있을까? 극단적으로 생각하자면, 잔혹한 살인범에게 자식을 잃은 부모라면 3년 정도 교도소에 들어가 있을 각오로 복수를 생각해볼 수도 있는 게 아닌가 싶다. 피해의 지속성과 강도라는 측면에서 자식을 잃은 고통만큼 큰 고통은 생각하기 어려울 것이기 때문에 살인범 양형기준의 〈제1유형〉에 해당될 가능성이 대단히 높고, 더 욕심을 내자면 집행유예를 기대해볼 수도 있기 때문이다. 엄벌주의가 바람직한 것은 아니지만, 그렇다고 살인범죄의 피해자 가족 중에 혹시라도 이런 생각을 품게 만들 정도로 법이 물러 터져서도 결코 바람직한 일은 아닐 것이다.

울산 자매 피살사건

사형 집행에 관여하는 교도관들의 애환을 다룬 수필, 소설이나 영화 등은 이미 여러 차례 나온 바 있고, 이들의 인권 문제는 사형폐지론의 관점에서도 중요한 이슈가 되고 있다. 그러나 사형은 교도관들만 관여하는 행사가 아니다. 다수의 사형수 중에 집행대상자를 따로 선정해 집행계획을 짜는 검사의 직무도, 집행을 승인하는 문서에 도장을 찍는 장관의 일도 고통스럽긴 다 마찬가지이다.

또 하나, 자신의 종교관이나 세계관에 상관없이 법관으로서의 직업적 양심에 따라 사형 판결을 선고하지 않을 수 없는 판사의 고뇌도 빼놓을 수 없다. 내가 과거에 사형 판결을 선고해본 경험이 있는 원로 법조인들한테 전해들은 바에 따르면, 사형 판결 하나 내는 게 보통 고역이 아니어서 사형을 결정하기까지 번민 속에서 여러 날을 뒤척이고, 판결 선고 후에도 자신의 결정이 옳았는지 되새겨 보느라 한동안 그 사건의 그림자에서 벗어나지 못한다고 한다.

당연하다. 수형자의 생명을 박탈함으로써 그 사회적 존재를 영구히 말살하는 것을 내용으로 하는 극단의 형벌인 사형은 누구에게든 무서운 형벌이 될 수밖에 없다. 최종심인 대법원은 말할 것도 없고, 1심 판결의 경우도 특별한 하자가 없으면 그것이 그 사건의 최종적인 결론이 될 가능성이 높다. 그렇기 때문에 사형을 선고하기 위해서는 양형조건에 관하여 충분한 심리와 신중한 결정이 있어야 한다. 최근 울산지법에서 선고된 '울산 자매 피살사건'의 1심 판결은 사형 판결 선고의 어려움을 잘 보여준다(울산지방법원 2013. 1.25. 선고 2012고합404 판결).

판결문에 설시된 이 사건의 범죄 사실은 다음과 같다.

1. 범행 결의 및 범행 도구 준비
피고인은 울산 동구에 있는 회사에서 용접공으로 일하는 사람이다. 피고인은 2009. 7.경부터 피해자 A(여, 27세)와 사귀어 왔는데, 그녀는 2012. 7.12. 경 피고인에게 문자메시지를 보내어 백화점 점원 일을 하는 자신의 근무시간과 업무 스트레스 때문에 더 이상 피고인과 교제하기 힘들다며 결별 통보를 하였다. 피고인은 이에 A에게 계속 문자메시지를 보내어 다시 만나 줄 것을 요구하였으나 A가 이를 들어주지 않자, 2012. 7.19.경 A를 살해하고 추가로 피고인과의 교제를 반대해 온 피해자의 동생 B(여, 23세)도 살해하기로 마음먹었다.

피고인은 2012. 7.19. 오전경 스마트폰을 이용하여 '불 붙는 기름', '주방용 칼 파는 곳', '울산 총 구할 수 있는 곳'을 검색하여 살해 도구를 구입할 수 있는 장소를 물색한 후, 같은 날 21:50경 피해자들을 살해하기 위한 목적으로 부엌칼(총 길이 33cm, 칼날 길이 20cm)을 구입하였다.

2. 피해자 B 살해

피고인은 2012. 7.20. 03:13경 울산 중구 소재의 빌라 201호 피해자들의 주거지 앞에서, 피해자들의 부모가 집에 없는 것을 확인하고 가스배관을 타고 피해자들 주거지 뒤 베란다 쪽으로 침입하였다.

피고인은 피해자들 주거지 안에서 미리 준비한 부엌칼로 거실 침대에서 잠을 자고 있던 피해자 B의 목 부위를 1회 찌른 후, 피해자가 아직 살아 있는 것을 확인하고 다시 목 부위를 1회 찔러 그녀로 하여금 즉시 그 자리에서 오른쪽추골동맥절단자창 등으로 사망하게 하여 피해자 B를 살해하였다.

3. 피해자 A 살해

피고인은 피해자 B를 살해하는 과정에서 그녀가 지른 비명을 듣고 피해자 A가 방에서 뛰쳐나오자 도망칠 목적으로 뒤 베란다를 통해 1층 바닥으로 뛰어내렸으나, 다시 피해자들 주거지로 들어가 위 피해자를 살해하고 도주하는 것이 충분히 가능하다고 판단하고, 가스배관을 타고 올라가 피해자들 주거지로 들어갔다.

피고인은 거실에서 119에 전화하여 동생이 칼에 찔린 사실을 신고 중이던 피해자 A에게 다가가 위 피해자의 배를 부엌칼로 1회 찌르고, 이를 피해 안방으로 도망가다 바닥에 쓰러진 위 피해자의 목, 가슴 등 총 12군데를 칼로 찔러 그녀로 하여금 즉시 그 자리에서 경동맥절단자창, 심장자창 등으로 사망하게 하여 위 피해자를 살해하였다.

담당 재판부는 위 사건의 피고인 김홍일에게 사형을 선고하면서 그 '양형조건'에 관하여 ① 피고인의 가정환경, 성장과정, 학력, 피고인에 대한 정신감정 결과 등 ② 피해자들과의 관계 ③ 범행에 이르게 된 동기, 범행 경위 및 범행 후의 정황의 순으로 수십 쪽에 달하는 매우 상세한 이유를 설시하고 있다. 그리고 이와 별도로 선고형으로 사형을 선택한 이유에 관해서도 상세한 설명을 보태고 있다.

1. 사형제도에 관하여

인간의 존엄성에 대한 상호 승인은 인간의 존립 근거이자 사회가 유지되는 근간이기 때문에 국가는, 비록 정도의 차이는 있었지만, 다른 인간의 존엄성을 근본적으로 파괴하는 살인범죄에 대해서는 가장 중한 형벌로 다스려왔으며, 우리나라 역시 살인범죄의 최고형을 사형으로 정하여 그와 같은 끔찍하고 잔혹한 범죄를 엄단하겠다는 의지를 표현하고 있는바, 법원이 사형을 선고하기 위해서는 다음과 같은 엄격한 요건이 충족되어야 한다.

① 사형제도는 인류의 역사와 더불어 발생한 가장 오래된 형벌이나, 형벌의

본질 내지 목적을 범죄인에 대한 교화에 있다고 보는 문명국가의 형벌제도와 어울리지 아니한다는 측면에서 오늘날 법이론상 많은 비판을 받고 있을 뿐만 아니라, 세계의 많은 국가들이 사형제도를 점차 폐지하는 추세에 있음은 엄연한 현실이다. 그러나 형벌의 본질 내지 목적은 범죄자에 대한 교화 못지않게 범죄에 대한 응보 내지 죄형의 균형에 있다고 할 것이고, 또한 대다수 국민들의 법의식이 여전히 사형을 자명하고 필연적인 형벌로 받아들이고 있는 이상, 범죄인에 대한 개인의 사적인 복수를 금지함으로써 국가가 형벌권을 독점하는 현대의 문명국가에서도 다수의 무고한 시민들의 생명을 아주 이기적인 동기에서 잔인하고 참혹하게 빼앗아간 연쇄살인범 등 극악무도한 흉악범에게는 마땅히 그에 상응하는 죗값을 치를 수 있도록 사형을 선고하는 것이 피해자 및 그 유족들, 나아가 잠재적 피해자인 국민에 대한 국가의 책무라 할 것이고, 이러한 정의의 실현에 의하여 사회의 질서가 궁극적으로 유지되는 것이다.

② 따라서 사형은 죽음에 대한 인간의 본능적 공포심과 범죄에 대한 응보욕구가 서로 맞물려 고안된 '필요악'으로서 불가피하게 선택된 것이며, 비례의 원칙에 따라 최소한 동등한 가치가 있는 다른 생명 또는 그에 못지않은 공공의 이익을 보호하기 위한 불가피성이 충족되는 예외적인 경우에만 남용됨이 없이 한정적으로 적용되는 한 합헌적인 제도라고 할 것이다(헌법재판소 1996. 11. 28. 선고 95헌바1 전원재판부 결정 등 참조).

③ 위와 같이 사형은 인간의 생명 자체를 영원히 박탈하는 냉엄한 궁극의 형벌로서 문명국가의 이성적인 사법제도가 상정할 수 있는 극히 예외적인 형벌이라는 점을 감안할 때, 사형의 선고는 범행에 대한 책임의 정도와 형벌의 목적에 비추어 그것이 정당화될 수 있는 특별한 사정이 있다고 누구라도 인정할 만한 객관적인 사정이 분명히 있는 경우에만 허용되어야 하고, 따라

서 사형을 선고함에 있어서는 형법 제51조가 규정한 사항을 중심으로 한 범인의 연령, 직업과 경력, 성행, 지능, 교육정도, 성장과정, 가족관계, 전과의 유무, 피해자와의 관계, 범행의 동기, 사전계획의 유무, 준비의 정도, 수단과 방법, 잔인하고 포악한 정도, 결과의 중대성, 피해자의 수와 피해감정, 범행 후의 심정과 태도, 반성과 가책의 유무, 피해회복의 정도, 재범의 우려 등 양형의 조건이 되는 모든 사항을 철저히 심리하여 위와 같은 특별한 사정이 있음을 명확하게 밝힌 후 비로소 사형의 선택 여부를 결정하여야 할 것이다 (대법원 2006. 3.24. 선고 2006도354 판결, 대법원 2007. 6.15. 선고 2007도2900 판결 등 참조).

2. 이 사건의 경우

피고인은 분명 살육을 즐기는 희대의 살인마는 아니다. 또한 피고인이 경찰 조사 중 이 사건 범행을 인정한 이래 이 법정에 이르기까지 세부적인 경위에는 변화가 있으나 전체적으로는 모든 범행을 자백하고 있으며, 과거 범죄 전력이 전혀 없고, 불우한 성장과정을 거쳤으나 큰 문제없이 성실하게 살아온 점도 인정된다. 그러나 그가 종래 성실하고 평범한 사람이었다는 것이 절대 그의 범행에 대한 면죄부가 될 수 없음은 자명하다. 특히 그 범행이 아무런 잘못 없는 두 자매의 목숨을 별다른 이유 없이 앗아간 것인 동시에 그들의 부모로부터 평생을 키워 온 자식들을 한꺼번에 빼앗은 것이라면 더욱 그러하다. 피고인이 저지른 냉혹하고 비정하며 잔혹한 이 사건 범행은 건전한 사회생활을 영위하는 대다수의 국민 모두에게 엄청난 경악과 충격을 안겨주었으며, 그 자체가 우리 헌법이 보장하는 인간의 존엄과 가치를 크게 훼손하였을 뿐만 아니라 사회공동체의 기본질서와 평온을 위협하는 반인륜적 범죄이다. 피고인은 수회의 반성문 제출을 통하여 자신이 진심으로 범행을 뉘우치고 있음을 피력한 바 있고, 그의 가족 역시 피고인을 선처해 줄 것을 탄원하였다. 그러나 한편 피해자의 유족과 그 친구들, 직장 동료들, 그리고 이 사건에 관심을 가지는 수많은 국민은 피고인의 범행 동기 및 경위에 지속적으로 의문을 제기하면서 그 의문이 해소되기를 원하고 있고, 대대적인 서명운동을 통하여 피고인이 가장 고통스러운 형벌을 받기를 요구하고 있다. 또한 이미 고인이 된 피해자들은 아무런 말이 없으나, 법원은 피고인의 여러 사정을 헤아리는 동시에 억울하게 살해당하여 목소리조차 낼 수 없는 피해자들의 소리를 들어야만 한다. 그 또한 법원의 의무이기 때문이다.

인간이 선하게 태어났는가, 또는 악하게 태어났는가에 관하여 오래전부터 수많은 논의가 있어 왔으나, 인간의 내면에 선과 악이 공존하고 있으며 그 모두가 한 사람의 모습이라는 것만은 부정할 수 없는 사실이다. 그럼에도 어떠한 사람들은 선한 모습만을 자신의 모습으로 인정하는 반면, 악행은 어쩔 수 없는 상황에서 충동적으로 발현된 것으로서 단지 실수일 뿐이며, 원래 자신의 모습은 그렇지 않으니 마땅히 용서받아야 한다고 주장하는 오류를 저지른다. 피고인 역시 이 법정에서, 피해자 A와 B를 살해한 것이 순간적으로 놀란 마음에서 비롯된 것이었으며, 그들을 살해하겠다는 마음을 먹은 적은 없었고, 자신의 범행은 단지 실수였을 뿐이라는 취지의 주장을 하고 있다. 그러나 자신의 행동을 결정할 수 있는 능력과 자유를 가진 사람은 자신의 행위에 대하여 책임을 져야 한다.

살피건대, 피고인은 수사기관에서 이 법정에 이르기까지 피해자들을 살해하게 된 경위에 대하여 처음에는 계획적이었다고 진술하다가 나중에는 우발적으로 범행에 이른 것이라며 말을 바꾸었고, 범행 동기에 관하여도 점차 진술을 부풀려가며 피해자 B가 자신에게 도저히 참을 수 없는 인간적인 모욕을 준 것처럼 꾸며내었으며, 범행 이후의 정황에 관하여도 피고인 자신이 죄책감에 시달리다 못해 자살을 시도했던 것처럼 가장하였다.

결국 피고인이 진심 어린 반성이나 피해 회복을 위한 노력을 외면한 채 조금이라도 경한 형을 받아보고자 사건을 축소하거나 피해자들에게 책임을 전가하며 범행 경위를 왜곡하는 등 용서받기 어려운 태도를 보여준 점, 결국 피고인의 범행은 우발적·즉흥적이었다기보다 계획적·의도적인 것으로서 극도의 사회적 비난가능성을 면할 수 없는 점, 무고한 피해자들은 극한의 공포와 불안 속에서 그 무엇과도 비교할 수 없는 고귀한 생명을 빼앗겼고, 유족들 또한 피해자들이 참혹하게 살해됨으로써 평생 치유될 수 없는 깊은 상처를 입게 되었던 점, 우리나라에는 현재 확정판결을 받고 수감 중인 사형수가 60명(군인 2명 포함)이나 되지만 1997년 23명을 사형 집행한 후 지금까지 15년간 1건도 집행하지 않아 국제엠네스티는 우리나라를 '실질적 사형폐지국'으로 분류하고 있어 학계에서는 사형폐지론이 비등하나, 다수설은 사형존폐 문제가 정치·문화·사회의 여러 상황을 다각적으로 고려하여 종합적·상대적으로 논의되어야 할 문제로서 사형폐지는 아직 시기상조라고 보고 있으며, 헌법재판소도 1996. 11.28. 사형제가 위헌이 아니라고 선언한 이래 2010. 2.25. 재차 이를 확인한 점, 사형은 오판을 한 경우 그 피해를 회복할 수 없다는 점에서 위헌론의 주요 논거가 되고 있으나, 이 사건의 경우 피고인이 피해자들을 살해한 범인이 아닐 가능성은 전무하다고 할 것이므로 오판의 문제점은 전혀 없는 점, 현행법상 가석방이나 사면 등의 가능성을 제한하는 이른바 '절대적 종신형'이 도입되어 있지 않으므로 지금의 무기징역형은 개인의 생명과 사회 안전의 방어라는 점에서 사형을 대체하기는 어려운 점, 피고인의 나이, 전과가 없는 점, 성행, 범행 동기 등에 비추어 피고인에게 개선·교화의 가능성이 전혀 없지는 아니하나, 피고인의 범행에 경악하여 극형에 처해 달라는 피해자들의 유족을 포함한 2만5000여 명의 일반 국민의 탄원은 사형 선고 시 양형의 조건 중 하나인 '피해감정'에 해당하는 것으로서, 최근 우리 사회에서 엽기적이고 잔혹한 범죄가 빈발하고 있는데다가 평소 믿었던 피고인의 계획적이고 잔인한 범행에 의하여 같은 장소에서 거의 동시에 두 딸을 졸지에 잃어버린 부모의 참담한 심정 등을 헤아려 볼 때 위와 같은 국민적 공분과 염원을 도저히 외면할 수 없는 점, 그 밖에 이 사건 범행의 경위, 결과, 죄질, 태양, 이 사건 범행이 우리 사회에 끼친 악영향, 피고인의 연령, 성행, 성격, 지능과 환경, 피해자와의 관계, 생명에 대한 존중감의 결여, 범행 후의 정황 등의 제반 사정들을 모두 종합하여 보면, 비록 사형이 인간의 생명 자체를 영원히 박탈하는 냉엄한 궁극의 형벌로서 문명국가의 이성적인 사법제도가 상정할 수 있는 극히 예외적인 형벌이고, 피고인에게 앞서 본 유리한 정상이 있음을 감안하더라도, 이 사건 범행에 대하여 피고인에게 엄중한 책임을 묻고 인간의 생명을 부정하는 극악한 범죄에 대한 일반예방을 위하여 피고인을 영원히 사회로부터 격리시키는 사형의 선택은 불가피하다고 할 것이다.

담당 재판부는 '판결 선고에 덧붙이는 소회'라는 제하로 사형을 선택하고 처단할 수밖에 없었던 사정에 관해 다음과 같이 덧붙이고 있다.

이 사건은 피고인이 야간에 주거에 침입하여 연달아 자매를 살해한 후 50여 일간 도피 행각을 벌이는 바람에 언론과 온 국민의 이목이 집중된 사건입니다. 피고인이 산 속에 은신 중 행인의 신고로 검거된 이래 거의 매일 피고인에 관한 갖가지 이야기가 보도되었고, 공판 시작 전부터 국선변호인의 정신감정신청을 두고 비판하는 기사가 쏟아졌습니다. 피고인의 어머니가 법정에서 정상(情狀) 증인으로서 피고인을 두둔하는 듯한 진술을 하자 방청석에서는 이를 항의하다가 여러 명이 퇴정조치를 당하였고, 증언을 마치고 나가는데 위협을 가하기도 하는 등 방청인들은 민주시민으로서 성숙하지 못한 모습을 보여 재판의 진행에 차질을 빚기도 하였습니다.

이제 피고인에 대한 살인 피고사건의 내용과 주문 기재 형벌을 선택한 이유를 살펴보겠습니다.

피고인은 단 3분20초 만에 두 명의 성인 여성을 무참히 살해했습니다. 그 직후 도주하여 50여 일간 도피하였습니다. 사전 치밀한 범행 계획과 준비, 결연한 범죄 실행의 의지 없이는 불가능했을 것이 명백해 보입니다. 자고 있는 동생의 목을 두 번 찔러 먼저 살해하여 피가 낭자하자, 그 비명소리를 들은 언니가 전화로 119에 구조신고를 하고 있는 틈을 타서 언니를 12회 난자하는 범행을 저지르는 것이 인간으로서 과연 할 수 있는 짓인지 납득하기 어렵습니다.

한때 연인이었던 피해자 A로부터 이별 통보를 받은 데 따른 배신감이 위 피해자에 대한 범행의 동기라고 본다면 그 정상에 참작할 여지가 없지는 않다고 하더라도, 그 동생인 피해자 B를 먼저 살해한 것은 도저히 이해할 수가 없습니다.

피고인에 대한 가족들의 면회기록(접견 녹취록)을 찬찬히 살펴보았지만, 어디에도 피고인의 잔혹한 범행을 준엄하게 꾸짖거나 진심으로 참회하는 취지의 대화 내용은 보이지 않았고, 오로지 자신들만의 살 길을 추구하는 가족 이기주의의 모습만이 보여 읽는 내내 마음이 편치 않았습니다. 또한 피고인은 우리 재판부에 수회 반성문을 제출하였으나, 자신의 생명을 사형 선고로부터 지키고자 애쓸 뿐 반성과 참회의 진실성이 심히 의심스러웠습니다.

한편 이번 사건과 재판을 통하여 사형제도가 잔인한 범행을 억제·예방할 수 있는 위하력(威嚇力)을 가지고 있음을 분명히 확인할 수 있었습니다.

2013. 1. 현재 대한민국 사회의 어두운 한 단면을 여실하게 보여준 사건이라 아니할 수 없습니다.

1심 재판부의 이와 같은 고뇌에도 불구하고 위 판결은 항소심에서 곧바로 파기됐고, 피고인 김홍일은 무기징역으로 감형됐다. 항소심 재판부는 피고인을 사회에서 영구히 격리시키는 중형에 처해야 마땅하지만, ▲불우한 어린 시절을 보냈음에도 아무런 전과가 없었던 점 ▲주도면밀하게 범행을 저질렀다기보다는 이별을 통보받자 열등감에서 비롯된 분노와 적개심을 이기지 못하고 극도의 흥분 상태에서 범행을 저지른 것으로 보이는 점 ▲범행 대부분을 자백하면서 후회하며 반성하는 점 ▲나이, 성장과정, 성행, 경력 등에 비춰 볼 때 교화·개선의 가능성을 일체 찾아볼 수 없다고 단정하기 어려운 점 등을 고려하면 사형은 과하다고 판단했다. 항소심 재판부의 이와 같은 판단은 대법원에서 확정됐다.

2012년 4월 귀가 중이던 20대 여성을 납치해 성폭행하려다 살해한 후 시신을 358조각으로 잔혹하게 훼손해 우리 국민에게 큰 충격을 준 '오원춘 사건'도 '울산 자매 피살 사건'과 비슷한 패턴으로 진행됐다. 이 사건의 1심을 맡은 수원지법은 오원춘이 잔혹하고 엽기적인 범행을 저지른 점, 범행목적에 불상의 용도로 사체 인육을 제공하기 위한 의사 내지 목적이 있었던 것으로 보이는 점, 계획적·의도적 범행으로 사회적 비난 가능성이 큰 점 등을 이유로 들어 사형을 선고했으나, 항소심인 서울고등법원은 오원춘이 범행을 사전에 치밀하게 계획했다고 볼 수 없고, 사체 인육을 불상의 용도로 제공할 목적이 있었다는 원심의 양형조건이 증명되지 않는다며 1심을 깨고 무기징역으로 감형해 선고했다.

2010년 2월24일, 부산광역시 사상구 덕포동에서 집안에 있던 예비 중

학생을 납치해 성폭행한 뒤 살해해 우리 사회를 충격과 경악에 빠뜨린 김길 태도 1심 사형, 2심 무기징역의 똑같은 패턴으로 무기징역이 확정됐다.

대법원의 사형 선고 기준

앞에서 본 것처럼 1997년 12월30일 이후 우리나라에서는 더 이상 사형이 집행되지 않고 있다. 뿐만 아니라 그 이후부터 사형확정 건수 자체도 꾸준히 감소해 근자에 들어서는 김홍일, 오원춘, 김길태 등과 같이 더 이상 흉악할 수 없는 극악의 범죄자들도 모두 사형 판결을 면했다. 30년 전에는 말할 것도 없고, 불과 20년 전에만 해도 도저히 상상할 수 없는 일이다. 사람이 시대를 잘 타고 나야 된다는 것은 범죄자에게도 예외가 아닌 모양이다.

그러한 변화의 출발점은 어디일까? 내가 보기에 대법원 1998. 5.12. 선고 98도305 판결이 그 시금석이 아닐까 싶다. 사형을 선고한 원심의 양형을 다투는 사건에서 피고인의 상고를 받아들여 원심을 파기한 사례로서, 원심의 사형 선고를 긍인(肯認)해 줬던 이전의 대법원 판결들과 비교해볼 때 대법원의 입장이 눈에 띄게 관대해졌음을 확인시켜 주는 판결이다. 대법원 98도305 판결은, 이후 대법원이 원심의 사형 선고를 깰 때마다 지속적으로 인용되어 현재의 판례동향을 만드는 데 크게 기여한 것으로 보인다. 대법원 98도305 판결의 요지는 다음과 같다.

피고인은 용돈을 마련하기 위해 사전에 치밀하게 준비한 다음 불과 2개월 동안에 총 9회에 걸쳐 여자를 상대로 강도살인, 강도상해, 강도강간 등의 범행을 저질렀고, 범행과정에서 6명의 피해자에 대해서는 전혀 반항하지 않는데도 4명에 대해서는 칼로 여러 번씩 찌르고 2명에 대해서는 주먹과 발로 마구 구타하여 그중 1명의 피해자를 살해하였으며, 그 범행이 연일 언론에 보도되고 있는 중에도 강도상해 등의 범행을 계속 저질렀으며, 피해자들의 고통을 치유하기 위한 아무런 노력도 하지 않았다.

그러나 피고인은 범행 당시 24세 7개월의 젊은 나이였고, 위 범행 외에는 형사처벌을 받은 바 없으며, 홀어머니 슬하의 4형제 중 둘째로서 공업고등학교 조선과를 졸업한 사정 등에 비추어 보면 교화개선의 여지가 있어 보이고, 피해자 1명을 살해한 것도 금품 강취과정에서 갑자기 비명을 지르면서 도망치려 하자 흥분한 상태에서 우발적으로 저질러진 것으로 보이며, 수사와 재판과정에서 공소사실 중 살인의 범의(犯意) 외는 모두 시인했으므로, 원심이 피고인을 사형으로 처단한 제1심의 판단을 그대로 유지한 것은 그 형의 양정이 심히 부당하다고 인정할 현저한 사유가 있는 때에 해당한다.

이 판결은 이후의 판결에도 큰 영향을 끼쳐 1심과 2심에서 사형을 선고했던 판결들이 대법원에서 무더기로 파기됐다. 그 예를 간략히 소개하면 다음과 같다.

(1) 대법원 2000. 7.6. 선고 2000도1507 판결

피고인은 우연히 만난 피해자 A를 바다에 집어던지는 방법으로 살해하였고, 그로부터 약 2년이 경과한 후에 여자친구인 피해자 B를 목 졸라 죽이는 방법으로 살해하고 사체를 인적이 드문 곳으로 옮겨 땅에 파묻었으며, 다시 그로부터 약 4년이 경과한 후에 평소 알고 지내던 피해자 C를 강간하고 목 졸라 살해한 후 사체를 충남 금산군의 야산까지 승용차로 옮긴 후 땅에 파묻었다.

피해자는 위 각 범행시 이미 21세에서 27세 정도에 이르러 일반적으로 사람의 생명의 존엄성과 가치에 관하여 충분히 인식할 수 있는 연령이었음에도 불구하고 젊은 남녀를 3명이나 살해하였고, 또한 그중 처음 2명의 피해자들에 대하여는 살해하였어야 할 만한 별다른 이유도 없이 순간적인 충동에 따라 범행을 저질렀으며, 그 살해방법에 있어서도 피해자가 피고인의 살의를 전혀 눈치채지 못한 채 방심하고 있거나 피고인을 신뢰하고 있는 사이에 순간적으로 범행을 저질렀고, 뒤의 2회 살해행위 후에는 자신의 범행이 발각될 염려가 없도록 치밀하게 사체를 처리하여 은닉하였으며, 또한 범행을 저지른 후에도 아무런 일이 없었다는 듯이 유흥업소 종업원, 노래방 및 식당 경영 등의 일상생활을 버젓이 영위해 왔다.

(2) 대법원 2001. 3. 9. 선고 2000도5736 판결

피고인은 자신이 사귀던 A의 가족들이 피고인과의 교제를 반대하고 그녀도 자신을 멀리하게 되자 이러한 상황에 대한 모든 책임을 그녀와 그 가족들에게 돌리고 그녀의 사랑하는 가족들을 살해함으로써 그녀로 하여금 평생을 고통 속에 살게 하겠다는 이유로 이 사건 범행을 계획하였다.

피고인은 범행 전 피해자들의 집에 A는 없고 그 가족들만 있는 것을 알고 인간의 육체와 정신의 안식처인 가정에 미리 준비한 정육작업용 칼과 장갑을 끼고 침입한 다음 방에 들어가 누워 있던 그녀의 어머니인 피해자 B에게 수십 회 칼을 휘둘러 목과 복부를 찔러 살해하였으며, 거실로 나오다가 다른 방에 오빠가 있는 것을 알고 그 방으로 달려가 오빠 그리고 그 부인의 목과 흉부, 복부를 수회 찔러 오빠인 피해자 C는 피고인에 대항하다가 피하여 죽음은 모면하였으나 그 부인인 피해자 D를 살해하였고, 특히 오빠의 부인은 임신 5개월이었고 피고인도 그러한 사실을 알고 있었음에도 무참하게 살해함으로써 한 생명으로 이 세상을 맞이하려던 태아마저 사망케

하였다.

노인인 피해자 B는 우측으로 누워 있거나 쭈그려 앉아 있는 상태에서 칼질을 당했고, 임산부인 피해자 D 역시 누워 있거나 쭈그려 앉은 상태 또는 등을 굽은 상태로서 피고인에게 대항하지 못하는 상태에서 칼로 찔리게 된 것으로 보인다.

피고인은 이 사건 범행 후 피고인을 피하여 밖으로 도피하였던 위 피해자 C의 주위에 있던 사람들이 그의 도움 요청에 반응이 없는 것을 확인하고 태연히 걸어 자신이 타고 온 승용차를 운전하여 도주한 후 A에게 가족들을 죽였으며 평생을 고통 속에 살게 하겠다는 내용의 전화를 하였으며, 이 사건으로 구속된 이후 피해자 가족들에게 사죄하려고 썼다는 편지에서마저 이 사건에 대한 모든 책임을 A에게 떠넘기려는 태도를 보이면서 자신은 많이 살아야 15년이고 잘 생활해서 12년으로 감형 받아 나가면 너와 살겠으니 결혼하지 말고 이사도 하지 말고 이사한다고 해도 반드시 찾겠다고 하며 자신을 왜 면회 오지 않았느냐며 비난하고 면회와 재판 방청을 오라고 하는 내용을 적어 이 사건 범행을 뉘우치지 않는 듯한 태도를 보였다.

(3) 대법원 2002. 2.8. 선고 2001도6425 판결

피고인은 20대 후반의 성숙한 남성이고, 육군 장교로 임관할 수 있을 정도로 지극히 정상적인 심신 상태를 유지하고 있는 자로서 그 자신도 처와 자식이 있는 몸임에도 약 1년6개월 남짓한 기간 동안 무려 9명의 부녀자를 총 10회에 걸쳐 연쇄적으로 강간하는 범행을 저질렀고, 특히 그 범행과정에서 만 14세의 어린 여학생을 강간하거나 여동생을 묶어놓고 그 언니를 강간하고, 약 3개월 후 동일한 피해자를 재차 강간하였으며, 피해자의 아들을 이불로 뒤집어씌워 놓고 피해자를 강간하는 등 대담하고 극악한 방법으로 피해자들을 유린하였고, 이후 이러한 범행을 뉘우치지 아니한 채 위 각 강간 등의 범행에 대하여 중형을 선고받고 항소심 재판을 기다리던 중 도주하여 다시 이 사건 강도살인의 범행을 저질렀다.

피고인은 도피자금을 마련하기 위하여 피해자 A의 숙소에 침입한 후 18세의 여성인 피해자 A가 특별히 반항하거나 저항하지 않는 상태에서 오로지 자신의 범행사실과 도주자로서의 신분이 탄로날 것이 두려워 피해자 A를 이불과 베개로 눌러 질식시켜 살해한 후 마치 피해자 A가 잠을 자는 것처럼 위장해 놓고 자신의 발자국을 수건으로 닦고 피해자 A로부터 강취한 물건을 피해자 A의 가방에 넣어 범행현장을 빠져나옴으로써 적극적이고 대담하게 범행의 은폐를 기도했다.

피고인은 위 강도살인의 범행 후에도 친구인 B를 이용하여 피해자로부터 강취한 신용카드로 현금을 인출하거나 컴퓨터를 구입하고, 범행이 탄로날 것에 대비하여 B로 하여금 알리바이를 조작하도록 하였으며, 그 후 체포될 때까지 수일간을 태연하게 컴퓨터게임을 즐기며 지내고, 체포된 이후에도 고의적으로 정신이상증세가 있는 것처럼 행세하면서 범행을 부인하다가 B의 진술을 토대로 한 수사관들의 추궁에 못 이겨 범행을 자인하는 등 반성과 회개의 흔적을 찾아볼 수 없었다.

(4) 대법원 2003. 6.13. 선고 2003도924 판결

피고인은 특수강도죄 및 특정범죄가중처벌등에관한법률위반(절도)죄 등으로 인한 형의 집행을 마치고 출소한 후 누범기간 내에 있던 자이다.

피고인은 유흥비 등을 마련할 목적으로 타인의 재물을 절취하거나 연약한 부녀자들을 상대로 흉기 등을 이용하여 손쉽게 금품을 강취하였고 나아가 자신의 가학적이고도 변태적인 성욕을 만족시키기 위하여 피해자들을 강간하였으며 또한 강간과정에서 일부 피해자들이 자신의 얼굴을 보았다는 이유로 살인에 이르게 되었다.

이 사건 각 범행은 피고인이 약 7개월여의 단기간 동안에 강간 등 살인(미수) 3회, 특수강도강간 3회, 강도상해 5회, 강도 2회 등을 저지른 사건으로서, 피고인의 범행수법을 살펴보면, 피고인은 주로 야간에 술에 만취하여 피고인에게 물리적으로 거의 저항할 수 없는 상태에 있는 부녀자들을 상대로 강도범행 등을 자행하기로 마음먹고 범행에 사용할 도구인 망치를 오토바이 안장 속에 넣어 둔 채, 오토바이를 타고 다니면서 범행대상을 물색하는 등 그 범행이 대담하고 용의주도하며, 피해자를 주먹과 발로 무자비하게 때리고 짓밟은 후 실신한 채 신음소리를 내면서 죽어 가는 피해자를 강간하거나 피해자의 머리를 망치로 내려친 후 불이 환하게 켜져 있는 방안에서 피를 흘리면서 실신한 채 신음소리를 내면서 죽어 가는 피해자를 강간하였을 뿐만 아니라, 피해자들이 피고인의 얼굴을 보았다고 여겨지는 경우에는 그 피해자들이 경찰에 신고할 것을 두려워한 나머지 조금이라도 신음소리를 내 아직 완전히 사망하지 않았다고 생각되면 실신한 피해자들의 얼굴을 축구공을 차듯이 힘껏 걷어차고 복부와 가슴 등을 마구 짓밟아 무참히 살해하는 등 너무나도 잔인하여 인간의 탈을 쓰고서는 도저히 할 수 없는 범행들이었다.

피고인의 범행으로, 피해자 A는 복부 등의 가격으로 인한 복부동맥손상에 의한 실혈로 사망하였으며, 피해자 B는 피고인의 망치로 인한 가격 등으로 좌측측두골함몰골절로 사망하였고, 피고인이 사망한 것으로 오인하고 현장을 떠나는 바람에 생명을 건지긴 하였으나 피해자 C는 중상을 입었으며, 피고인으로부터 특수강도강간 범행을 당한 충격으로 피해자 D는 심한 기억상실증에 걸리는 등 그 범행들의 결과가 너무나도 중대하고 참혹한 반면, 그럼에도 불구하고 피고인은 아무런 피해변상조치도 하지 않았고, 특히 경찰에 검거되지 않았다면 위와 같은 범행을 계속하여 저질렀을 것이라고 그 스스로 진술하고 있어 재범의 위험성도 상당히 높았다.

위에서 소개한 내용들은 필자가 특별히 보태거나 빼지 않고 판결에 실린 내용들을 거의 그대로 옮긴 것이다. 피해자의 개성이 전혀 드러나지 않는 데다 판결문 특유의 메마른 필체로 기록된 내용이지만, 그렇더라도 그 내용들이 너무나 잔혹해 편하게 읽어내기가 결코 쉽지 않았을 것이다. 이처럼 대폭 요약된 형태의 대법원 판결문이 아니라 피비린내가 물씬 풍기는 수사기록(즉 우리가 주변에서 늘 접할 수 있는 한 이웃으로서 피해자의 이름과 얼굴 등이 기록돼 있고, 범행 수법이나 피해상황 등 범행과 관련된 세부적인 내용까지 묘사되어 있으며, 현장사진과 부검기록 등이 첨부돼 있는 기록)을 통해 이들 사건을 확인했다면, 당신은 좀처럼 지워지지 않는 음울하고 불쾌한 잔상 때문에 꽤나 고생을 하게 될지도 모른다.

이들 사건에서 대법원이 사형을 선고한 원심을 깨면서 내세운 "형의 양정(量定)이 심히 부당하다고 인정할 현저한 사유"라는 것들을 보면, 마치 고장난 레코드처럼 되풀이되는 틀에 박힌 얘기들뿐이다. 즉 궁핍한 집안에서 태어나 크면서 죽어라고 고생만 했다거나, 아직 나이가 창창하다거나, 동종 전과가 없다거나(솔직히 동종 전과가 주렁주렁 있다면 그게 과연 사람인가?), 범행을 깊게 반성하고 있어서 교화·개선의 가능성이 엿보인다거나 하는 얘기들이다. 변호사들이 형사법정에서 할 말이 궁할 때 꺼내 쓰는 신파조의 얘기들인데, 고맙게도 대법원에서 호응해 주고 있다.

본의 아니게 다소 비아냥거리는 모양새가 됐지만, 사실 대법원을 비난할 생각은 추호도 없다. 다만 우리가 대법원 판결문을 볼 때 양형이유로 적시된 말들에 너무 깊게 사로잡힐 필요가 없다는 점을 지적하고자 한 것이다.

대법원 판결에 설시된 것처럼, 피고인이 '실제로' 범행을 깊게 반성하거나, 교화·개선될 가능성이 있다고 생각할 법률가는 아무도 없다. 그 점에 관해서는 이미 1, 2심 판사들(그러므로 최소 6명)이 사형 선고의 갈림길에서 차고 넘칠 만큼 꼼꼼히 살펴보았을 터이다. 법정에서 오랜 시간 피고인들을 지켜본 1, 2심의 사실심(事實審) 법관들도 모르는 사실을, 순전히 서류만 가지고 재판을 하게 되는 법률심(法律審)인 대법원이 알아낼 방법은 전무하다. 대법원은 다만 양형을 빌미로 삼아 웬만해선 사형을 선고하지 않겠다는 대법원의 확고한 원칙을 천명한 것이라고 보아야 한다. 여기에 덧붙여 근자에 무기징역이 선고된 다음 사례의 경우까지 살펴보면, 우리 법원의 사형 선고 기준이 보다 선명하게 이해가 될 것이다.

대한민국 최악의 연쇄강간범 이중구는 1998년 2월부터 2005년 10월까지 7년여 동안 110차례에 걸쳐 총 150여 명의 여성을 성폭행했지만, 무자비한 폭행의 와중에도 다행히 숨진 여인이 없었기 때문에 검찰의 사형 구형에도 불구하고 최종적으로 무기징역을 선고받았다.

대한민국 최악의 보험살인마 엄인숙은 보험금을 타내기 위해 첫 번째와 두 번째 남편을 살해하고 자신의 어머니는 주사바늘을, 오빠는 염산을 이용해 실명(失明)에 이르게 했다. 가족들 몰래 집을 팔고 이 사실이 알려질 위기에 처하자 야간에 불을 질러 가족 모두에게 화상을 입게 했으며, 비록 증거 불충분으로 기소에 이르지는 못했지만 그녀의 두 자녀 역시 어린 나이에 사망했다. 뿐만 아니라 엄인숙은 자신을 도와준 가사도우미의 집에 불을 질러 가사도우미의 남편을 사망에 이르게 했고, 자신의 범행 은폐를 위해 가사도우미와 그의 딸이 입원한 병원에 또 한 번 불을 질렀다.

엄인숙은 감형받기 위해 수사와 재판과정에서 정신병자 행세를 했지만 판결문에 "꾀병"이라고 못 박을 만큼 그녀의 정신 상태는 온전했다. 그럼에도 엄인숙은 사형이 아닌 무기징역을 선고받았다. 그녀의 범행은 너무나 악마적이어서 과연 범인이 남자였을 때도 사형을 면할 수 있었을까 하는 의문을 갖게 한다.

아무튼 이로써 우리는 사형 선고의 요건을 대략적이나마 간추려 볼 수 있게 됐다. 내 나름대로 정리해보면 다음과 같다.

첫째, 오판의 가능성이 전혀 없어야 한다.
둘째, 범행이 사전에 계획적으로 치밀하게 준비된 것이어야 한다.
셋째, 범행의 수법이 잔혹하고 피해자에게 큰 고통을 줘야 한다.
넷째, 특별한 사정이 없으면 최소 두 명 이상 살해해야 한다.
다섯째, 살인이 강도, 강간 등의 강력범죄와 결부돼 있거나 살해의 동기가 매우 비열해야 한다.
여섯째, 범인의 나이가 어리거나 전과가 없거나 여자면 곤란하다.

이상의 사실을 토대로 최근 사형이 확정된 자들은 과연 이와 같은 요건을 충족하고 있는지 다음 장에서 살펴보기로 하자.

최근의 사형 판결 세 건

1997년 12월30일의 마지막 사형 집행과 관련해 사형 확정자 60여 명 가운데 마지막 집행 대상자 23명을 선정했던 한 검사는 언론 인터뷰에서 '죽음'을 선별하고 집행하는 것이 몹시 고통스러운 일이었지만, "범행기록을 읽다보면 사형을 받을 만하다는 생각을 하게 된다"고 말했다. 김승규 전 법무장관도 장관 재임시절 사회부 법조출입 기자들과 만난 자리에서 사형 문제에 관한 견해를 묻는 질문에 이렇게 우회적으로 답한 적이 있다. "지금 집행 대기 중인 사형수들에 대한 법원 판결문을 구해 읽어보십시오. 다 그만한 이 유가 있는 사람들입니다."

이하에서는 가장 최근에 선고된 사형 판결 세 건을 소개하고자 한다. 이들 세 건 중 '보성 어부 살인사건'을 제외한 나머지 두 건은 언론에서 거의 다루어지지 않았다. 최근 우리 사회를 떠들썩하게 했던 유영철, 강호순, 정 두영, 정남규 등의 특급 살인마들에 비하면 임팩트가 부족했다는 얘기가 될 수 있다. 그러나 사형을 선고받은 데에는 다 그럴 만한 이유가 있었다고 보아 야 하지 않을까?

읽기 편하게 '피고인'이란 표기를 사형수 개인의 실명(實名)으로 대체하 고, 피해자의 명예보호를 위하여 피해자의 이름을 전부 가명(假名)으로 바꾼 것 외에는 판결문에 실린 내용을 그대로 옮긴 것이다. 법원의 지극히 건조한 필체로 기록된 범죄 사실이지만, 행간의 축약된 의미까지 살펴 가며 읽다 보 면 인간의 내면에 감추어진 소름 끼치는 악마성을 확인할 수 있을 것이다.

(1) 사형수 장기수(1969년 10월생)

가. 범행 전의 주변 상황

장기수는 공업고등학교를 졸업한 뒤 성남시에 있는 전자업체에서 1년간 근 무하다가 군에 입대하여 1991년 7월경 공군병장으로 제대하였다. 그 후 장 기수는 여러 군데 회사를 옮겨 다니다가 2002년부터 약 3년 동안 청주시에 서 음식점 사업을 벌였으나 영업이 잘 되지 않아 빚을 진 채 2005년 4월경 사업체를 다른 사람에게 양도하고, 다시 회사에 취직하여 종업원으로 근무 하여 왔다. 장기수는 사업실패의 후유증으로 자신의 월급만으로는 생활이 어려웠고, 그의 처가 보험설계사로 근무하면서 생활비를 벌기도 하였다.

장기수는 친구의 소개로 처를 만나 7년간 연애를 한 뒤 결혼하여 10년 정도 결혼생활을 하였고 슬하에 3명의 아들을 두었다.

장기수는 2000년부터 2001년까지 오산시에서 매형 소유의 슈퍼마켓에서 일할 때 그곳에서 일하던 이혼녀 김문희를 알게 되어 내연관계에 빠지게 되었다. 그 뒤 사업에 실패하면서 헤어졌으나, 장기수는 김문희를 잊지 못하고 있었다.

나. 범행계획과 준비

장기수는 김문희에게 다시 내연관계를 복원하자고 수차 요구하였으나, 김문희는 경제적인 문제와 아이들 문제 등 현실적인 이유를 들어 이를 거절하였다. 이에 장기수는 처 명의로 보험에 가입한 뒤 처자를 모두 살해하고 집을 불살라 누전에 의한 화재사로 위장하여 보험금을 타기로 마음먹었다.

장기수는 2005. 7.19.부터 시작하여 그달 26일, 27일 등에 인터넷을 통하여 보험을 검색하였고, 그해 8월4일 처 명의로 재해 사망 시 3억 원의 보험금을 받을 수 있는 A보험사의 보험에 가입하였고, 그해 8월 초에는 다시 처 명의로 재해 사망 시 3억 원의 보험금을 받을 수 있는 B보험사의 보험에 가입하였다. 장기수는 2005. 8.3.부터 시작하여 그달 3일, 4일, 6일, 8일, 9일, 13일까지 인터넷 포털사이트인 다음, 네이버 등에서 '죽음', '약', '강력수면제', '마취제' 등의 검색어로 집중적인 검색을 하였고, 청부살인사이트까지 검색하였다.

장기수는 2005. 8.10.부터 그달 18일까지 인터넷을 통하여 일기예보를 집중적으로 검색하여 비오는 날을 기다렸다. 누전에 의한 사고사를 위장하기 위해서였다.

장기수는 인터넷을 통하여 알게 된 다른 3명과 공동으로 2005. 8.15. 대구에서 청산가리 25g 정도를 100만 원에 구입하여, 4분의 1씩 나누었고, 4명이 나누어 가진 청산가리는 6g 내외였다. 청산가리는 치사량이 0.15g이다. 장기수는 이와 같이 구입한 청산가리를 필름통에 담아 승용차 조수석 앞에 있는 사물함에 보관하였다가 2005. 8.17. 저녁에 퇴근하면서 이를 꺼내어 바지 주머니에 넣고 집에 들어갔다. 장기수는 그날 케이크를 사가지고 가 아이들과 촛불을 켜고 노래를 부르며 놀았고, 처와는 소주를 나누어 마셨다. 장기수는 아이들을 재우고 난 다음 욕실에서 샤워를 하게 되었고, 이때 처가 들어와 장기수의 등을 밀어 주었으며, 샤워가 끝난 뒤에는 성관계를 가졌다.

다. 범행실행 과정

장기수는 2005. 8.18. 08:00경 일어나 세수를 하고 옷을 갈아입으면서 처의 휴대전화를 바지 주머니에 몰래 넣어 챙긴 다음 부엌으로 가 냉장고 문을 열고 물병을 꺼내어 컵에 따라 마셨다. 이때 처는 아침을 준비하고 있었고, 세 아들은 안방에서 텔레비전을 보고 있었다.

장기수의 가족들은 아침을 먹기 전에 물을 한 컵씩 마시는 습관이 있었고, 장기수는 평소 아침을 먹지 않고 물만 한 컵 마시고 출근을 하곤 하였다. 장기수는 처가 보지 못하도록 돌아선 상태에서 물통의 뚜껑을 열고 바지 주머니에서 필름통을 꺼내어 그 안에 있던 청산가리를 물통에 쏟아 붓고 물통을 흔들어 잘 녹도록 한 뒤 그 물병을 식탁 위에 올려놓고 출근을 한다고 하면서 현관 쪽으로 가 동정을 살피고 있었다.

장기수의 처는 물병에 든 물을 4개의 컵에 따라 아들들에게 건넨 뒤 물을 마셨고, 거의 동시에 큰아들과 둘째 아들이 물을 마셨다. 그 순간 장기수의 처와 두 아들은 '컥컥' 거리면서 쓰러졌고, 네 살짜리 막내아들은 물을 마시지 않은 상태에서 놀라 어찌할 바를 모르고 어머니의 옆에 서 있었다.

장기수는 막내아들이 물을 마시지 않자 두 손으로 목을 졸라 살해하였는
데, 당시 막내는 자신의 목을 누르고 있던 장기수의 손을 계속 자신의 손으
로 치다가 숨을 멈췄다.

장기수는 그 뒤 정상적으로 출근하여 태연하게 배달 업무 등을 수행하였고,
그날 13:00경에는 집에 들러 안경을 가지고 나왔다. 장기수는 또 자신의 휴
대전화를 이용하여 처의 휴대전화로 3회, 집 전화로 3회 전화를 걸어 피해
자들이 그 시간 동안 살아 있던 것처럼 가장하기도 하였다.

장기수는 그날 19:20경 회사 선반에 보관되어 있던 시너가 들어 있는 생수병
을 들고 나와 집으로 갔고, 거실과 피해자들의 사체 그리고 욕실 앞에 있는
빨래 위에 시너를 뿌린 다음 가지고 있던 1회용 라이터로 불을 붙이고 급히
밖으로 나왔다. 현관문을 비롯한 대부분의 창문은 안으로 잠긴 상태였다.

라. 범행 후의 태도

장기수는 그 다음 근처에 있는 피시방으로 가 게임을 하다가 22:40경 집으
로 왔는데, 자신의 집에서 불길이 별로 보이지 않고 검은 연기만 조금 보이
자 이상하게 생각하고, 담을 넘어 현관 근처로 갔다. 그때 '펑' 소리가 나면
서 유리창이 깨지고 불길이 치솟았고, 그 소리에 놀라 이웃 주민이 뛰어나오
자 아이들이 안에 있다고 외치고 불길 속으로 뛰어드는 시늉을 하면서 슬픈
태도를 보였다.

장기수는 범행 뒤 유족으로 참고인 조사를 받으면서 자신의 집이 비가 오면
새고 종종 누전차단기가 내려갔다고 진술하여, 누전으로 인하여 화재가 발
생하였다는 쪽으로 조사결과를 유도하기도 하였다.

장기수는 2005. 8.1. 6회, 그달 2일 19회, 그달 3일 12회, 그달 5일 1회, 그

달 6일 8회, 그달 8일 10회, 그달 9일 2회, 그달 10일 3회, 그달 11일 4회, 그달 12일 13회, 그달 4일 4회, 그달 16일 1회 등 이 사건 범행을 전후하여 집중적으로 김문희에게 전화를 하였다. 이때 장기수는 주로 김문희가 잘 있는지 안부를 물었고, 김문희에게 관계를 복원하자고 끈질기게 요구하였다.

장기수의 케이스는 약간 독특하다. 우리가 앞장에서 보았듯이 제1심에서 선고된 사형이 대부분 항소심에서 무기로 감형됐다. 또 제1심에 이어 항소심까지 유지된 사형 판결이 대법원에서 파기돼 무기로 감형되는 경우도 상당히 많았다. 그런데 장기수의 경우는 2006년 2월2일 선고된 대전지방법원의 제1심 판결에서는 무기징역이 선고됐으나, 검사의 항소(양형부당)로 진행된 대전고등법원의 항소심 판결에서 무기징역을 선고한 제1심을 파기하고 사형을 선고했다. 이름 그대로 장기수(長期囚)가 될 뻔했는데, 항소심에서 졸지에 사형수로 바뀐 케이스다.

항소심 재판부는 "피고인은 자신의 목적을 달성하기 위하여 가장 소중한 가족을 너무나 가볍게 버릴 수 있는 극히 이기적인 성격의 소유자이다. 피고인이 이 사건 범행을 준비하는 과정에서 보인 치밀성과 대담성, 이 사건 범행을 실행하는 과정에서의 주저 없는 결단성과 냉혹성, 범행 후의 태연성 등을 살펴보면 보통 사람으로서는 상상하기 어려운 수준으로 몸서리쳐질 정도이다"라고 분노를 표출했다.

내 의견도 똑같다. 한 가정의 가장이 매일 퇴근 후 아이들과 어울려 즐겁게 노는 와중에도 몇 달 동안 끊임없이 자신의 처와 순진무구한 아이들 3명의 생명을 뺏을 궁리를 했다는 것은 생각만 해도 소름 끼치는 일이다. 특히 엄마와 형들의 죽음 앞에서 어찌할 바를 모르고 있는 네 살짜리 아들의 목을 조른 손은 그 어떤 살인마의 손보다도 비정한 손이다. 인간의 손이라기보다는 악마의 손이라고 봐야 할 것이다.

이 사건이 대법원에 상고된 후 그 귀추에 관심이 쏠렸다. 주심을 맡은 박시환 대법관이 재판 두어 달 전에 있었던 국회 인사청문회에서 "간통죄와 함께 사형제는 폐지되어야 한다"는 입장을 밝힌 바 있었기 때문이다. 그러나 그런 박시환 대법관조차도 "다른 일반 살인죄와 달리 이 사건은 피해자가 피고인의 처와 세 아들들로서 가장 가까운 가족을 무참히 살해하였다는 점, 특히 청산가리가 들어 있는 물을 마시지 않고 옆에 서 있던 막내아들까지 그 목을 졸라 살해한 점" 앞에서는 다른 판단을 내릴 수가 없었던 모양이다.

대법원은 2006년 9월8일 피고인의 상고를 기각하고, 피고인에 대한 사형 판결을 확정했다.

(2) 사형수 오종근(1938년 7월생)

오종근은 1938년생의 노인으로 약 48년 전 지금의 처(1941년생)와 결혼하여 2남5녀의 자녀를 두고 있으며 평생을 전남 보성 일원에서 살면서 어부로 생활해 왔다. 오종근은 처와 단 둘이서 살면서 무등록 1톤 선박으로 보성군 회천면 동율리 앞 바다에서 주꾸미 채취업 등을 하고 있다.
오종근은 평소 성격이 급하고 고집이 세며 말수가 없는 편이고, 나이가 들면서 2006년경부터는 처와 성관계를 갖지 못하고 있는데, 힘은 무척 센 편이어서 젊은 사람들이 기계장비로 하고 있는 일을 맨손으로 할 수 있을 정도이다.

가. 제1차 범행
오종근은 2007. 8.31. 오후 전남 보성군 회천면 동율리 우암마을 소재 선착장에서, 여행을 온 피해자 김중원(남, 19세, 대학생), 주미혜(여, 19세, 대학생)가 배를 타보고 싶다고 하자 이들을 자신의 선박에 태워 약 25~30분 거리에 있는 자신의 어장이 있는 득량만 해상 방향으로 운행하여 가던 도중 주미혜에게 성욕을 품게 되었다.

오종근은 이에 주미혜를 추행하는 데 방해가 되는 김중원을 살해해 버리고 주미혜를 추행한 후 그녀 역시 살해해 버리기로 마음먹고 회천면 서당리 앞바다에 이르러 선박을 세웠다. 오종근은 선박에 나란히 앉아있는 피해자들의 뒤로 몰래 다가가 양손으로 김중원을 잡고 바다에 밀어 빠뜨리고, 바다에 빠진 김중원이 살기 위해 선박에 다시 오르려 하자, 선박에 있는 속칭 학갓대로 김중원의 머리, 왼쪽 어깨, 왼쪽 팔, 양다리 등을 수회 힘껏 내리치고, 찍고, 밀어 김중원이 선박에 오르지 못하게 함으로써 그로 하여금 그 무렵 익사로 사망하게 하여 김중원을 살해하였다.

오종근은 계속하여 위와 같은 모습을 보고 공포에 떨고 있는 주미혜에게 다가가 '아가씨, 유방 좀 단도리해보자'고 하면서 손으로 그녀의 가슴을 만지려 하고 이에 주미혜가 손으로 오종근의 손을 쳐내며 격렬히 반항하자, 양손으로 주미혜의 가슴과 다리 부위를 움켜쥐고 바다에 밀어 빠뜨리고 바다에 빠진 그녀가 선박에 다가오자 속칭 학갓대로 그녀를 수회 밀어 그녀로 하여금 그 무렵 익사로 사망하게 하여 주미혜를 살해하였다.

나. 제2차 범행

오종근은 2007. 9.25. 11:20경 위 우암마을 소재 선착장에서, 추석을 맞아 여행을 온 피해자 안효인(여, 23세, 간호사), 조민(여, 24세, 회사원)을 보고 성욕을 품고 피해자들을 자신의 배에 태워 바다로 나가 추행을 한 후 살해해 버리기로 마음먹었다. 오종근은 같은 날 11:30경 위 우암마을 소재 선착장에서, 피해자들을 선박에 태워 같은 날 오후 회천면 서동리 연동마을 앞 득량만 해상으로 운전하여 가 선박을 세웠다.

오종근은 안효인에게 다가가 '아가씨 나는 작년부터 관계를 못하는데 아가씨 유방이라도 단도리해버려도 돼요'라고 말하며 손으로 안효인의 가슴을 잡으려 하고 이에 안효인이 손으로 오종근의 손을 쳐내며 반항하였다. 오종근은 계속하여 양손으로 안효인의 가슴을 만지려 하고 안효인은 이에 격렬하게 반항하였고 이를 지켜 본 조민 역시 오종근의 안효인에 대한 추행을 막기 위해 오종근의 몸을 잡고 반항하였다.

이와 같이 오종근은 안효인을 강제로 추행하려 하고 안효인, 조민은 이에 격렬히 반항하는 과정에서, 오종근은 안효인을 잡고 흔들고 밀어 선박의 바닥, 선실 등에 부딪히게 한 후 바다로 밀어 빠뜨리고 손으로 조민의 목을 조르고 조민을 잡고 흔들고 밀어 선박의 바닥, 선실 등에 부딪히게 한 후 바다로 밀어 빠뜨려, 조민으로 하여금 그 무렵 익사로 사망하게 하여 조민을 살해하고, 바다에 빠진 안효인이 살기 위해 배 위로 오르려 하자, 선박에 있는 속칭 학갓대로 안효인의 양 발목, 오른쪽 어깨, 오른쪽 종아리 부위 등을 수회 힘껏 내리치고, 찍고, 밀어 안효인이 위 선박에 오르지 못하게 함으로써 그녀로 하여금 그 무렵 익사로 사망하게 하여 안효인을 살해하였다.

제1차 범행과 제2차 범행 사이의 시차는 한 달이 채 안 된다. 제1차 범행에 대한 수사가 한창 진행 중인 상황에서, 주변의 눈을 피해 1차 범행 장소보다 더욱 외진 곳으로 피해자들을 끌고 가 범행을 저질렀다는 점에서 죄질과 범정(犯情)이 극히 나쁘다. 사이코패스들이 대부분 그렇듯 오종근 역시 재판 과정 내내 자신의 범행을 반성하는 기색이 전혀 없었다.

이 사건의 제1심 판결이 선고된 것은 2008년 2월 20일이다. 이후 피고인의 항소로 개시된 광주고등법원의 항소심 재판 중 피고인은 헌법재판소에 사형제도에 관한 위헌심판을 제청했다. 10대 남녀 대학생 두 명, 20대의 직장 여성 두 명을 무참히 살해한 70대 노인이, 자신의 목숨은 부지하고 싶어서 위헌제청을 한다는 게 대단히 모순돼 보이지만 어떻든 이 위헌제청 사건에는 우리 사회의 유명한 인권변호사들이 대거 합류해 이른바 '드림팀'을 구성했다.

1972년 미국 연방대법원이 9인의 연방대법관 중 5대 4의 아슬아슬한 스코어로 "사형은 참혹한 형벌이므로 위헌"이라고 선언한 퍼먼 사건(Furman v. Georgia)은, 3명의 흑인이 각기 별개 장소에서 각기 별개의 범행을 저질러 사형을 선고받은 3개의 사건이 병합된 재판이었다. 이 3명의 사형수 중 잭슨은 21세의 청년인데 백인 부인을 강간한 혐의로 사형이 선고됐고, 브랜치는 65세된 백인 과부 집에 침입해 강간하고 돈을 요구한 혐의로 사형이 선고됐다. 퍼먼의 죄가 가장 고약한데, 야간에 어떤 집에 침입하려고 하다가 문 밖에서 주인을 총으로 쏴 죽였다.

우리로 치면 퍼먼을 제외한 나머지 2명이 저지른 죄는 단순강간이나 강도강간 정도에 불과해 기껏해야 징역 3년 정도인데, 백인 사회의 오래된 금기인 "흑인 남성이 백인 여성을 강간했다"는 사실이 사형이라는 극단의 형을 부른 것 같다. 그래서인지 퍼먼 판결은, 9인의 대법관 전원이 각자의 찬반의견을 판결문에 소상히 설명한 대단히 보기 드문 판결이었음에도, 미국 사회의 흑백(黑白) 문제만을 따분할 정도로 길게 거론할 뿐, 사형이 참혹한 형벌인지에 관해서는 거의 언급이 없다. 지금 미국에서 사형이 활발하게 집행되고 있는 데서 알 수 있듯이 이 판결은 선례로서의 권위를 오랫동안 지키지도 못했다. 이 판결은 불과 4년 뒤인 1976년 그렉 대 조지아주 사건(Gregg v. Georgia)에서 뒤집혔다. 우리 사형폐지론자들이 금과옥조처럼 내세우는 퍼먼 판결이라는 게 '사형은 위헌'이라는 결론을 제외하면 그 내용적 측면에서는 '차 떼고 포 뗀' 장기판처럼 써먹을 만한 무기가 하나도 없는 판결이었다는 얘기다.

이 퍼먼 판결처럼 통상적인 양형기준에서 크게 벗어난 사형 판결이 헌법재판소에 올라 왔었더라면 헌법재판소도 사형제에 대해 합헌 결정을 내리기가 결코 쉽지 않았을 것이다. 그런데 양질의 사형수랍시고 고르고 고른 게 고작해야 오종근 같은 자밖에 없으니 사형폐지론자들로서도 유감이 아닐 수 없었을 것이다.

(3) 사형수 이향열(1966년 11월생)

가. 범행 전의 상황

(1) 이향열은 1966. 11. 충북 괴산에서 빈농의 아들로 태어나 1982년경 서울로 올라와 가방공장, 판금공장 등에서 일을 하였고, 친구와 장난삼아 '여자 빨리 꼬시기' 내기를 하면서 약 1년 정도 동안 나이트클럽에서 만난 약 50명의 여성과 일회성 성관계를 가지기도 하였다. 이향열과 피해자 김여원(여, 41세)은 1984. 12.경 처음 만나 1985년경부터 동거하던 중 김여원이 임신 8개월 정도 무렵인 1987. 1.27. 이향열은 수업을 마치고 귀가하는 16세의 여학생을 흉기로 위협한 후 강간하여 처녀막파열상 등을 입게 한 혐의로 1987. 4.24. 청주지방법원에서 징역 2년 6월을 선고받았다.

(2) 김여원은 이향열의 친딸인 윤수현의 출생 직전인 1987. 1.경 이향열이 강간치상죄로 구속되고 실형을 선고받고 복역하게 됨에 따라 헤어지게 되었고, 1989. 1.10.경 윤일봉과 정식으로 혼인신고를 마친 후 윤수현을 윤일봉의 친자인 것처럼 출생신고하였다.

이향열은 1989. 12.23. 가석방으로 출소하여 김여원의 소재를 찾아보았으나 이미 위 윤일봉과 재혼한 사실을 알게 되어 좌절하였고, 그때부터 김여원, 재혼을 권유한 김여원의 어머니 심순금, 김여원의 오빠 김용환에 대하여 깊은 배신감을 가지고 복수를 다짐하게 되었다.

(3) 이향열은 1991. 6.경 고향인 충북 괴산군 청천면 고성리 ○○번지에서 거주하고 있었는데, 같은 마을에 거주하는 사람이 자신을 푸대접하였다는 이유로 그 딸인 피해자(당시 15세)를 석궁으로 위협한 후 인근 숲속으로 끌고 가 감금하고, 위 피해자를 석방하는 대가로 그 부친에게 200만 원을 요구하였으며, 곧이어 위와 같이 감금된 상태에 있던 피해자를 3회에 걸쳐 강간하는 범행을 저질렀고, 1991. 9.11. 청주지방법원에서 특정범죄 가중처벌 등에 관한 법률 위반(미성년자약취, 특수강간)죄 등으로 징역 15년을 선고받았다.

(4) 이향열은 약 15년간의 수형생활을 한 후 2005. 10.28.경 가석방되었다. 이향열은 2005. 11.25.경 위 심순금의 집 근처에 있는 전남 영암군 삼호읍 대불공단 내 현대미포조선 협력업체인 A사에 취업하게 되면서 비교적 안정적인 생활을 하게 되었고, 2007년 설날 무렵 친딸 윤수현의 소식을 듣기 위하여 장모인 심순금의 집을 방문하였다가 김여원이 윤일봉과 별거 상태에 있음을 알게 되었고, 이를 계기로 김여원과 자주 만나게 되었으며, 2007. 8.경부터 김여원과 함께 회사 사원아파트인 전남 영암군 삼호읍 소재 ○○아파트에서 동거하게 되었다.

(5) 김여원은 1989. 9.14.경 윤일봉과의 사이에서 피해자 윤수진을 출산하는 등 약 18년에 걸쳐 윤일봉과 혼인생활을 유지하다가 2007년경부터 별거하게 되었으며, 위에서 본 바와 같이 2007년 여름 무렵부터는 가석방으로 출소한 이향열과 재결합하여 동거하면서 사실상 혼인관계를 유지하여 왔다.

(6) 피해자 윤수현(여, 22세)은 1988. 2.13. 윤일봉과 김여원 사이에서 출생한 것처럼 가족관계등록부에 등재되어 있으나, 실제로는 1987. 3.경 이향열과 김여원 사이에서 출생한 이향열의 친딸이고, 피해자 윤수진(여, 19세)은 1989. 9.4. 윤일봉과 김여원 사이에서 출생한 이향열의 의붓딸이다. 피해자 김장미(여, 18세), 김목란(여, 16세)은 김여원의 오빠인 김용환의 딸들로서 이향열을 '고모부'라고 칭하였다.

나. 처조카 김목란에 대한 강간살인 및 사체은닉

이향열은 2009. 5.5. 10:30경부터 12:00경 사이에 전남 영암군 삼호읍 서호리에 있는 장모 심순금의 집에 있는 피해자 김목란(여, 16세)을 이향열의 집인 전남 영암군 학산면 독천리 ○○빌라로 데리고 온 뒤 옷방에서 옷을 갈아입고 있는 피해자를 보고 갑자기 욕정을 느껴 피해자를 강간하기로 마음먹었다. 그리하여 이향열은 피해자의 목을 손으로 감아쥐고 그곳 안방으로 끌고 간 다음 피해자가 "이러지 마라"라고 소리를 지르자 피해자를 바닥에 넘어뜨려 오른손으로 피해자의 얼굴과 가슴 부위를 수회 때리는 등 피해자의 반항을 억압한 후 피해자의 팬티와 바지를 벗기고 피해자를 1회 간음하여 강간하였다.

이향열은 피해자에 대한 강간사실이 발각될 것이 예상되자 피해자를 살해할 수밖에 없다고 마음먹고, 같은 날 12:00경 그곳에 있던 노란색 테이프로 피해자의 입을 막고, 등산용 허리띠로 피해자의 양손과 양발을 묶고, 다시 노란색 테이프로 피해자의 손과 발을 묶고, 그곳 옷방에 있던 여행용 가방(가로 52㎝, 세로 72㎝, 두께 25㎝)을 가지고 나와 피해자를 위 가방에 넣어 가방지퍼를 잠근 다음, 이향열 소유의 59가○○○○호 코란도 승용차 트렁크에 위 가방을 싣고 다니다가 같은 날 시간 불상경 피해자를 질식으로 사망하게 하는 방법으로 피해자를 살해하였다.

이향열은 2009. 5.5. 16:00경부터 17:00경 사이에 심순금의 집에서 약 1㎞ 떨어진 영암군 삼호읍 서호리 소재 송죽정마을 뒤편 야산에서 평소 승용차에 가지고 다니던 삽을 꺼내 그곳 부근에 땅을 파고 승용차 트렁크에서 피해자의 사체가 들어있는 여행용 가방을 꺼내어 그곳에 묻은 뒤 다시 흙으로 덮어버림으로써 사체를 은닉하였다.

이향열은 이후에도, 김여원의 직장에까지 찾아가는 등 자신의 알리바이를 만들고, 김여원 등과 함께 위 피해자의 행방을 찾는 것처럼 가장하기도 하였으며, 2009. 5.10.에는 영암경찰서 삼호지구대에 피해자의 고모부 자격으로 위 피해자에 대한 가출신고를 하고, 나아가 피해자 명의로 가족들에게 문자메시지를 보내는 등으로 자신의 범행을 은폐하기 위한 행동을 하였다.

다. 의붓딸 윤수진에 대한 강간살인

이향열은 일주일 뒤인 2009. 5.12. 19:00경 자신의 집 거실에서 이향열이 지시해 놓은 설거지와 청소를 하지 않고 누워있는 피해자 윤수진에게 "왜 청소와 설거지를 하지 않았냐"고 나무랐는데 피해자로부터 "그걸 꼭 내가 해야 되느냐"는 말을 듣게 되었다.

이향열은 위와 같은 말을 듣게 되자 이에 격분하여 피해자를 강간한 다음 살해하기로 마음먹고, 피해자를 따라서 작은방으로 들어가 피해자의 얼굴과 가슴을 주먹으로 무자비하게 때려 그곳 방안에 있는 침대에 눕힌 뒤 "아빠 이러지 마"라고 소리를 지르는 피해자의 입을 그곳 방안에 있던 노란색 테이프로 막고, 피해자의 손을 뒤로 돌려 테이프로 묶어 반항을 억압한 뒤, 피해자의 바지와 팬티를 벗기고, 부엌에 있던 위험한 물건인 가위(칼날 길이 12㎝)를 가지고 와 피해자의 상의와 브래지어를 잘라낸 다음 피해자를 1회

간음하여 강간하고, 이향열의 양손으로 피해자의 목을 졸라 피해자를 살해하였다.

라. 동거녀 김여원에 대한 살인

이향열은 그로부터 1시간 뒤인 20:00경부터 23:00경 사이에 일을 마친 피해자 김여원을 코란도 승용차에 태워 집으로 돌아오던 중 피해자를 살해하기로 마음먹고, 피해자와 전남 강진군 강진읍에 있는 버스터미널 부근 상호불상의 식당에서 저녁을 먹은 뒤 같은 날 23:00경 전남 영암군 학산면 금계리에 있는 학산초등학교 앞길에 이르러 코란도 승용차를 세워 놓고 승용차 조수석에서 피해자와 성교를 하고 난 뒤 피해자에게 "나는 너를 죽이고 싶을 정도로 사랑한다"라고 말한 다음 양손으로 피해자의 목을 조르고, 이어서 차 안에 있는 케이블선으로 피해자의 목을 감아 조르는 방법으로 피해자를 살해하였다.

마. 처조카 김장미에 대한 강간 및 감금

이향열은 전항과 같이 김여원을 살해한 후 처조카 김장미까지 강간하기로 마음먹고 약 1시간 뒤인 2009. 5.13. 00:10경 전남 목포시 산정동에 있는 김여원의 여동생 집에 찾아가 그곳에 거주하고 있던 청소년인 피해자 김장미에게 "용돈을 주겠으니 우리 집에서 자고 가라"고 말하여 피해자를 코란도 승용차에 태워 이향열의 집인 전남 영암군 학산면 독천리 ○○빌라로 데려왔다.

이향열은 5.13. 00:30경부터 01:30경 사이에 이향열의 집 안방에서 자고 있던 피해자의 배 위에 올라가 흉기인 회칼(칼날 길이 20㎝)과 위험한 물건인 가위를 들고 피해자를 위협한 뒤 그곳에 있던 노란색 테이프로 피해자의 입을 막고, 피해자의 손과 발을 묶은 다음, 가위로 피해자의 초록색 팬티와 브래지어 등 옷을 모두 잘라 피해자를 나체로 만들어 피해자의 반항을 억압하고, 위와 같이 묶여진 다리를 풀어준 다음 옷을 벗은 이향열이 피해자의 가슴을 입으로 빨고 성기를 피해자의 성기에 삽입하여 피해자를 1회 간음하여 강간하였다.

이향열은 그 직후 피해자의 손과 발을 다시 그곳에 있던 노끈으로 묶은 뒤 그곳 방안에 있는 옷장에 피해자를 집어넣고, 친딸 윤수현이 집에 돌아올 무렵인 같은 날 03:00경 피해자를 옷장에서 꺼내 그대로 안방에 있게 함으로써 같은 날 11:00경까지 약 11시간 동안 피해자를 감금하였다.

바. 친딸 윤수현에 대한 강간

이향열은 처조카 김장미를 강간한 후 친딸의 귀가를 기다렸다. 5.13. 03:00경 전남 영암군 학산면 독천리에 있는 피시방에서 아르바이트를 마치고 나온 친딸인 피해자 윤수현과 함께 자신의 집에 들어간 다음, 윤수진의 사체가 있는 작은방으로 들어가는 피해자를 뒤따라 들어가자마자 손으로 피해자의 입을 막고 목을 조른 다음 흉기인 회칼로 겁을 주면서 "조용히 해라"라고 말하고 피해자를 작은방에 있는 침대에 눕힌 뒤 "내가 엄마랑, 수진이를 죽였다. 너도 죽이고, 안방에 있는 장미도 죽이고, 나도 죽겠다"고 말하고, 그곳에 있던 노란색 테이프로 피해자의 입을 막고 피해자의 양손을 묶은 후 재차 피해자에게 "처음부터 여기 복수하러 왔다. 엄마(김여원), 할머니(심순금), 큰삼촌(김용환), 너(윤수현), 수진이(윤수진), 장미(김장미), 목란이(김목란)를 죽이러 왔다. 목란이도 미리 죽여서 할머니 집 장롱에 숨겨놓았는데, 바보 같은 사람들이 냄새도 못 맡고, 찾지도 못한다. 엄마는 죽어서 차에다 실어놓았다. 수진이는 죽었다. 수진이는 살 가치가 없다"라고 말하였다.

이향열은 그 후로부터 30분 정도 지나 회칼을 들고 다가가 겁에 질린 피해자의 입과 손발을 묶은 테이프를 풀어주면서 "너는 딸이라 안 죽일 것이다. 나는 청주에 엄마, 아빠를 죽게 만든 사람을 죽이고 죽을 것이다"라고 말하였다. 이처럼 이향열은 피해자의 반항을 억압한 다음 같은 날 09:00경 그곳 거실에서 회칼을 옆에 놓고 피해자에게 "마지막 소원이니, 한 번만 샤워를 같이 하자"며 그곳 방안에 있던 속옷 서랍을 가져와서 이것저것 입어보라고 하고 이향열 소유의 디지털카메라로 피해자가 속옷을 갈아입는 모습을 찍은 다음 피해자의 속옷을 모두 벗게 하고 이향열도 옷을 다 벗은 다음 피해자의 가슴을 손으로 만지고 입으로 빨며 피해자의 성기를 손으로 만졌다. 이에 피해자가 이향열에게 하지 말라고 말하였으나 이향열은 피해자에게 위해를 가할 태도를 보이며 피해자의 반항을 재차 억압하고 피해자를 1회 간음하여 강간하였다.

이향열의 범행이 발각된 것은, 이향열이 잠시 담배를 사러 나온 사이 친딸 윤수현이 결박을 풀고 경찰에 범죄를 신고했기 때문이다. 그 신고가 없었더라면 살인 피해자가 얼마나 더 늘었을지 예측하기 어렵다.

이향열에 대한 1심 판결이 선고된 것은 2009년 10월15일이었다. 1심 판결을 기준으로 하면 2008년 2월 1심 판결이 선고된 보성 어부 오종근 사건보다 훨씬 더 시의성이 있는 사건이었다. 그런데 사형폐지론자들도 이향열의 범행에 대해서는 아예 위헌제청을 시도해볼 엄두조차 내지 못했을 것이다. 살인과 근친상간이라는 인류의 가장 오랜 금기 둘을 모두 깬 이 금수만도 못한 짓까지 위헌제청을 했다가는 기존에 위헌제청된 사건까지 망칠 염려가 있기 때문이다.

헌법재판소의 위헌제청 심리 때문에 오종근 사건의 재판이 지연돼서 그렇지, 정상적으로 절차가 진행됐다면 이향열 사건이 현재까지 가장 마지막 사형확정 판결이 됐을 것이다. 이향열 사건을 포함해 앞에서 인용한 세 건의 최근 판결은 지난 20년 동안 사형이 확정된 사람들이 어떤 사람들인지를 보여주는 예가 될 것이다. 범죄자를 많이 만나 본 내 경험에 비추어 볼 때, 또한 최근의 판결에 비추어 볼 때, 작가나 일부 종교계 인사들이 입을 모아 예찬하는 '아침 이슬처럼 영롱한' 영혼을 가진 사형수란 도대체 누구를 말하는 것인지 나로서는 짐작조차 할 수가 없다.

교수대에 설 사람에게 이런 말을 해주고 싶다.
"당신이 어쩔 수 없이 그렇게 행동할 수밖에 없었을 것이라고
나는 확신합니다. 그러나 다른 사람들이 그런 행동을
선택하지 않도록 우리는 공익을 위해 당신을 희생시키고자 합니다.
원한다면 당신 자신이 국가를 위해 목숨을 바치는 병사라고
생각해도 됩니다. 그러나 법은 지켜져야 합니다."
– 올리버 웬델 홈스 미국 연방 대법원 판사

제
4
장

사형장의 풍경

신체형에서 생명형으로의 진화

미셸 푸코의 저서 《감시와 처벌》에서는 1757년 3월2일 다미엥이 처형되는 장면을 상세하게 소개하고 있다. 다미엥은 시종무관으로 베르사유 궁전에서 루이 15세를 단도로 암살하려다가 실패한 후 체포되어 시역죄(弑逆罪)로 기소된 사람인데, 그에게 선고된 유죄 판결의 주문은 다음과 같다.

손에 2파운드 무게의 뜨거운 밀랍으로 만든 횃불을 들고, 속옷 차림으로 파리의 노트르담 대성당의 정문 앞에서 사형수 호송차로 실려 와, 공개적으로 사죄할 것. 다음으로 상기한 호송차로 그레브 광장에 옮겨진 다음, 그곳에 설치된 처형대 위에서 가슴, 팔, 넓적다리, 장딴지를 뜨겁게 달군 쇠집게로 고문을 가하고, 그 오른손은 국왕을 살해하려 했을 때의 단도를 잡게 한 채, 유황불로 태워야 한다. 계속해서 쇠집게로 지진 곳에 불로 녹인 납, 펄펄 끓는 기름, 지글지글 끓는 송진, 밀랍과 유황의 용해물을 붓고, 몸은 네 마리의 말이 잡아끌어 사지를 절단하게 한 뒤, 손발과 몸은 불태워 없애고 그 재는 바람에 날려 버린다.

사형의 구체적인 집행방법은 물론이고 사체의 처리에 관한 사항까지 판결 주문에 넣고 있다. "피고인을 사형에 처한다"는 지극히 심플한 문장으로 선고되는 요즘의 판결 주문과는 크게 다르다. 그런데 과연 이 문학적인 판결 주문대로 사형이 집행됐을까? 당연히 그랬다. 왕의 말이 곧 법이던 시대였다. 집행관이 재량껏 인정을 보였다가는 제 목이 먼저 달아날 판인데, 그 집행에 어찌 한 치의 착오가 있을 수 있겠는가. 처형의 시작부터 끝까지 소상하게 적은 당시의 기록을 보면 사디즘의 교리서를 보는 듯해서 모골이 송연해

진다.

우마(牛馬)를 이용해 사지를 절단해 죽이는 것은 끔찍하긴 하지만, 우리에게 낯선 처형 방식은 아니다. 사극에서 흔히 보는 것처럼 옛날 우리나라에서도 대역죄(大逆罪)를 다스릴 때 이러한 방식을 사용했으며, 우리는 이를 '능지처참'이라고 부른다. 하지만 다미엥에게 한 것과 같은 처형방식은 거열형(車裂刑)이지 능지처참이 아니다. 능지처참이란, 능지(陵遲)라는 단어의 의미에서 엿볼 수 있듯 수레가 언덕을 올라가는 것처럼 단번에 죽이지 않고 고통 속에서 서서히 죽게 만든다는 뜻이다.

티모시 브룩이 쓴 《능지처참》을 보면 1904년 중국에서 이루어진 능지처참의 모습이 상세하게 기록돼 있다.

1904년 가을, 왕웨이친(王維勤)을 처형장으로 데리고 가는 행렬은 베이징 성내에서 시작해 선무문(宣武門)을 지나 남쪽 '채소시장 입구[菜市口]'로 알려진 큰 시장 교차로까지 이어졌다. 중년 남자인 죄수는 북양군(北洋軍) 분대에 속해 있던 병사들과 함께 방책이 쳐진 수레를 타고 도착했다. 형부(刑部)에서 파견된 관리들도 이 행렬과 함께 했다. 이 쌀쌀한 아침, 형부 관리들의 임무는 날이 밝기 전 교차로 옆에 미리 설치해 놓은 차양 아래에서 죄수 처형 절차를 감독하는 일이었다. 죄수를 처형하기에 앞서 형부 관리 한 명이 그의 범죄를 청(淸) 왕조의 대법전인 《대청율례(大淸律禮)》에 정한 죄목과 언어를 사용하여 읽었다.

청 정부가 법의 테두리 내에서 내린 가장 가혹한 형벌을 보려고 모여든 병사 무리와 구경꾼들 앞에서 왕웨이친의 처형이 시작되었다. 병사 두 명이 바구니와 처형할 때 쓸 칼을 들고 앞으로 나왔다. 다른 병사들은 죄수의 몸 상체가 사형 집행인—즉, 회자수(劊子手)—과 그의 조수에게 완전히 드러나도록 죄수의 옷을 벗기고 변발을 삼각대에 묶었다. 회자수가 죄수의 가슴 부위부터 시작해 이두박근과 허벅지 살을 차례대로 조각조각 도려내기 시작했다. 살을 저미는 작업 도중에 회자수가 신속한 손놀림으로 왕 씨의 심장을 단번에 찔러 목숨을 끊었다. 그리고 나서 계속해서 차례차례 왕 씨의 사지를 절단했는데, 처음에는 팔목과 발목, 그 다음으로 팔꿈치와 무릎, 마지막으로 어깨와 엉덩이 부분을 잘라내었다. 숙련된 회자수는 죄수의 신체 부위를 서른여섯 개 남짓—이 숫자는 정해진 것이 아니다—으로 나누어 버렸다. 회자수가 임무를 다 끝내고 나더니 관리들 쪽으로 몸을 돌려 소리 지른다.

"샤런러(殺人了, 집행을 마쳤다)!"

조수가 칼을 모아 조심스럽게 바구니에 다시 집어넣자, 기다리던 흰 두루마기를 입은 장의사들이 앞으로 나와 신체 조각들을 모았다. 그것들을 채소시장 남서쪽에 있는 공동묘지로 가지고 가서 비석 없는 무덤이라도 만들어주기 위해서였다. 처형 조항에는 대중의 조롱거리로 삼도록 참수된 죄수의 머리를 저잣거리에 걸어놓을 수 있다는 보조규정이 있었지만, 왕 씨 판결문에서 이 마지막 모욕은 면제받았기에 장의사들은 그의 머리도 가져갔다. 남아 있는 것이라고는 땅에 흘린 피뿐이었고, 이것마저 곧 먼지에 덮여 그 흔적조차 사라질 것이다. 관리 한 무리와 수행원들이 회자수와 병사들의 호위를 받으며 성내로 돌아갔다.

이렇게 사람을 기둥에 묶어 놓고 마치 회를 뜨듯 날카로운 칼로 살점을 한 점 한 점 도려내는 것이 능지처참의 원래 의미이다. 우리 조상들도 이를 모르고 있었던 것은 아니었다. "태종이 '법에 능지의 조항이 있느냐'고 묻자 황희는 '이전에 거열로 능지를 대신했다'고 답했다." 태종실록에 나오는 말이다. 우리 민족의 정서와는 너무 안 맞아서 알면서도 도입하지 않았던 것으로 보인다.

1904년 왕웨이친에게 이루어진 능지처참은 마침 당시의 집행 장면을 찍은 사진이 남아 있어서 그 끔찍함을 더한다. 그렇더라도 왕웨이친의 경우는 회자수에게 그 가족이 미리 뇌물이라도 바쳤던 게 분명하다. 회자수가 작업 도중에 신속한 솜씨로 왕웨이친의 숨통을 끊어 고통의 시간을 줄여주고 있기 때문이다.

명나라 때의 환관 팔호(八虎) 중 한 사람인 유근(劉瑾)은 황실을 등에 업고 전횡을 일삼다가 1510년 모반죄로 몰려 처형됐는데, 저잣거리에서 이틀에 걸쳐 무려 3357회의 절개형을 받고 죽었다고 전해진다. 원래는 3일짜리로 예정된 형이었는데, 물을 뿌리고 죽을 먹여가며 사망 시점을 지연시켰건만 유근이 견디지 못하고 이틀째에 죽는 바람에 그나마 그 정도에 그쳤다.

분명한 것은, 이런 잔인한 처형방식은 사막 지역에 있는 몇몇 나라를 제외하면 문명화된 사회에서는 더 이상 찾아볼 수 없게 되었다는 점이다. 형벌에 대한 패러다임이 '신체' 그 자체를 대상으로 하는 과시적인 것에서, 생명이나 자유 같은 '법익'을 대상으로 하는 관념적인 것으로 옮겨졌기 때문이다. 이제 '육체적 고통'은 형벌의 개념에서 불필요한 것이 되었고, 이로써 '대중의 요란한 구경거리'로서의 형벌도 자취를 감추게 되었다. 과거의 사형 집행인이 사형수의 신체를 대상으로 하여 천천히 최대한의 고통을 만들어내는 고문전문가 내지 해부전문가였다면, 현대의 사형 집행인은 사형수의 신체에 손을 대지 않고(손을 대더라도 최소한으로 하면서) 사형수의 생명을 최대한 신속하고 고통 없이 제거하는 정형화된 과정의 한 담당자일 뿐이다. 미셸 푸코의 멋진 표현을 빌리자면 "빈틈없이 움직이는 시계와 같은 존재"가 된 것이다.

그러한 패러다임의 전환을 가장 상징적으로 드러내는 것이 단두대이다. 단두대의 잔인하고 음험한 이미지에 비춰보면 대단히 역설적이다. 하지만 이 기계를 만든 기요틴 박사가 1789년 10월10일 국민의회에 제출한 의견서를 보면 그것이 얼마나 큰 오해인지 알 수 있다. 기요틴에 관해서는 그의 모친이 차형(車刑)을 받는 사형수의 비명소리를 듣고 그 충격으로 기요틴을 조산했다는 소문이 있었을 정도로, 평생 인간적인 처형제도를 만들기 위해 깊이 연구하고 고민했던 사람이다.

근대 이전에 사형이 신체형의 일부였던 이유는, 사형이란 게 단지 생명의 박탈에만 목적이 있는 것이 아니라 생명을 '수많은 죽음'으로 분할하고 생명이 정지할 때까지 최대한으로 정교한 고통을 만들어내고, 심지어 사형수가 사망한 뒤에도 몸을 여러 토막으로 자르거나 소금에 절여 젓갈을 담거나 효수하거나 불에 태우는 식으로 가할 수 있는 모든 고통이 끝난 뒤에도 신체를 그렇게 끝까지 추적했기 때문이다. 단두대의 등장으로 이제 사형수의 죄질과 범정, 신분에 상관없이 "생명의 박탈은 한순간에, 그리고 한 번에 끝나야 한다"는 법의 절대적인 소망을 충족할 수 있게 됐다. 직접 경험해본 사람이 없어서 기요틴 박사의 "목 언저리가 아주 조금 서늘해지는 느낌이 들 때 이미 상황은 종료되었을 겁니다"라는 친절한 설명을 어디까지 믿어야 될지는 모르겠지만, 단두대가 고통을 느낄 수 있는 실제의 신체에 대한 법의 적용이라기보다 생명 그 자체에 대한 법의 적용을 목적으로 한 것임은 분명하다.

1790년 1월21일 국민의회는 기요틴의 제안에 따라 "같은 종류의 범죄는 죄인의 지위와 신분에 관계없이 같은 종류의 형으로 처벌한다"고 결정하면서 기요틴의 발명품을 공식적인 사형도구로 채택했다. 하지만 이 기계에 대한 반감 때문에 실제 집행은 2년 넘게 보류됐다. 그 사이 사형 집행을 교수형으로 통일하자는 제안도 나왔으나, 그 전까지 주로 하류 계층을 상대로 해서 행해지던 교수형에 대한 유럽 사회의 뿌리 깊은 혐오감 때문에 채택되지 못했다. 전기지체(全其肢體)의 교수형을 신수이처(身首異處)의 참수형보다 훨씬 가벼운 처형방법으로 생각해 온 우리의 전통에 비추어보면 잘 납득이 되지 않는 일이다.

프랑스 혁명 3년째인 1792년 4월25일 강도살인범 페르체를 대상으로 역사상 처음 기요틴을 이용한 처형이 실시됐다. 재미있는 것은, 호기심에 들떠 광장에 몰려들었던 시민들의 반응이다. 시민들은 순식간에 끝나버린 이 집행방식에 크게 실망했고, 이내 다음과 같은 노래가 만들어져 프랑스 전역에 빠르게 퍼져나갔다고 한다.

"흉악한 놈에게 어울리는 처형 방법은 역시 우리에게 익숙한 교수형…."

교수형의 연구

사형은 형무소 내에서 교수하여 집행한다(형법 제66조). 다만 군형법에 따른 사형은 소속 군 참모총장 또는 군사법원의 관할관이 지정한 장소에서 총살로써 집행한다(군형법 제3조). 사형이 교수형과 총살형으로 정해진 것은 갑오경장 때인 1894년 12월27일의 칙령 제30호에 의해서이다. 법에 명시된 것은 1905년 형법대전 제94조가 '사형은 교(絞)로 한다'고 못 박은 것이 처음이다.

교수형의 가장 큰 장점은 사형 집행인의 입장에서 보면 '손에 피를 묻히지 않아도' 된다는 점이다. 참수형의 경우 군중들 앞에서 단칼에 깔끔하게 시연해 내기가 우리가 보통 생각하는 것보다 훨씬 어렵다. 유럽의 역사를 보면 사형 집행인이 서툴거나 너무 긴장한 나머지 한 칼에 끝내지 못하고 사형수의 뒤통수며 등짝 따위를 여러 차례 잘못 내리쳤다가 최종적으로 톱질하듯 썰었다는 기록이 많이 있는데, 이 경우에는 흥분한 군중들에게 사형 집행인이 오히려 맞아 죽는 일도 생겼다.

가장 유명한 참수 실패의 예는 1587년 2월8일 거행된 스코틀랜드 여왕 메리 스튜어트의 참수이다. 영국 여왕 엘리자베스 1세의 정적(政敵)으로 몰려 18년 동안이나 유폐됐던 이 비련의 여인에 대한 사형은 런던 외곽에 있는 포자링게 성의 대응접실에서 수백 명의 귀족들이 보는 가운데 기품과 위엄을 유지하며 장중하게 진행됐는데, 집행관이 너무 긴장한 나머지 제1격에 도끼로 목을 정확하게 겨냥하지 못하고 후두부를 내리치는 치명적인 실수를 범했다. 그 순간 그녀의 입에서 "Sweet Jesus"라는 말이 나왔다는 전설 같은 얘기가 전해진다. 제2격도 시원치가 못해서 결국 집행관이 도끼로 마지막 근육을 잘라냈다니 엘리자베스 1세가 야심차게 기획했던 정치적 이벤트의 무게와 격이 뚝 떨어져버렸을 것이다.

그나마 다른 나라들은 가령 '무슈 드 파리'라고 불렸던 프랑스의 상송 가문이나 일본의 야마다(山田) 가문처럼 대대로 전승되는 사형 집행인이라는 직업이 있어서 훨씬 나은 편이다. 우리나라에서 '망나니'의 역할은 고정된 직업이 아니라 사형수 중에서 임시방편으로 뽑거나 그도 저도 여의치 않을 때는 백정에게 맡겨서 처리하다 보니 제대로 목을 베는 경우가 거의 없었던 것으로 보인다. 가업을 물려받아 날마다 무라도 한 쪽씩 썰어보며 기량을 연마한 프로페셔널과 사람 목에 처음 칼을 대보는 아마추어가 비슷한 수준의 이벤트를 선보일 수는 없는 것이다. 거기다가 긴장감을 떨치려고 술까지 잔뜩 먹고 집행에 임했다니, 만취 상태로 타석에 들어서 베테랑 투수의 공을 때려보겠다고 나선 것이나 진배없다. 일본 집행인 가문의 후손으로서 '참수의 명인'으로 불렸다는 야마다 아사에몬(山田淺右衛門)의 경우에도 보조하는 사람이 네 사람이나 동원되었지만 결국 실패로 돌아간 참수형이 있었다고 하니, 우리 망나니가 시연한 참수형이 얼마나 난장판이었을지는 능히 상상이 되고도 남을 것이다.

때문에 교수형은 오래전부터 대부분의 나라에서 죄수들을 처형하는 가장 보편적인 방식으로 선호되었는바, 다만 나라마다 시대마다 그 방식은 조금씩 달랐다. 근대 이전의 서양에서 교수형은 일종의 풍장(風葬)을 의미했다. 즉 집행 후 시체를 땅에 끌어내리지 않고 완전히 부패해서 백골만 남을 때까지 계속 매달아 둠으로써 시민들에게 공포심을 일깨우려 했다. 심지어 시체가 빨리 썩지 않도록 처형된 사형수의 시체를 뜨거운 피치나 타르에 담갔다가 다시 꺼내서 몇 년씩이나 매달아 두는 경우도 있었다고 한다. 이 방식으로 교수형을 집행하는 경우 전시의 효과를 극대화할 수 있는 아주 큰 나무(주로 떡갈나무)나 교수대가 필요했다.

유럽의 어느 도시든지 간에 강변이나 도로를 끼고 수없이 많은 시체들이 유령처럼 허공에 매달려, 바람에 흐느적거리며 진한 악취를 풍겼다는 기록이 있다. 시민들은 까치나 까마귀가 새카맣게 시체에 달라붙어 눈알이며 내장 따위를 마구 훼손하는 모습을 일상적으로 지켜봐야 했다. 영화 〈캐리비안의 해적〉을 본 독자라면 이 방식의 교수형이 어떤 것인지 쉽게 떠올릴 수 있을 것이다. 서양에서 교수형을 참수형보다 치욕스런 형벌로 생각한 이유가 여기에 있다.

근대에 이르러 사형의 관점이 신체형에서 생명형으로 바뀌면서 집행 당국의 고민도 '신체에 대한 최대한의 고통 부과와 화려한 이벤트'에서 '고통의 최소화와 은밀하고 신속한 생명의 제거'로 옮아갔다. 사형수들이 올가미에 매달려 고통스럽게 몸부림치며 죽어가는 모습, 옛말로 '사형수들의 공중 댄스'는 호기심 많은 대중들이 선호하는 구경거리였지만, 이제 더 이상 그런 구경거리는 필요가 없게 되었다. 집행 당국의 목표는 오로지 고통 없이 은밀하고 확실하게 생명을 제거하는 것으로 모아졌다.

여기에는 연구가 필요하다. 교수형은 간편하고 효율적이기는 하지만 어떤 과정을 택하느냐에 따라 매우 잔인한 방식이 될 수도 있기 때문이다. 우리는, 밧줄을 조이면 폐로 유입되는 공기가 차단되기 때문에 처형당하는 사람이 질식해서 사망하는 것으로 생각하지만 꼭 그런 것은 아니다. 우리의 기관을 둘러싸고 있는 연골조직은 생각보다 훨씬 단단한 것이어서 기도에서의 공기 순환을 막기 위해서는 엄청난 압력이 필요하다. 기도의 폐색보다는 뇌와 우리 몸의 나머지 부분을 이어주는 혈관의 폐색(혹은 손상)으로 사망에 이르게 되는 경우가 더 많다.

일은… 간단하다. 몇 분, 아니 몇 초만 참으면 된다. 다른 사람들이 보기엔 무섭고 흉측한 꼴이지만 당자(當者)는 즉시 의식을 잃고 만다. 벽 밖에서 단추를 누르면 마루는 '덜커덕' 아래로 젖혀지고 사형수는 '툭!' 떨어져 공중에 매달린다. 목을 맨 줄이 곧 동맥을 크게 압박하므로 이때 벌써 정신을 잃는다. 만일 내가 마음대로 할 수 있다면 저런 방식으로 떠났으면 좋겠다.

윤형중(尹亨重) 신부가 〈동아춘추〉 1962년 12월호에 기고한 '처형대의 진실'이란 글 중 일부다. 윤 신부는 자유당 정권 말기 경향신문을 반독재 투쟁의 보루로 삼아 대쪽처럼 곧은 심성과 칼날처럼 예리한 필봉으로 인권과 자유수호에 앞장섰던 한국 천주교의 가장 존경받는 신부 중 한 분이다. 사형 집행에도 많이 참석했던 이 어른이 본인의 경험을 토대로, 죽어 마땅한 놈 죽이는 데 뭐가 문제냐며 강력한 사형존치론을 펴면서 "나도 저런 방식으로 떠났으면 좋겠다"고 했다. 교수형은 결코 잔혹한 사형 집행 방식이 아니라는 것이 윤 신부의 주장이다.

바로 이런 경우, 즉 밧줄이 경동맥을 압박함으로써 뇌로 가는 혈액공급이 즉각 중단되고 그러면서 곧이어 의식을 잃게 되는 사례는 처형자 입장에서는 비교적 고통 없이 죽음을 맞게 되는 경우다. 경동맥에 압박이 가해지면 경동맥사구 역시 압박을 받는다. 경동맥사구는 두부에 혈액을 보내는 총경동맥이 내·외경동맥으로 갈라지는 곳에 접해 있으며, 풍부한 모세혈관이 그물처럼 보이는 해면체와 같은 구조인데, 뇌로 가는 혈액의 압력을 정확하게 조절하는 특성을 지니고 있다. 이 기관들은 밧줄에 의해서 압력이 가해지면 이를 긴장이 고조된 상태로 해석하여 즉각적으로 심장박동을 늦추는 반응을 작동시킨다. 경동맥 압박으로 의식을 잃기까지는 6~15초 정도의 시간이 걸리며, 그로부터 5분 정도가 지나면 사망한다.

그러나 운이 나쁜 사형수라면 경정맥 손상이 일어나 머리로 올라간 혈액이 심장으로 돌아오지 못하게 되는 경우도 생긴다. 이렇게 되면 줄에 매달린 사형수가 오래도록 몸부림을 치며 극심한 고통을 겪은 후에야 정신을 잃게 된다. 이 경우 머리 부분에 피가 고이게 되거나 뇌 부근에 부종이 일어나는데, 이는 그 부위가 부풀어 오르고 얼굴에 청색증이 나타나는 것으로 알 수 있다. 윤형중 신부의 주장과 정반대되는 내용으로 사형수의 죽음을 보고하는 사례가 바로 이와 같은 경우이다.

근대에 들어 교수형은 크게 보아 현수식(懸垂式), 수하식(垂下式), 나사조임식 등 세 가지 방식이 사용되고 있다.

이 중 나사조임식이 가장 생소할 터인데, 수도꼭지에 세탁기 급수호스를 연결할 때 물이 새지 않게 채워주는 카프링이란 부품을 생각하면 이해하기 쉬울 것이다. 나무 기둥에 설치된 금속 링을 사형수의 목에 두른 뒤 기계적 장치를 이용해 링을 조여 들어감으로써 사형수를 질식사에 이르게 하는 집행방식이다. 질식의 고통을 줄이기 위해 링 뒤쪽에 뭉뚝한 정 같은 것을 박아 사형수의 목 관절을 부러뜨리는 방법을 쓰기도 하는데, 어느 것이 더 인도적인 것인지는 솔직히 잘 모르겠다. 이 방식은 스페인과 스페인의 식민지에서 주로 채택되었으며 포르투갈, 중부 미국의 몇몇 지방, 필리핀 등에서도 사용됐다. 영어 단어에 이 흔적이 남아 있어서 올가미로 교살하는 경우에는 'hang', 나사조임식으로 교살하는 경우에는 'garrotte'라고 구별해 말한다.

충북 괴산의 천주교 연풍성지에는 '형구돌'이라는 게 전시돼 있어서, 나사조임식의 특수한 형태를 볼 수 있다. 연풍성지에서는 모두 세 개의 형구돌이 발견되었는데, 1964년에 발굴된 최초의 것은 절두산 순교기념관으로 옮겨졌고, 1972년에 두 번째로 발굴된 것과 1992년 발굴된 세 번째 형구돌이 성지 내에 안치돼 있다.

형구돌의 모양은 단순하다. 직경 1m 둘레 4m 정도의 단추 모양으로 된 바윗돌 한가운데 원추형의 구멍이 하나 뚫려 있다. 앞쪽의 구멍은 직경 30cm쯤, 뒤쪽의 구멍은 직경 10cm쯤이다. 이 형구돌 앞쪽에 사람을 세운 다음 목에다 밧줄을 걸고 그 밧줄을 바위에 난 구멍에 통과시킨 뒤 뒤쪽에서 밧줄을 잡아당기는 방법으로 사형을 집행한다. 앞쪽의 구멍이 상당히 크기 때문에 목 관절이 활처럼 뒤로 휘면서 골절이 생길 가능성이 많아 보인다. 사람을 공중에 매달아서 집행하는 것은 기술적으로 번거로울 뿐 아니라 시간이 많이 소요되기 때문에 쉽고 빠르게 교수형을 집행하기 위해 고안한 것이다. 1866년 병인박해 때 수많은 천주교 신자들이 이 형구돌에 의해 목숨을 잃었다.

현수식과 수하식은 낙폭(落幅)에 따른 구별이라고 생각하면 된다. 우리가 영화 같은 데서 보면 의자 위에 올라 들보에 밧줄을 건 다음 의자를 쓰러뜨려 자살하는 모습이 가끔 등장하는데 현수식 교수형의 전형적인 모습이 바로 이것이다. 처형당하는 자의 몸이 그다지 높지 않은 곳에서 떨어지며, 이

때 그의 체중이 목에 두른 매듭을 조이게 된다. 역사상 대단히 오랜 기간에 걸쳐 보편적으로 사용되어 온 이 처형 방식은 오늘날에도 이란을 비롯한 몇몇 나라에서 여전히 사용되고 있다. 문명의 이기가 발달한 현대에는 기중기를 이용하여 사형수를 공중으로 들어 올리는 방식으로 사형을 집행하기도 하는데(이란이 대표적), 사형수의 체중을 이용해 매듭을 조이게 한다는 점에서 종래의 현수식 교수형과 그 원리는 똑같다.

쉽게 짐작할 수 있듯이, 현수식 교수형은 전 세계 대부분의 지역에서 자살자들이 가장 많이 선호하는 자살 방식이기도 하다. 총기 소지가 불가능하거나 우리나라에서처럼 번개탄을 구입하기가 쉽지 않은 지역에서는, 자살자의 90% 이상이 이 방식을 택한다고 한다. 또한 이 방식은 살인의 여러 유형 중 목을 졸라 사람을 죽이는 방식(교살)과 가장 유사한 양상을 보인다. 목을 맬 경우 본인의 체중이 목에 가해지는 압력으로 작용하고, 목 조르기의 경우 살인자의 손에 의해 압력이 가해진다는 점에 차이가 있을 뿐이다.

현수식 교수형의 단점은 처형자가 사망에 이르기까지 대략 10분 이상이 소요되고, 그에 따라 질식의 고통도 오래 지속된다는 점이다. 이런 단점을 개선하기 위해 연구된 것이 수하식 집행방법이다. 수하식은 바닥에 장치한 뚜껑문을 열어 사형수의 몸을 일정한 높이에서 그 아래로 떨어지게 하면, 줄이 팽팽하게 당겨지면서 가속화되던 추락이 갑자기 멈추게 되므로 척수 파열이 일어나고 이는 곧 신속한 사망으로 이어진다는 원리에서 착안한 것이다. 18세기 말엽에 영국에서 발명된 '롱 드롭'이 그 시초였다. 그런데 실제로 사형수의 키 정도에 불과한 낙하 거리로는 이러한 원리가 제대로 작동되어 목뼈가 부러지기에 충분하지 못했으므로, 사형수들은 오히려 목을 졸릴 때 나타나는 증세로 인하여 죽음을 맞게 되는 수가 많았다. 반대로 밧줄이 너무 긴 경우(즉 너무 높은 데서 떨어뜨리는 경우) 사형수의 목이 완전히 떨어져

나가는 경우도 더러 생겼다. 신속한 죽음에는 틀림없으나, 형 집행 책임자들에게는 매우 끔찍한 외상성 경험이 아닐 수 없었다. 과거 미국에서는 체중이 200kg쯤 나가는 사형수가, 자신에게 롱 드롭을 시행하는 것은 실질적으로 참수형을 시행하는 것과 똑같은 결과가 될 것이라며 이의를 제기해 해외토픽에 오른 적도 있다.

목을 조이는 것이 아니라 목뼈를 휘거나 부러뜨려 혈액순환 정지에 의한 뇌사와 경동맥의 파손으로 죽음에 이르게 하는 것은 교수형의 오랜 염원이었다. 그렇게 하려면 밧줄의 길이와 두께를 정확하게 측정하여 처형수의 체중과 체격에 맞추어야 하는데, 이것은 보통 어려운 문제가 아니었다. 19세기 말엽 영국 출신 형리(刑吏) 윌리엄 마우드는 사형수의 체중에 따라 필요한 적정 높이를 계산하는 방법을 고안해냈다. 제2경추를 탈구시키기 위해 목에 얼마만큼의 압력이 가해져야 하는지, 즉 '죽음 계산법' 연구에 성공한 것이다. 그 후 이 골절은 '형리의 골절'이라는 이름으로 불리게 됐다. 윌리엄 마우드가 계산한 일반적으로 떨어뜨리는 높이는 약 2m였다.

윌리엄 마우드 이후 영국의 집행관들은 모두 높은 위치에서 떨어뜨리는 방법을 사용하여, 이 정도면 신속하고 고통 없이 죽을 수 있으리라고 생각하고 가장 인도적인 교수형 방법으로 이를 변호했다. 영국은 물론이고 사형이 폐지된 1972년까지 교수형을 채용한 미국의 10개 주에서도 역시 '롱 드롭' 식을 따르고 있었다. 의사들도 이 방법으로 신속하고도 확실하게 사형을 집행할 수 있다고 거들었다.

영화 같은 데서 사형 집행 장면을 본 독자라면 잘 알겠지만, 우리도 '롱 드롭' 방식으로 교수형을 집행하고 있다. 다만 우리는 과거 미국이나 영국에서처럼 지상에서 13계단 높이에 바닥을 설치하는 방식이 아니라(일반적으로 교수대를 '13계단'으로 부르는 이유가 여기에서 유래했다), 처형대 바닥에 지하실을 만들어 사형수를 떨어뜨리는 방법을 사용하고 있다. 대부분의 사형수들은 다리가 풀려 스스로 형장의 13계단을 잘 올라가지 못하므로 몇 사람이 부축해서 끌어올려야 했는데, 이것이 처형에 중대한 장애가 되었으므로 '지하 교가식'으로 설계한 것으로 보인다.

롱 드롭 방식은 이상적으로 집행되기만 하면 윤형중 신부가 적은 것처럼 별다른 고통 없이 집행을 마칠 수 있지만 실제로는 쉽지 않다. 과거 영국에서는 집행관과 조수가 집행 전날 오후에 형무소를 방문해 사형수의 체중과 신장을 눈여겨 본 다음 모래자루를 사용해 밧줄과 낙하구의 상태를 미리 점검하는 예행연습을 했다고 하는데, 만약 우리나라에서도 그렇게 했다면 사형수의 심사가 얼마나 뒤틀리겠는가. 집행을 앞두고 무슨 불상사가 벌어질지 모를 일이다.

특히 밧줄의 두께는 완벽한 집행을 위한 중요한 요소이다. 너무 두꺼우면 유연성이 없고, 너무 가늘면 근육에 파고들어 심한 경우 기요틴의 면도날 노릇을 하게 될 수도 있다. 서양에서는 사형 집행과 관련된 물품을 일종의 부적처럼 여겨 사형수의 목을 조른 밧줄 같은 경우에는 비싼 값에 거래가 됐고 이것이 집행관에게 상당한 보너스가 됐다고 하니, 매번 집행이 끝날 때마다 밧줄이 바뀌었을 것이다. 하지만 우리는 교수대의 밧줄에 관해 정반대의 금기를 가지고 있어서 '맞춤형' 밧줄을 이용한 집행이 쉽지 않았다. 조갑제 기자가 《사형수 오휘웅 이야기》에 쓴 다음의 글을 한번 보자.

지금도 쓰이는 서울구치소의 교수용 밧줄은 언제부터 있었는지 확실하지 않다. 일제시대부터 있었다는 얘기도 있으나 다른 이들은 해방 뒤부터 쓰여진 것 같다고 말하고 있다. 40여 년간 이 밧줄은 수천 명의 목숨을 앗아갔다. 김재규, 문세광, 박선호, 김대두, 박철웅, 주영형, 조봉암, 황태성, 이수

근, 조용수, 최인규 등 희대의 살인마와 좌절한 정치인, 실패한 암살자, 간첩 등이 이 밧줄에 매달려 생을 마감했다.

앞으로 또 누구의, 얼마나 많은 생명을 앗아갈지 모른다. 이 밧줄은 마닐라삼으로 만들어진 것이다. 올가미 부분은 그 수많은 목에서 배어나온 지방성분과 피가 묻어 새카맣게 반들반들하다고 한다.

고중열 씨는 《서울구치소》란 저서의 끝에서 이런 실토를 했다.

"…또 한 가지는 밧줄이다. 일제시대부터 사용되어 온 밧줄은 그 굵기가 젊은이의 팔목 정도라서 목에 걸치고 매달리게 되면 쉽사리 넘어가지 않는다. 차라리 떠나보내야 할 바에는 가느다란 로프를 사용해 긴 고통 없이 보내는 것이 나으리라 생각한다. 몇몇 담당자들은 그것을 잘 알고 있으면서도 이를 누가 건의하려 들지 않았고, 그러다 그 직을 물러나왔다. 이 안타까운 실정은 언제 해소되려는지…."

고 씨가 안타까운 호소를 한 지 8년이 흘렀지만 그 밧줄은 그대로다. 굵은 밧줄이 목에 제대로 걸리지 않을 땐 사형수가 오랫동안 고통스럽게 허우적대고 씩씩거린다고 한다. 사형장의 기구는 교체되는 법이 없다. 바꿔 끼우면 구치소장에게 재앙이 온다는 미신 때문이란 얘기도 있다.

지방의 어느 교도소에선 교수용 밧줄이 끊어져 사형수가 지하실 바닥에 떨어진 적이 있었다고 한다. 그 사형수는 비몽사몽간에 "여기가 지옥이냐, 천당이냐"고 울부짖었다는 것이다. 서둘러 밧줄을 잇고 올가미를 늘어뜨려 지하에서 다시 목에 걸어 끌어올리는 방법으로 교수형에 처했다는 것이다.

서울구치소에서 밧줄 길이를 너무 길게 잡아 떨어진 사형수가 매달리지 않고 지하실 바닥에 부딪쳐 부랴부랴 끌어올려 집행한 적도 있었다.

오스트리아 제국에서는 패망할 때까지 영미식 '롱 드롭'과는 다른 장치가 교수형에 쓰였다. 요셉 랭이라는 제국 최후의 집행관이 만든 장치였다. 그는 롱 드롭 방식에 단호하게 반대하여 몸을 떨어뜨리는 구멍 위에서 매달리게 하는 방법은 더 없이 참혹한 행위라고 주장했다. 그러면서 직접 사형 장치를 발명했는데(네모진 기둥에 쇠갈고리를 걸어놓은 게 전부여서 사실 발명이라고 할 것까지도 없지만), 사형수를 높은 기둥에 매단 다음 집행관의 조수 두 사람이 사형수의 다리를 잡고 아래에서 강하게 잡아당겨 형을 집행하는 방식이다. 피가 뇌로 유입되는 것을 단번에 차단시켜 호흡을 정지시키는 방법으로, 랭의 의견에 따르면 사형수는 1분 안에 사망하며 뇌나 심장의 마비가 사인이 된다고 한다.

과거 영국에서도 사형수의 친구나 친족이 죽음을 재촉하기 위해 다리를 잡아당기거나 심장에 일격을 가하는 일들이 일종의 '은전'으로 인정되었다고 하니, 랭의 이 방식을 새로운 집행 방식이라고 보기는 어렵다. 무엇보다 사형수의 다리에 매달려 한 사람이 죽음에 이르는 일련의 과정을 온몸으로 느껴야 했을 집행관 조수들의 처지를 생각하면, 과연 인도적인 집행방법이라고 할 수 있을지도 의문이 든다.

랭은 자신이 고안한 방식대로 집행하면 사형수는 마지막 순간에 고통보다는 오히려 쾌감을 느낀다고 주장하며, 그 근거로 남자 사형수들이 처형될 때 사정(射精)을 한다는 사실을 들기도 했다. 랭은 이 주장을 뒷받침하기 위해 뇌사나 심장마비의 엄청난 위험을 감수하고 자신이 고안한 사형대 위에서 직접 시험을 해보기도 했는데, '믿거나 말거나' 같은 얘기지만 그 보고에 따르면 '심한 호흡곤란을 느꼈으나 곧 안정이 되고 이후는 파이프 오르간 소리 같은 곡조가 들려왔다'고 한다.

교살(絞殺)일 경우 시체부검을 해보면 사정의 흔적이 발견되는 경우가 많아서, 우리나라에서도 예전부터 교수형에 처해진 사형수가 황홀경 속에서 간다고 얘기하는 경우가 있었다. 서양에서도 교수대 아래에서 교수된 남자의 마지막 정액을 머금고 꽃을 피운다는 만드라고라(mandragora)의 전설이 내려오고 있다. 동양권에서 만다라화(曼陀羅華)라고 부르는 이 식물은 뿌리 모양이 영락없이 벌거벗은 사람 모양처럼 생겨서 그런 전설이 생긴 모양이다. 하지만 목을 조이는 순간 직장과 방광의 괄약근이 늘어지면서 정액뿐 아니라 똥, 오줌도 함께 쏟아져 나오므로 정액의 배출에 특별한 의미를 부여할 필요는 없을 것으로 보인다. 오히려 사형수의 한쪽 다리에 매달려 악취와 함께 온갖 배설물의 세례를 받게 될 집행관 조수의 처지가 그래서 더욱 딱하게 느껴질 뿐이다. 랭의 방식이 됐든, 롱 드롭이 됐든 교수형에서 육체적 고통을 완전히 제거하기란 불가능한 일이다.

완벽한 사형은 없다. 단두대는 목에 '가벼운 산들바람'만 스치게 할 정도여서 죽음에 이르는 육체적 고통은 가장 적을 수 있지만, 신체의 완전성을 내세와 연결시켜 생각해 심지어 부검조차 꺼려하는 동양권의 관점에서는 매우 혐오스럽고 무시무시한 사형방식이 될 수 있다. 발명의 나라 미국에서 시행하고 있는 전기의자나 가스실, 약물주사의 경우에도 사체의 손상은 별론(別論)으로 하더라도 사람이 하는 일인 이상 예기치 않은 실패의 사례가 더러 있었고, 이 경우 사형수가 겪는 육체적 고통은 교수형에 비할 바가 못 됐다.

분명한 것은 현행 교수형 방식은 지금 대한민국의 사형수가 저지른 그 어떠한 살인보다도 온화한 방식이라는 점이다. 길어야 15분이고, 극히 짧은 시간 내에 정신을 잃는 경우도 많이 있다. 육체의 손상도 거의 없다. 인도주의적 태도는 이해가 되지만 사형수의 입장만 생각해서는 한도 끝도 없다. 적어도 대한민국 사람들의 평균적인 관념에 비추어 볼 때, 교수형은 결코 잔혹한 처형 방법은 아니다.

실제 사형 집행의 모습[1]

교수형은 교도소 내의 사형장에서 집행한다. 국가경축일·일요일 기타 공휴일에는 사형을 집행하지 아니한다(행형법 제57조). 사형의 집행은 판결이 확정된 날로부터 6개월 이내에 법무부장관의 명령에 의하여 집행하되, 법무부장관이 사형의 집행을 명한 때에는 5일 이내에 집행하여야 한다(형사소송법 제465·466조).

사형의 집행에는 검사, 검찰청 서기관과 교도소장 또는 구치소장이나 그 대리자가 참여하여야 하며(제467조), 사형을 집행하였을 때에는 교도소장은 사상(死相)을 검시한 후 5분을 경과하지 아니하면 교승(絞繩)을 풀지 못한다(행형법시행령 제164조).

가) 집행 계획

다시 한 번 강조한다. 사형 집행의 명령은 판결이 확정된 날로부터 6월 이내에 하여야 하고, 법무부장관이 사형의 집행을 명한 때에는 5일 이내에 집행하여야 한다. 이것이 명백한 법의 요구다. 국가의 녹을 먹고도 정당한 이유 없이 직무상 의무인 사형 집행을 거부하거나 방치하고 있는 대한민국의 전·현직 법무부장관은 자신들의 직무유기를 깨닫고 깊이 반성해야 한다.

25년 가까이 사형 집행이 보류되고 있는 우리와 달리, 일본에서는 최근 들어 더욱 빈번하게 사형이 집행되고 있다. 2003년 9월부터 2006년 9월까지 3년간 단 세 차례 집행된 반면 2006년 9월 나가세 진엔(長勢甚遠) 법무

---

1. 이 부분은 조갑제 기자의 허락을 얻어 그가 쓴 《사형수 오휘웅 이야기》에 언급된 내용을 기초로 작성한 것임을 일러둔다.

상 취임 이후 2년간 아홉 차례, 28명이 법의 이름으로 심판을 받았다. 거의 '두 달에 한 번꼴'로 사형 집행이 이뤄진 셈이다. 사형 판결 확정 후 집행까지 기간도 평균 7년 6개월에서 약 2년까지로 대폭 짧아졌다. 2007년 8월 취임한 하토야마 구니오(鳩山邦夫) 법무상 이후에는 거의 '자동 집행'되는 양상이다. 하토야마 전 법무상의 경우, 재임 1년 동안 13명의 사형수를 교수대에 세워, 아사히신문으로부터 '죽음의 신(死神)'이란 달갑지 않은 평가를 받았다. 하토야마는 법무성 수장에 오른 이후에도 사형 집행에 뚜렷한 소신을 보였다. 사석에서 "법무상의 서명 없이 컨베이어 벨트처럼 자동적으로 사형을 집행하는 방법은 없느냐"고까지 말한 것으로 알려졌다.

사형 집행장이 있는 곳은 전국에 서울, 부산, 대구, 대전, 광주 교도소의 다섯 군데인데, 이 다섯 군데에서 같은 날짜에 이뤄지는 것이 원칙이다. 전국에서 가장 사형 집행 건수가 많은 서울구치소의 경우에는 한 번에 5~6명씩 교수하는 것이 보통이다. 사형 집행은 법률에 따라 국경일이나 일요일, 공휴일에는 못하게 돼 있다.

사형을 대기하는 확정수가 많았던 1950년대에는 집행일이 특정되지 않고 거의 한 달에 한 번꼴로, 또는 더 자주 사형이 집행됐다고 한다. 1960년대 들어서는 사형 집행이 크게 줄었고, 1970년대에 들어서는 주로 봄(3, 4월)이나 연말의 두 차례에 사형이 이루어졌다. 1980년대에는 9월이나 10월말에 집행이 되기도 했다. 1982년, 1983년에는 한여름 복중(伏中)에 집행이 있었는데, 형장에 24시간 보존키로 돼 있는 시체가 썩어 그 냄새가 진동했다.

1970년대 이후 사형이 집행된 적이 없는 달은 1, 2월이다. 이때는 하루하루를 마지막처럼 사는 사형수들도 약간 안도할 수가 있다. 사형 집행이 있음직한 4월이나 12월 하순에는 사형수들이 바싹 말라간다.

억울하다고 재심을 신청하는 사형수에겐 그것이 최종적으로 기각될 때까지 기다려주는 것이 보통이다. 그러나 재심 개시 명령이 떨어지지 않는 한, 즉 재심 신청 사실만으로는 사형이 연기되지 않는다. 끈질기게 재심을 신청한 사람들 중에는 생명을 연장하기 위한 수단으로 그러는 사람도 있다고 한다. 그런 사람들은 확정된 이후에도 3~5년쯤 더 살다가 가기도 했다.

사형 집행의 결정은 교도소와 관계없이 이루어지므로 교도소에선 짐작만 할 뿐이다. 그 짐작 가운데서 가장 확실한 것은 어느 날 갑자기 대검찰청에서 사형수 대여섯 명을 지정, 사진촬영과 건강진단을 해 올리라는 지시가 떨어질 때다. 교도소나 구치소에선 여러 사형확정수 가운데 그 몇 사람만 불러내면 그들이 눈치를 채게 될 것이라고 걱정하여 모든 사형수에 대해 촬영과 건강진단을 해 버린다. 그때부터 사형수들은 전전긍긍해 한다.

사형 집행 명령서가 구치소장 앞으로 전달되는 것은 보통 그 건강진단이 있고 나서 석 달쯤 지난 때다. 건강진단의 대상이 된 사형수가 거의 그대로 사형 집행자 명단에 올려진다. 집행 명령서는 하루 전에 전달된다. 서울구치소의 경우 집행의 준비는 대충 이렇게 한다.

먼저 소장이 보안간부와 교무간부를 불러 집행 계획을 의논한다. 집행을 주관하는 쪽에서 가장 신경을 쓰는 것은 '조용한 집행'이다. 집행장에서나 감방에서 끌려 나올 때, 소동이 벌어지지 않도록 계획을 짠다. '참회 속에서 양순하게 가주는' 것이 교도소 측이 바라는 바다.

집행 순서가 문제다. 특히 첫 사형수가 어떤 태도로 죽느냐 하는 것이 그날의 형장 분위기를 좌우한다. 소장은 으레 구치감의 출구에서 가장 가까운 사방에 있는 사형수부터 차례로 집행하고자 한다. 그래야 먼 감방에는 사형 집행 소식이 늦게 알려져 뒤에 집행받는 사형수의 동요를 막을 수 있다는 생각에서다.

이어서 사형 집행에 종사할 인원을 뽑아낸다. 스무 명쯤이 필요한 '사형 집행인'으로 자원하는 이는 있을 턱이 없고, 거개가 이 핑계 저 핑계를 대면서 빠지려고 한다. 신경 쇠약 증세가 있다, 곧 결혼할 때인데…, 아내가 임신 중이다 등등의 사유가 등장한다. 딱 부러지게 "차라리 사표를 내겠다"고 선언해버리는 이도 있고, 실제로 그렇게 하는 사람도 있다. 그래서 순번을 정해 놓고 공평하게 사형 집행의 기회를 배당하곤 한다.

인원 편성이 끝나면 교무계에서는 집례를 맡을 신부, 목사, 스님에게 "내일 급한 일이 있으니 아침 일찍 나와 달라"고 연락을 취한다. 평소에도 교도소에 파견돼 있다시피 하는 이 성직자들은 단번에 그 말의 뜻을 헤아린다. 교무계에선 집행될 예정인 사형수들을 맡아 일주일에 한 번씩 사형수 교회(敎誨)에 와서 예배를 올려주는 여신도들에게도 "내일 교무계로 나와 달라"는 연락을 한다. 사형수 유족에겐 집행이 끝난 뒤에 알린다.

집행 당일 새벽에 사형장 청소가 있다. 재소자들이 하는데 이 소문이 퍼지면 감방은 술렁인다. 구내 공장에서 전날 저녁에 돗자리, 그리고 용수를 만들었다는 소문도 금세 퍼진다. 청소가 끝나면 사형장에는 소독약인 크레졸 냄새로 가득하다. 사형 전날 재소자들이 청소할 때부터 뿌리기 시작해, 형이 집행되고 주검을 내릴 때마다 또 뿌린다.

서울구치소의 사형 집행 개시 시간은 오전 10시이다. 1970년대 이래의 관습이다. 사형 집행 날, 아무리 보안을 해도 이날 아침에는 재소자들이 낌새를 채게 된다. 기상나팔 직후에 나오던 방송이 안 나오고, 야외 사역이나 아침 운동이 없고, 통로의 출입이 봉쇄되기 때문이다. 삼엄한 분위기에 눌려 구치소는 쥐 죽은 듯 고요해진다.

나) 연출과 인정 신문
나는 이 글을 쓰면서 서대문 형무소(옛 서울구치소)의 사형장을 여러 차례 방문했다. 아침 출근길에 개장 시간에 맞춰 입장하면 인적이 거의 없는 사형장의 분위기는 그야말로 흉흉하다. '내가 만약 집행대 앞에 선 사형수라면…'이라는 생각으로 사형장에 걸린 올가미를 보면 목덜미가 서늘해지는 느낌을 지울 수가 없었다.

사형장 앞쪽으로 오른쪽에 구치감 청사가 있었다고 하는데, 지금은 철거돼 자취를 찾아볼 수 없다. 구치감 뒤편의 철문으로 끌려 나온 사형수가 북쪽으로 이어진 샛길로 이동 중에 호송하던 교도관이 갑자기 왼쪽으로 방향을 틀면 막다른 곳에 사형장이 나왔는데, 이 갈림길을 '지옥 3정목(丁目)'이라고 불렀다. 일제 때부터 내려온 이 별명은, 사형수들이 지옥으로 가는 번잡한 교통신호를 기다리는 곳이란 뜻이라고 한다. 사형수는 형이 집행되기 전까지 이곳 갈림길을 무수히 지나치곤 했다. 갈림길을 곧장 통과한 곳에 있는 의무과, 교무과, 이발소 등에 가기 위해서였다.

사형장은 높이 3.5m가량의 직사각형(15×10m) 모양의 흰 담벽 안에 숨겨져 있어서 외부에서는 보이지 않는다. 15평가량의 아담한 목제 기와 건물이다. 1908년 '경성감옥'이란 이름으로 개소할 당시 담벽 안팎에 미루나무 한 그루씩을 기념식수로 심었는데, 담벽 외부에 심은 '통곡의 미루나무'는 그 나이에 걸맞게 잘 자란 반면 담벽 내부에 심은 미루나무는 제대로 자라지 못해 매우 왜소하다. 사형수들의 한(恨) 때문이라는 해석이 있지만, 그보다는 높은 담벽 안에 갇혀 있어 햇빛과 바람을 잘 쐬지 못했기 때문이리라. 사형장에서 남쪽으로 바로 옆에 시구문(屍口門)이 있다. 말 그대로 '시체를 내가는 문'이란 뜻이다.

사형수를 형장까지 데리고 오는 것을 연출(連出)이라고 한다. 연출조는 무술에 능한 건장한 보안과 직원 세 명으로 구성된다. '지옥의 사자' 격인 이들이 어느 날 오전 갑자기 감방 정문에 나타난다. 덜컹, 문을 열고는 "19××

번 의무과로 체중검사! 빨리 나와!"라고 소리치거나 "전방(轉房)"이라고 외친다. "형장으로 갑시다"라고 정직하게 말하지는 않는다.

우리나라에서는 사형수들에게 사형 날짜를 미리 알려주지 않는다. 옛날엔 사형 집행장으로 들어가는 '지옥 3정목'의 샛길에 이를 때까지도 알려주지 않았다.

미국에서는 법원에서 날짜는 물론이고 시간까지 명시해 사형 일자를 잡으므로, 그것이 상급법원이나 주지사에 의해 유예되지 않는 한 정해진 날짜에 틀림없이 집행이 이루어진다. 사형수는 자신이 언제 죽을지 명확히 알고 있으며, 집행 직전에는 그의 주문에 따라 특별히 마련된 식사를 제공받기도 한다.

일본의 경우에도 집행 이틀 전에는 이 사실을 사형수에게 알려준다. 이 기간에 사형수는 가족과 마지막으로 만나 구치소 안에서 식사를 함께 할 수도 있다. 사형수들은 신변을 정리한 뒤 집행 직전에 설사 촉진제를 복용, 배 속까지 비우고 가뿐한 기분으로 형장으로 향한다고 한다.

사형수는 연출조가 데리러 왔을 때 대충 눈치를 채고 늦어도 구치감 철문을 나서는 순간, 삼엄한 분위기로 해서 그는 '오늘의 운명'을 알게 돼 있다. '지옥 3정목' 샛길 앞에서 기다리고 있던 교무계장과 담당(그 사형수의 종교에 따라 담당 직원이 정해져 있다)이 뛰어오듯이 다가와 사형수 양쪽에서 바짝 붙어 손을 잡으면서 간곡하게 말한다. 그 당부는 대체로 일정하다. 기독교 신자에겐 "하느님께 영광 돌리자", 불교 신자에겐 "극락에 가도록 하자", 장기 기증을 약속한 사형수에겐 "유언 때 그 이야기를 꼭 해 달라". 사형수의 손은 예외 없이 땀에 젖어 축축하다고 한다.

이때 사형수의 반응은 가지각색이지만 아무리 신앙이 깊고 담이 큰 사람이라도 약간의 동요는 있게 마련이다. 심한 경우엔 하체에서 힘이 빠져 달아난 듯이 주저앉아 버리는 사람도 있다. 소가 도살장에 끌려 들어갈 때 그렇게 하듯이 뒤로 뻗대기도 한다. 그러면 연출조가 양쪽에 끼고 들듯 하여 끌고 간다. "먼저 갑니다", "그동안 신세졌습니다"라고 인사하는 사형수도 있다.

교무계장과 담당이 사형수의 양쪽에 서고, 바로 뒤에 세 명의 연출조 직원이 부축하듯이 뒤따르면서 일행은 샛길로 꺾어들어 왼쪽 담벽의 철제 쪽문을 열고 안마당으로 들어선다. 재소자들이 '넥타이 공장' 또는 '고만통'이라고 부르는 집행장 건물이 스산하게 거기 서 있다. 이 건물이 시야를 확 메울 때 사형수는 다섯 번째로 죽는다고 한다.

1심 선고 때, 2심 때, 3심 확정 판결 때 죽고, '지옥 3정목'에서 꼬부라질 때 네 번째 죽고, 이 건물을 봤을 때 다섯 번째 죽고, 교수대에서 여섯 번째로 마지막 죽음을 맞는다는 얘기다. 그러나 어디 여섯 번 뿐이겠는가. 매일 아침 눈을 뜰 때마다, 감방 문이 열릴 때마다, 자신의 이름이 불려질 때마다, 방송이 갑자기 안 나올 때마다, 비상이 걸릴 때마다, 아침 운동이 중단될 때마다, 옆방의 사형수가 사라질 때마다, 시간마다 분마다 죽어가는 것이 사형수의 삶이다. 25년 가까이 집행이 멈춰버린 현재도 여전히 그런지는 모르겠지만 말이다.

높은 흰 담벽에 둘러싸인 집행장 건물에는 양쪽 측면에 둘, 북쪽에 하나, 모두 세 개의 쪽문이 나 있다. 북쪽 담벽문과 가장 가까운 북쪽문은 사형 집행을 주관하는 검사, 구치소장 등이 드나든다. 사형수는 북쪽 담벽문을 지나 이 건물을 왼쪽으로 돌아서 동쪽 측면에 난 쪽문을 통해 형장 안으로 들어서게 된다.

사형수는 우선 고요함에 압도된다. 벽면을 따라서 스무 명쯤 되는 사람이 꽉 서 있는데도 형장 안은 침묵, 바로 그것이다. 남쪽 구석의 별실에 칸막이처럼 늘어뜨려져 있는 하얀 커튼이 그의 시야를 메우게 된다. 내벽은 흰색

계통이고 천정에선 백열등이 빛나지만 형장 안의 분위기는 음울하다.

집행장의 마룻바닥은 시커멓게 변색된 그대로다. 새벽에 청소는 했지만 군데군데 뽀얀 먼지가 앉아 있다. 사형 집행 당일에만 청소를 하니 흉가 같은 집행장은 누추할 수밖에 없다.

마룻바닥의 안쪽, 그러니 북쪽에는 높이 60㎝쯤의 강단이 있다. 강단과 마루 사이엔 목책을 닮은 경계목이 박혀 있다. 강단의 가운데에는 탁자가 놓여 있고, 그 뒤에 세 사람이 앉는다. 가운데가 구치소장, 그 오른쪽이 검사, 검사의 오른쪽이 입회서기 자리다. 탁자 위에는 검은 보자기가 덮여 있고, 그 위에는 서류뭉치가 놓인다. 그 사형수의 신원기록과 판결문, 재심신청서 등이 묶여 있는 신분장이다.

강단의 뒤쪽 벽면을 따라선 벤치가 두 개 놓여 있다. 여기엔 사법연수생들이 견학차 와서 앉기도 한다. 구치소장이 앉은 자리 왼편에선 작은 탁자를 앞에 두고 명적과 직원이 앉는다. 유언을 적기 위해서다. 그 뒤 의자엔 목사, 신부, 스님 등이 앉는다.

강단 바로 밑, 구치소장 바로 눈 아래 마룻바닥에 돗자리가 깔려 있다. 전날 짠 것이든지 깨끗한 가마니를 뜯어낸 것이다. 사형수는 이 돗자리 위에 편하게 앉혀진다. 연출 때 그대로 그의 양쪽엔 교무계장(오른쪽)과 담당이 서고, 등 뒤편엔 세 명의 연출조 직원이 선다. 양쪽 측면에 세 명씩 모두 여섯 명의 보안과 직원이 서서 계호한다.

사형수가 앉자마자 집행관인 구치소장은 인정 신문(人定訊問)을 시작한다. 집행인들은 이 고역을 빨리 끝내야겠다는 강박심리에 쫓겨 서둘러 이 의식을 치러버리려고 하는 것이 보통이다. 인정 신문은 형사법정에서의 그것과 같은데, 신분장과 대조하면서 묻는다. 수인번호, 성명, 나이, 생년월일, 본적과 주소 등을 묻고 드물게 흉터, 반점 등 신분장에 나타난 신체상 특징을 확인하여 엉뚱한 사람이 처형되지 않도록 신경을 쓰기도 한다.

이어서 판결문에 적힌 범죄 사실을 낭독하며, 이를 확인한다. 사형수들에겐 마지막 가는 자리에서 새삼 자신의 범죄 사실을 소상히 들어야 한다는 것이 무척 고통스러운 일일 것이다. "알고 있으니 그냥 넘어갑시다"라고 볼멘소리를 하는 사형수들이 많아, 고지식하게 범죄 사실을 낭독하기 보다는 그냥 '○○사건'이라고 대충 설명하고 넘어가는 경우가 많다. 범죄 사실의 낭독이 끝나면 형의 확정 여부를 물어 확인한다.

"그래서 사형이 확정되었습니다. 오늘 법무부장관의 명령에 따라서 사형을 집행하겠습니다. 유언이 있으면 하시죠."

다) 집행

사형수의 유언은 어떤 말이든 끝까지 들어주는 게 관례다. 그러나 조금이라도 더 살아보려고 한도 끝도 없이 장광설을 늘어놓는 사형수도 있어서 중간에 제지하고 집행에 나서는 경우도 있다고 한다.

사형 집행장에서 사형수가 돗자리에 앉은 채로 유언을 끝내면 교인의 경우 이어서 예배가 진행된다. 사형수는 거개가 종교를 믿기에 집례를 안 받는 것이 오히려 예외다. 신부나 목사는 사형수와 함께 기도, 성경 봉독, 찬송가 합창 등을 한다. 불교 의식은 스님의 독경으로만 끝난다.

성직자들은 거개가 눈물을 흘린다고 한다. 사형수가 오히려 성직자를 위로하기도 한다. 집례는 사형수를 안정시켜 양순하게 만드는 효과가 있다. 특히 찬송 합창이 그런 신경안정제 역할을 한다. 찬송 소리가 작은 사형수에겐 "크게 부르라"고 옆에서 부추기기도 한다. 내용은 한결같이 하나님께서 이승의 죄를 사해주셨으니 천당은 당신 것이란 식이다.

보안직원들은 이 예배를 짧게 하여 집행을 빨리 하려고 하고 교화를 맡은 직원들은 성직자들이 그 말을 듣겠느냐고 반대하는 일도 있다. 예배시간을 단축하는 길은 찬송가 곡목을 줄이는 것뿐이다. 서울구치소의 경우, 찬송가는 세 곡목을 넘지 않고 2절까지만 부르는 일이 많다고 한다.

교도관들 사이에서 가장 인상적인 최후를 보인 사형수로는 '서진 룸살롱 살인 사건'의 범인 고금석(당시 25세)이 꼽힌다. 1986년 서울 강남 조직폭력배 간 다툼으로 여덟 명이 잔인하게 살해되거나 중상을 입은 사건이었다. 그는 험상궂은 외모나 잔인했던 범행수법과 달리 생불(生佛)이라는 평을 들을 정도로 사형 전 3년간을 모범적으로 살다가 갔다. 사형 직전 그는 너무나 평온한 모습을 보였다. 오히려 교화 스님이 눈물을 흘리며 반야심경을 외다가 그만 까먹고 말았다. 따라 하던 고금석이 낭랑한 목소리로 외어 나가자 스님은 그것을 뒤따라 낭송하게 됐다. 사형수는 태연하게 미소 짓고, 스님은 울고…. 완전히 위치가 뒤바뀐 셈이 됐다.

고금석의 경우처럼 해탈성불에 이른 것 같은 열렬한 개전은 사형수에게서만 볼 수 있는 현상이다. 교도소 내에서 그저 얌전하게 생활해 모범수로 가석방되는 것이 목표인 무기수의 경우에는, 설령 개전을 했다고 하더라도 사형수가 보이는 것과 같은 어떤 법열에 이끌리는 속죄와는 차원이 다르다. 사형수의 속죄는 역설적으로 사형 판결을 받았기에 가능한 일이다. 응보형 사상에 따른 사형 판결에 의해 목적형 사상의 목표인 인간 개조가 이루어지는 아이러니가 생기는 것이다.

집행의 신호는 예배에 참여한 교무간부가 낸 손짓을 보고 단상의 집행관이 손짓으로 집행의 명령을 내린다. 사형수 뒤에 서 있던 세 명의 연출조 중 가운데 사람이 먼저 용수를 내려온다. 나머지 두 명은 들고 있던 포승으로 사형수의 발목과 무릎을 묶고 두 팔을 겨드랑이에 꼭 붙여 묶는다. 항문을 막아 배설물이 나오지 못하도록 밧줄 한 가닥을 사타구니 밑으로 뽑아서 손에 찬 쇠고랑을 거쳐 발목에 잡아맨다.

이때 "아파요. 좀 풀어줘요"라고 말하는 사형수도 있다. 다 묶으면 가운데 사람이 겨드랑이 사이로 손을 넣어 사형수를 비스듬히 뒤로 끌고 간다. 이때 계속해서 주기도문을 외거나 찬송가를 부르는 사형수도 있고 발버둥치는 이도 있다.

다른 연출조 직원이 뒤쪽으로 다가가 흰 커튼을 옆으로 드르륵 당겨 열어젖힌다. 여기가 교수장이다. 이 교수장은 집행장 뒤쪽에 따로 만든 별실인데, 3면의 베니아판 벽은 천장까지 닿아 있고, 한쪽은 커튼으로 닫혀져 있다. 커튼을 열고 사형수를 끌고 가 사방으로 금이 나 있는 직사각형 판자 위에 앉힌다. 천장의 도르래에서 늘어뜨려져 있는 밧줄 올가미를 잡아당겨 사형수의 목에 건다. 이 밧줄은 천장에 달린 두 개의 도르래를 겹돌아 남쪽의 별실 벽 뒤에 있는 포인트의 쇠고리에 연결돼 있다. 이 올가미를 걸 때도 순간적인 고통을 못 참아 "목 좀 편하게 해줘요"라고 말하는 사형수도 있다. 이 순간이야말로 이승 최후의 시점이다. 드디어 벼랑 위에 선 것이다. 못다 한 말을 할 수 있는 마지막 순간이다.

'춘천호반 여인 토막 살해 사건'의 주범 임동익은 무슨 생각이 났던지 낯익은 직원에게 농담조로 "나는 ×× 때문에 죽으니 당신들도 조심해"라고 내뱉었다. 그 말을 들은 한 직원은 그 뒤 몇 달 동안 '발기 불능'이 돼버렸다.

친어머니를 죽인 어느 사형수는 "아이구 어머니, 어머니" 하고 부르다가 지하로 떨어졌다. "그래 내가 정말 죽는 거요? 죄 없는 내가 죽어서는 안 되는데, 안 되는데…" 이러다가 떨어진 사형수도 있었다고 한다. 그때까지만 해도 고개를 떨구고 있던 어느 사형수는 목에 올가미가 걸리자 고개를 벌떡 들면서 무엇을 잊은 듯 "아이 참" 하다가 더 말을 잇지도 못하고 '꽝' 떨어져 매달렸다.

목에 올가미를 건 두 연출조 직원이 사형수에게 남기는 인사말이 있다.

"잘 가!"

그러고는 네모 판자를 재빨리 벗어나면서 "비켜!", "제껴!"라고 연달아 소리친다. 이미 한 연출조 직원은 별실 뒤쪽으로 돌아 별실 외벽에 붙어 있는 포인트란 손잡이를 잡고 기다리고 있다(1987년 11월 서울구치소가 의왕시로 자리를 옮긴 이후에는 포인트를 제끼는 대신 단추를 누르는 방식으로 개선됐다).

"제껴!"란 소리와 함께 그는 손잡이를 잡아당긴다. 네모난 마루청이 푹 꺼지면서 지하광의 벽을 "꽝"친다. 동시에 사형수의 몸은 지하로 떨어지면서 밧줄에 대롱대롱 매달린다. 비명은 보통 없다. 최은수, 주영형 등 몇몇 기독교 사형수들은 떨어지기 직전 "주여!"라고 최후의 기합을 넣기도 했다.

"꽝" 소리가 나기 직전에 집행관을 비롯한 참여 직원들은 서둘러 형장 바깥으로 나가 버린다. 지하로 떨어진 사형수의 몸은 핑그르 돌면서 1분쯤 흔들흔들 하다가 정지한다. 잠시 그 몸이 퍼득퍼득 경련한다. 어깨와 목을 추스르기도 하지만 미동일 뿐이다. 교무간부, 담당 직원, 목사(또는 신부) 등 세 명은 뻥 뚫린 구멍 바로 앞까지 다가가서 큰 소리로 찬송가를 부르고 주기도문을 왼다.

"지금 의식이 있어. 기도를 들을 거야. 이 시간이 가장 중요해."

성직자가 그런 말을 하면서 독려하기도 한다. 처음 몇 번 교수형을 목격하는 사람은 이빨이 맞부딪치는 소리를 낼 만큼 덜덜 떤다. 그래서 찬송가를 힘차게 부른다.

쉿, 쉿 하는 소리, 즉 목 졸리는 사형수가 숨을 몰아쉬는 소리가 찬송이나 기도 소리 사이로 간간이 들려온다. 그 소리를 안 들으려고 더욱 목청을 높인다. 달아나듯 형장을 빠져나간 입회인들은 미루나무 주위에 모여 담배를 피워 문다.

심장이 멎는 것을 죽음으로 정의할 때 교수형의 경우 평균 사망 시간은 교수 시작으로부터 14분쯤이라는 것이 일본 측 통계다. 개인차가 많아 최단 4분 35초, 최장 37분이었다고 한다.

우리나라에선 매단 지 약 20분이 지나면 일단 시체를 끌어올린다. 상체가 마루청 위로 드러날 정도로 끌어올려 놓으면 의무관이 와서 사형수의 가슴을 풀고 청진기를 갖다 댄다. 사망을 확인한 뒤에는 다시 지하로 늘어뜨려 5분 이상 더 매달아 두었다가 시체가 된 사형수를 풀어 놓는다. 매달려 있는 총시간은 30분쯤이다. 사망진단서에는 '형사(刑死)'라고 쓴다.

밧줄에 매달렸을 때 사형수의 발은 지하 바닥에서 약 40cm쯤 공중에 떠 있다. 연출조 세 명은 실내 계단을 통해 지하실로 내려가 시체를 풀어 그냥 바닥에 눕혀 둔다. 교수형에 처해진 시체의 외상은 목의 밧줄 감겼던 자국이 가장 두드러진다. 떨어지는 충격으로 밧줄이 목을 홱 휘감아 지나간 마찰력으로 시커멓게 피멍이 나 있다. 자동차의 스키드 마크 같다. 혀도 입 사이로 빠져 나오고 눈알도 약간 튀어나온다. 그밖에 출혈은 없는 게 보통이다. 눈알이 튀어나오는 것을 막으려면 안대를 씌워야 하는데 그렇게 하지 않는다.

교무직원들은 구멍 앞에서 몇 분간 찬송과 기도를 올리고는 곧장 사무실로 돌아온다. 사무실에서는 미리 연락을 받고 달려온 천주교, 신교, 불교의 신앙자매들이 모여 예배를 드리고 있다. 이들에게 직원들은 '×××는 아주 편안히 갔습니다'고 말해준다. 이때만은 종교 간의 구별이 없이 한마음으로 예배를 드린다고 한다. 한 30분쯤 쉰 직원들은 다음 번 차례를 위해 다시 집행장으로 향한다.

여기가 로도스다. 여기서 뛰어라!

– 이솝 우화

나는 '인권을 위한 투쟁'이니 '조롱당한 인권'이니 하는 말을

하루에 열 번씩 들먹이지 않는 정치인을 알지 못한다.

한데 강제수용소의 위협 아래 살지 않는,

그래서 무엇이든지 말하고 쓸 수 있는 서방 세계에서,

인권을 위한 투쟁은 대중화될수록 점점 구체적인 내용을 상실한 채,

결국 만인에 대한 만인의 공통된 태도가 되었고,

모든 욕구를 권리로 바꿔 놓는 일종의 에너지가 되어 버렸다.

세계 전체가 하나의 인권이 되었고, 모든 것이 권리로 바뀌었다.

사랑의 욕구는 사랑의 권리로, 휴식의 욕구는 휴식의 권리로,

우정의 욕구는 우정의 권리로, 과속으로 달리고 싶은 욕구는

과속으로 달릴 권리로, 행복의 욕구는 행복의 권리로,

책을 출판하고 싶은 욕구는 책을 출판할 권리로,

야밤에 길거리에서 소리치고 싶은 욕구는

야밤에 길거리에서 소리칠 권리로

바뀌었던 것이다.

– 밀란 쿤데라 《불멸》

제
5
장

사형존치론의 장애물

철학의 공허함

법학에서 사형과 가장 깊은 관련을 맺고 있는 분야가 법철학이다. 그런데 철학이란 학문이 대체로 그러하듯 이 주제를 다루는 법철학의 태도 역시 대단히 거만하고 불손하다. 옛날 판결문에서 자주 써먹던 표현을 빌리자면 '일언이폐지(一言以蔽之)하고' 사형존폐 논쟁은 이론적으로는 끝난 얘기라고 못을 박아버린다. 사형을 정당화할 어떠한 이론적 근거도 찾을 수 없다는 것이다.

이런 태도는 법을 모르는 보통 사람들에게 큰 위압감을 준다. 평생 법을 공부한 사람들이 '끝난 얘기'라는데, 아무것도 모르는 보통 사람이 여기에 대해 뭐라고 토를 달겠는가. 그러나 과연 그럴까?

No! 전혀 기죽을 필요 없다. 우리가 조선시대에 치열하게 전개된 사단칠정(四端七情) 논쟁을 몰라도 생활하는 데는 물론이고 조상님 제사 지내는 데도 아무 지장이 없듯이, 법철학자들이 떠드는 얘기를 전혀 무시하더라도 사형존폐론에 관한 입장을 정립하는 데 아무 지장이 없다. 그만큼 쓸데없는 얘기란 뜻이다.

오늘날 철학을 향한 지식인들의 뭇매는 똑바로 쳐다볼 수 없을 만큼 무참하다. 현대의 분화된 학문체계에서는 철학으로부터 건질 만한 게 아무것도 남아 있지 않다고 단언하는 사람들이 대세에 가깝다. 심지어 철학의 마지막 보루인 도덕적 난제조차도 철학의 손을 떠난 것 같다.

I hereby give and convey to you all my estate and interests, rights, titles, claim and advantages to and in said orange, together with its rind, skin, juice, pulp and seeds and all rights and advantages with full power to bite, cut and otherwise eat the same, or give the same away with or without the rind, skin, juice, pulp or seeds, anything hereinbefore or hereinafter or in any other deed, or deeds, or instruments of whatever nature or kind whatsoever to the contrary notwithstanding.

갑자기 웬 영어? 하고 당황한 분들이 많았을 것이다. 무슨 뜻인지 굳이 해석하려고 애쓸 필요는 없다. 영어를 모국어로 쓰는 사람들도 쉽지 않은 일이니까. 위에 나오는 긴 문장은 "I give you my orange"라는 말을, 최대한 장황하고 이해하기 어렵게 써 놓은 것이다. 이런 짓을 누가 하는가? 변호사들이 한다. 위에서 예시한 문장은 그나마 짧은 것이다. 스무 장, 서른 장짜리 장대한 한 문장의 문서도 많다. 미국이나 영국에서 변호사들이 먹고 사는 이유다.

1961년 12월 조진만 대법원장이 판결문을 한글전용, 타자화하도록 하는 규칙을 공포하기 전까지는 우리 공소장이나 판결문도 비슷했다. '由是觀之컨대(이로 미루어 보건대)', '此를 取擇키 難하고(이를 받아들이기 어렵고)', '按證컨대(증거를 살피건대)', '輕히 此를 措信키 難하고(가볍게 이를 믿을 수 없고)' 등 웬만한 사람은 알아보기 힘든 용어가 난무했었다.

쉬운 말을 이렇게 어렵게 쓰는 데는 이유가 있다. 어디든 그렇지만 보통 사람들이 알아듣기 어려운 말을 써야 뭔가 배운 사람처럼 보이고 뭔가 머릿속에 든 게 많아 보인다고 생각하기 때문이다. 자신들의 고고한 세상에 일반인들이 감히 범접할 수 없도록 진입장벽을 높게 친 것이다.

변호사들이야 먹고 살려고 그런다 치지만, 아직도 이런 못된 버릇을 가진 집단이 있다. 바로 철학자들이다. 다른 분야는 안 그러는데 철학에서만은 유독 갑과 을이 바뀐다. 대단히 불친절하다. 예를 들어 나는 이 글을 쓰면서, 부족한 필력 때문에 혹시 독자들을 헷갈리게 하거나 엉뚱한 곳으로 안내하는 표현이나 문장이 없을까 되풀이해서 읽어보고 고치고 다듬었다. 그런데 철학자들은 정반대다. 그들은 글이 너무 쉽게 이해되도록 써졌다 싶으면 마치 속내라도 들킨 사람들처럼 당황하며 최대한 난해하고 애매한 표현으로 바꿔놓는다. 어떤 비평가가 지적한 것처럼, 철학자들은 서로에 대한 오해로부터 무한한 즐거움을 얻을 줄 아는 사람들이다.

우리 철학자들이 이런 버릇을 가지게 된 데는 독일의 영향이 크다. 거기에서 공부하고 온 사람들이 많다보니 이런 버릇만 배워온 것이다. 칸트나 헤겔과 동시대에 프랑스나 영국, 이탈리아 등에서 나온 고전들을 보라. 얼마나 쉽고 유머가 넘치는가. 다른 나라는 안 그러는데 유독 독일 사람들만 말을 애매하고 난해하게, 그리고 있는 대로 꼬아서 한다. 보아 하니 이런 식의 따분하고 재치 없는 독일식 화법은 서구에서 웃음거리가 된 지 오래인 것 같다.

철학자들은 자신의 언어를 잃어버린 채, 과거의 위대한 사상가들의 저작을 헤집느라 여념이 없는 군상들이다. 소크라테스, 플라톤, 칸트가 뭐라고 했는지, 그들의 말에 대해 누가 어떤 말을 했는지에 대한 논란으로 날을 샌다. 버트런드 러셀이 지적한 것처럼, 어떤 사람의 말 속에 절대적인 진리가 담겨 있다고 생각되는 순간 그의 말을 해석하는 전문가 집단이 생겨나고 이 전문가들은 어김없이 권력을 차지한다. '진리의 열쇠'를 자신들이 쥐고 있다고 생각하기 때문이다.

수학자가 어려운 문제의 해결책을 찾는답시고 초등학교 산수책을 다시 뒤적이는 경우는 없다. 과학자도 마찬가지다. 이들 학문은 축적된 지식을 발판으로 멀리 도약하기 때문이다. 오로지 철학자들만 과거로 회귀해 과거의 자료들을 뒤진다. 마치 클래식 음악이 베토벤 이후에 성장을 멈춰버린 것처럼, 철학의 성장판도 오래전에 닫혀버린 게 아닌가 하는 생각이 들 때도 있다. 그런 분위기다 보니 이 동네에서는 위대한 사상가의 책을 몇 년 동안 몇 번이나 읽었느냐가 학문의 수준을 나타내는 중요한 지표가 된다. 예를 들어 칸트의 책을 한두 번 읽은 대학생은 30년 동안 칸트의 책만 죽어라고 읽은 사람과는 감히 말도 섞지 못한다. 과학이론이 반증(反證)이 나오길 기다리며 단두대 위에 목을 내놓음으로써 존경을 받는 것과는 정반대다.

철학자들은 '사실'을 중시하는 현대사회의 실증주의적 태도가 과학을 신처럼 떠받들게 만들었다고 분통을 터뜨리며, 두 눈으로 확인되지 않은 것은 그 무엇도 사실이 아니라는 강박관념에서 벗어나야 더 넓은 세상을 볼 수 있다고 주장한다. 그런 사고 때문인지 철학자들은 세상 밖으로 나가 자신의 눈으로 직접 확인하기보다는 어두운 서재에 파묻혀 모든 것을 사유(思惟)로 때우는 것을 좋아한다. 그 사유의 주제라는 것도 그리 산뜻하지 못해 인간의 본성은 선한가, 악한가와 같은, 답을 낼 수도 검증할 수도 없는 주제만 허구한 날 파고든다. 수학자가 "0은 0이요, 1은 1이다"라고 말하면 바보가 되지만, 토굴 속에 10년쯤 웅크리고 있다가 나온 사람이 이 말을 하면 진리가 된다. 아무것도 아닌 내용을 해석불가의 화법으로 포장해 대충 던져놓으면, 나머지는 추종자들이 알아서 다 해준다. 그래서 '꿈보다 해몽'이란 말이 나온다.

법철학의 해묵은 주제 가운데 하나로 '자유의지'라는 것이 있다. 그 유래는 멀리 그리스 철학에서부터 시작됐지만 신학적 관점에서 특히 중요하게 다루어졌다. 여호와는 최초의 인간인 아담에게 에덴동산에 있는 각종 나무의 열매는 임의로 먹되, 동산 중앙에 있는 선악을 알게 하는 나무의 열매는 먹지 말라고 했다. 하지만 아담과 이브는 여호와의 금지에도 불구하고 이 나무의 열매를 따먹었고, 이로써 자신의 이해와 생각과 논리로 판단을 하게 됐다. 신학적 관점에서 보자면 인간의 자유의지는 인간이 맘껏 놀고먹을 수 있는 에덴동산을 스스로 포기하고 얻은 대가이니, 당연히 중요하게 다뤄질 수밖에 없다. 자유의지는 형법으로 스며들어 '책임론'의 중추적 개념이 되었는데, 이를 한 문장으로 압축하면 "너는 범죄를 저지르지 않을 수 있었음에도 네 자신의 자유의지로 범죄를 저질렀으니 책임을 져야 한다"는 것이다.

자유의지의 법리는 독일의 법철학자 헤겔에 의해 집대성되었는데, 헤겔 자신도 무슨 뜻인지 알았을까 싶을 정도의 무지막지하게 난해한 말들로 꽉 채워 거의 단행본 수준의 연구성과를 내놓았다. 이것만 열심히 들여다봐도 박사학위 논문 하나는 그냥 나올 정도의 화두를 던져놓았으니, 법철학계의 후진들 입장에서는 선대로부터 마르지 않는 학위논문의 샘을 하나 건졌다고 보아도 좋을 정도다.

'자유의지'라는 허구

자유의지는 책임론의 영역에서 '결정론'과 '비결정론'의 대립을 낳았다. 즉 인간의 행동이 온전히 자유의지에 의한 선택의 결과인가(비결정론), 아니면 유전적 혹은 환경적 요인에 의해 지배된 것인가(결정론)의 대립이다. 사실 인간의 행위에는 두 가지 측면이 다 있게 마련이어서 굳이 파벌을 나누어 다툴 실익이 있는지 극히 의문이 들지만, '나만 옳다'는 독선과 아집으로 똘똘 뭉친 사람들끼리의 논쟁이 이어지면서 철학의 현실성만 더욱 떨어뜨리는 부작용을 낳았다.

굳이 알 필요도 없고 알 만한 내용도 없는 논쟁이다 보니 그 안에서 나오는 주장이라는 게 다 고만고만한 수준이다. 자유의지를 오랫동안 공부하고 책까지 낸 사람의 최종적인 결론이 "중요한 것은 우리가 자유롭거나 자유롭지 않다는 것이 아니라, 우리가 어느 정도까지는 자유롭다는 것이다"라는 것을 보면 "철학이란 무(無)에서 출발하여 무로 돌아가는 여러 경로 중 하나"라는 암브로즈 비어스의 말이 실감난다. 이리저리 있는 대로 말을 꼰 뒤 "결정론이 옳아도 자유의지는 없고 결정론이 틀려도, 즉 비결정론이 옳아도 자유의지는 없다"고 주장하는 것을 보면 말을 너무 길게 하다가 도중에 무슨 말을 하려고 했었는지 잊어버린 사람의 모습을 보는 것 같다.

이처럼 자유의지라는 것이 난해하기만 할 뿐 실제상의 문제 해결에는 거의 보탬이 되지 않기 때문에 형사실무에서는 애초에 관심조차 두지 않는다. 우리 형법 체계는 일단 범죄를 저지른 경우에는 당연히 책임이 인정된다는 전제하에, 다만 형법상의 책임조각사유가 증명된 경우에 한해서만 예외적으로 책임을 부인한다. 즉 우리 국민들을 자주 열받게 하는, 범죄자의 나이가 14세 미만이라거나(제9조), 범죄자가 범행 당시 술을 많이 먹었거나 정신병이 있다거나(제10조) 하는 등의 주장이 나오는 예외적인 경우에 한해서만 책임의 감면이나 면제를 고려해 보지, 책임이 있는지 여부를 적극적으로 따지지는 않는다.

헤겔을 숭배하는 대한민국의 수많은 법철학자가 자유의지에 관해 방대한 연구성과를 축적해 놓았음에도, 불행히도 법률실무가들은 아무도 거들떠보지 않고 거기에 관한 대법원 판례도 찾아보기 어려운 게 현실이다. 법철학자들은 자유의지의 개념이 없었던 시대에 헤브루에는 황소가 사람을 죽이면 그 황소들을 돌로 쳐죽이는 법이 있었고, 아테네에서는 도끼 때문에 사람이 다치면 그 도끼를 재판정에 세웠고, 1685년에는 한 교회 종이 프랑스의 이단자들에게 도움을 주었다는 이유로 채찍을 맞은 뒤 땅에 묻히는 등의 말도 안 되는 일이 있었다고 불만을 터뜨릴지 모르지만, 요즘 시대의 법률실무가들이 그 정도로 바보는 아니다.

법률가인 필자의 입장에서 보자면 자유의지는 철학의 한계를 가장 극명하게 드러내는 주제지만, 철학이 아닌 다른 학문 분과로 눈을 돌려보면 사법 정책적 측면에서 시사하는 바가 적지 않은 흥미로운 주제라는 생각도 든다.

예를 들어 최근의 뇌과학이나 신경과학, 생물학 등의 눈부신 연구성과는 철학자들이 제시한 것과는 전혀 다른 차원에서 자유의지의 문제를 제기하고 있다. 뇌과학이 발전하면서 육체와 별개로 존재한다고 여겨졌던 정신이 사실은 단백질로 구성된 뇌세포의 복잡한 연결구조와 신진대사의 산물일 뿐이라는 사실이 점차 밝혀졌고, 1983년 벤저민 리벳이 주도한 자유의지 관련 실험을 보면 인간에게 자유의지가 없음을 강하게 암시하는 실험결과까지 나왔다.

동물의 수컷에서 고환을 제거하면 이전의 공격적인 기질이나 교미에 대한 열정 등이 완전히 또는 거의 사라져 버리게 되는데, 테스토스테론(고환에서 합성되는 남성 호르몬의 일종)이라는 화학물질을 주사하면 사라졌던 남성성이 단번에 회복된다. 암컷의 경우도 난소에서 합성되는 여성 호르몬인 에스트라디올을 주입하면 눈에 띄게 온순해지고 호전성도 사라지는데, 이처럼 혈액 중의 극히 미세한 분자의 농도 차이만으로도 성격과 기질이 완전히 바뀌는 것을 보면 법철학자들이 주장하는 자유의지라는 것의 실체가 과연 무엇인지 의문이 들게 만든다.

환경 결정론이라는 미신

숫자나 실험을 극도로 혐오하는 법학 일반의 분위기 때문에 법학 분과 중에서 가장 홀대받는 과목이 범죄학인데, 그래도 이 분과에서는 범죄의 원인을 찾기 위한 나름의 실증적 연구를 해왔다. 하나만 예를 들자. 유전소질과 환경이 범죄에 끼치는 영향을 명확히 하는 데 기여한 것으로 쌍생아(雙生

兒) 연구라는 게 있다. 아주 심플하면서도 인간의 자유의지라는 철학의 전통적 토대를 뿌리부터 뒤흔든 연구다.

쌍둥이는 이란성과 일란성 두 종류가 있다. 이란성 쌍둥이는 다른 난자에 각기 다른 정자가 결합하여 수정이 이루어지므로 일반적으로 생김새가 전혀 다르다. 그들은 태어난 시기만 거의 비슷한 형제나 남매, 자매인 것이다. 하지만 일란성 쌍둥이는 하나의 존재가 둘로 나뉜 꼴이다. 하나의 정자가 하나의 난자와 결합하여 수정이 일어난 후 14일 내에 배(胚)에서 분리된다. 한 사람이 둘로 복제되는 것으로 양쪽은 DNA가 같다. 가마가 감긴 방향이나 치아의 패턴을 보면 알 수 있듯이 그들의 얼굴은 대부분 거울대칭형이다. 일란성 쌍둥이들은 매일 아침 세면대 위의 거울 속에서 상대의 얼굴을 보는 셈이다.

이 두 종류의 쌍생아를 놓고 쌍생아 모두가 범죄를 하는 경우(일치율)를 비교해 보면 범죄와 소질 또는 환경의 관계를 알 수 있다. 쌍생아의 환경적 요건은 완벽하게 동일하므로 만약 일란성 쌍생아의 경우에 그 일치율이 더 높게 나타난다면 범죄가 환경이 아닌 소질의 지배를 받는다는 결론을 얻게 될 것이다.

이러한 연구결과는 인간을 대상으로 한 것이어서 대단해 보이지, 사실 육종학에서는 별로 특별할 것도 없는 상식에 속한다. 공격적인 부모에게서 태어난 새끼는 온순한 어미가 길러도 역시 공격적이고, 온순한 부모에게서 태어난 새끼는 공격 성향이 강한 부모가 길러도 여전히 온순하다. 즉 도사견 새끼는 골든리트리버의 젖을 먹여 키워도 도사견으로 자라고, 골든리트리버 새끼는 도사견 부모가 키워도 골든리트리버로 자란다. 동물의 세계에서 공격성을 지배하는 것은 환경이 아니라 소질이다.

우생학(優生學) 얘기를 하자는 것이 아니다. 범죄자의 소질을 가진 사람은 분명히 있다는 '현실'을 얘기하는 것뿐이다. 하지만 그가 아무리 위험해도 그가 지은 죄 이상의 책임을 물어서는 안 된다. 물론 그 반대의 경우도 당연히 있다. 하지만 그가 아무리 재범의 위험성이 없다고 하더라도 자신이 과거에 행한 잘못에 대해서는 책임을 져야 한다. 범죄와 형벌의 비례를 결정해주는 기준은 실정법으로부터 나오는 것이지 법철학으로부터 나오는 것이 아니다. 형벌의 하나인 사형도 마찬가지다.

사람의 본성과 관련된 문제에 유전적 관점을 갖다 대면 마치 나치의 우생학을 대하는 것처럼 극도의 경계감을 드러내면서도 '범죄는 환경의 소산'이라는 환경 결정론에 대해서는 마치 생명의 복음이나 되는 것처럼 긍정적으로 받아들이는 경향이 있는데, 바람직한 태도는 아니다. 우리는 사람의 본성을 사회가 얼마든지 개조할 수 있다고 믿은 환경 결정론자들 때문에 옛 소련과 중공에서 나치의 인종청소 때 보다 훨씬 더 많은 사람들이 죽어 나갔다는 사실을 잊어서는 안 된다. 개인의 일탈을 환경의 책임으로 돌리는 사형폐지론자들의 주장이 겉으로는 인간적으로 보일지 모르지만, 그 이면에 도사린 폭력과 광기의 역사까지 아울러 고려한다면 결코 경계의 고삐를 풀어서는 안 된다는 얘기다. 생물학적 결정론이든 환경 결정론이든 범죄와 형벌을 보는 하나의 관점을 제시할 순 있어도, 그 어느 것도 범죄와 형벌의 비례를 해결할 수 있는 만능키는 될 수 없다는 점을 잊지 말아야 한다.

실정법과 별개로 형사정책적 관점에서 범죄의 원인과 같은 사회현상을 다룰 때에는 우리가 보고자 하는 '이념'이 아니라, 있는 그대로의 '사실'을 보아야 한다. 여기에 철학이 끼어들어서 보탬이 될 일은 하나도 없다. 국제정치 권위자인 조지 케넌은 국제문제 분석에서 가장 큰 적은 "인간 본성의 비완벽성을 부정하면서 완벽함을 약속하는 추상(抽象)"이라고 했는데, 이는 범죄라는 문제를 다룸에 있어서도 예외가 될 수 없다. 과학은 최소한 철학보다는 우리에게 훨씬 더 유용한 사고의 준거를 제공한다.

19세기 범죄 인류학파의 개조(開祖)인 체사레 롬브로소는 법철학자들로부터 두고두고 놀림거리가 되고 있는 사람이다. 그는 범죄자의 두개골 383개를 해부하고 5907명의 체격을 조사한 뒤, 범죄자에게는 두개골이나 그밖에 곳에 일정한 신체적 특징이 있다고 주장하면서, 이를 토대로 '생래적 범죄인'이란 것을 주장했다. '생래적(生來的)'이란 쉬운 우리말로 '날 때부터'란 말이니, 운명적으로 범죄를 저지를 수밖에 없는 사람이 따로 있다는 얘기다.

오늘날 롬브로소를 지지하는 사람은 거의 없고 그의 접근방식은 '나쁜' 과학의 상징 내지는 과학계의 이단으로 평가되고 있다. 뿐만 아니라 롬브로소 자신도 범죄자의 특징인 넓고 두드러져 보이는 턱을 갖고 있었으므로 이를 감추기 위해 턱수염을 길렀다거나, 그가 과학연구를 위해 자신의 뇌를 사후 기증했는데 그의 이론을 적용하자면 1308그램의 그 뇌는 '백치'의 전형적인 특징들을 고스란히 지니고 있었다는 식의 조롱하는 얘기들도 있다.

필자 역시도 롬브로소의 생래적 범죄인 이론에는 심각한 오류가 있다고 본다. 하지만 '생래적 범죄인'을 찾기 위한 그의 노력은 비록 무위로 돌아갔을지언정 기존의 정설인 '자유의지'의 존재에 의심을 갖고 편집광에 가까울 정도로 많은 자료들을 수집·조사, 분석했던 그의 실증주의적 태도가 후세에 큰 영감을 준 것은 부인하기 어렵다. 철학자들처럼 적당히 말로 때우는 태도는 '실패'할 일도 없지만, 학문의 진보에 '보탬'이 되는 일도 없다.

롬브로소가 그의 책 《범죄인》에서 지적하고 있는 다음의 말들을 보면, 일반외과 의사의 임상적 경험이 형법교수들의 철학적 사유보다 훨씬 더 날카로운 통찰을 줄 수 있음을 알 수 있다.

— 군대의 역사를 보면 전술과 탄도학을 무시한 채 추상적인 철학에만 의존

한 장군이 자신의 군사들을 나락으로 떨어뜨린 것을 잘 알 수 있지 않은가? 군사전략처럼 적절한 사법제도의 기능은 철학에 의존하지 않은 실제 문제에 관한 지식을 필요로 한다. 하지만 현대의 전문적인 법조인 집단이라면 결코 존재하지 않는 자유의지, 실질적인 원인과 연결되지 않는 자유, 그리고 사회적인 필요보다는 추상적인 법개념에 기반을 둔 형벌권을 떨쳐버림으로써 탁상공론을 전략으로 대체해야 한다.

— 나는 모든 범죄자들이 자유롭게 법 위반을 선택했기 때문에 감옥에 가야 한다고 주장하는 유명한 법학자들의 주장에 동의하지 않는다. 하지만 사회를 보호하기 위하여 범죄자들을 구금해야 한다고 주장한다면, 그땐 동의한다.

— 나는 한 저명한 학자가 이 페이지(자유의지를 부정하는 논문－저자注)를 읽고 머리를 긁적거리며 "이 이론으로 해결할 수 있는 게 뭐죠? 아마도 우리들은 그저 기도나 하면서 악당들한테 죽어야 할 텐데 말이죠. 왜냐고요? 악당들은 자기가 무슨 나쁜 짓을 하는지도 알지 못하기 때문이죠"라고 한 말을 잊을 수가 없다. 나는 이 질문에 대하여 너무 논리적이려고 하는 것보다 더 비논리적인 것은 없다고 대답했다. 가장 신중하지 못한 것은, 이론으로 사회를 붕괴시킬 수도 있는 결론에 다다르는 것이다.

사형존폐론 문제는 인간의 생명이 관련된 것이어서 논리적으로 명쾌한 답을 내는 게 불가능한 문제다. 이럴 때 슬그머니 끼어드는 게 신학과 철학이다. '왕년에는' 자기 땅을 밟지 않고는 아무 데도 갈 수 없었던 대지주였건만 지금은 발 뻗고 누울 초옥(草屋) 하나 없는 궁색한 처지의 이들 학문은 과학적으로 분명한 답을 내기가 불가능한 난제만 생기면 어김없이 끼어든다.

분에 넘치는 오지랖이지만 그렇다고 이들이 홀대를 받는 것도 아니다. "사형제의 존치 여부는 결국 신학과 철학의 영역이다"라고 말하는 사람들이 너무나 많다. 솔직히 나로서는 이해가 안 간다. 철학과 신학이 단 한 번이라도 현실의 문제 해결과 관련해 유용한 대안을 제시한 적이 있었는가?

내 말이 믿기지 않으면 국립중앙도서관이나 국회도서관 등에 가서 사형존폐론에 관한 논문들을 한번 읽어볼 것을 권한다. 단언컨대 지금 나와 있는 사형폐지론 논문 중 쓸 만한 논문은 눈을 씻고 찾아봐도 없다. 현실 상황이 어떻게 돌아가는지 전혀 알지 못하는 백면서생들이 뜬구름 잡는 얘기만 길게 이어가다가 "그래서 나는 사형폐지론이 맞다고 생각한다"라고 자기 의견을 한 줄 보탠 것이 전부다.

가장 권위가 있다는 박사학위 논문조차도 예외가 아니다. 마치 수험생들이 서브 노트를 만들 듯 찬반양론을 빠짐없이 잘 나열한 다음, 법무부나 국가인권위원회, 사형폐지 관련 단체 등에서 구해온 통계자료 몇 개 더 붙여놓으면 훌륭한 연구실적이 되는 것으로 착각하는 것 같다. 신학은 필자의 전공분야가 아니니 뭐라 하긴 그렇고, 법학 논문에 포커스를 맞춰 쓴소리를 좀 하자면 법학의 권위와 체면을 생각해서라도 다른 분야의 사람들 눈에 띄지 않게 잘 숨겨놓아야 하지 않을까 싶다.

조선왕조 500년 역사가 우리에게 주는 교훈은 이 세상에는 실생활에 전혀 보탬이 되지 못하는 학문도 있다는 사실이다. 조선시대에 수학한 모든 선비가 마치 그 학문을 모르면 세상에 종말이라도 올 것처럼 심각한 표정으로 공부에 매달렸지만, 그 500년 동안 축적된 지식을 깨끗이 도려내도 우리 삶에는 아무 영향이 없다. 현실에 발을 딛지 못한 공리공론이 현실의 문제를 해결하는 데 도움이 된 적은 없다.

내가 서두에서 사형존폐론에 관한 철학자들의 주장은 한쪽 귀로 듣고 한쪽 귀로 흘려도 아무 상관이 없다고 한 이유가 여기에 있다. 설령 사형제 연구로 박사학위를 받았다고 목에 힘을 주는 사람이 나타나도 주눅들 필요가 없는 것이다. 그러니 안심하라. 이론적으로 정리된 것은 하나도 없다! 롬브로소의 지적처럼 어차피 그들은 현장이 어떻게 돌아가는지도 전혀 모르면서, 이론에만 의존해 사회를 붕괴시킬 수도 있는 위험한 결론을 낼 수 있는 사람들이다.

인권의 무책임성

2011년 7월23일 오후 채소농장 주인 안데르스 베링 브레이빅(32)이 오슬로 시내 한가운데 자리 잡은 정부 종합청사 앞에 소형화물차를 몰고 나타났다. 극우 민족주의자인 그는 노르웨이 집권 여당인 노동당의 친(親)이민 정책에 단단히 화가 나 있었다. 그의 화물차엔 화학비료(총 6t)를 재료로 만든 폭약이 가득 실려 있었다.

그는 주위를 살핀 뒤 도로변의 감시가 소홀한 곳에 차량을 세워둔 채 안전지대로 조용히 빠져 나와, 원격 조종장치로 기폭장치를 터뜨렸다. 엄청난 폭발음과 함께 정부 청사와 주변 건물 유리창이 산산조각났다. 폭발음은 오슬로 시내 건물 전체가 흔들릴 정도로 엄청났다. 사방팔방으로 튄 건물 파편과 유리 파편에 7명이 즉사하고 수십 명이 부상당했다.

브레이빅은 이어 준비해둔 차량을 몰고 오슬로에서 북서쪽으로 38km쯤 떨어진 튀리피오르덴 호수 휴양지로 향했다. 다음 공격 타겟으로 정한 우토야섬이었다. 이날 우토야섬에선 매년 여름 노동당이 주관하는 청소년 캠프가 열리고 있었다. 캠프는 14~25세 청소년을 대상으로 스포츠, 정치 토론

등의 행사를 진행하며 600여 명이 참가하고 있었다.

보트를 타고 우토야섬으로 들어간 베링 브레이빅은 정부 청사 테러소식을 듣고 웅성거리고 있는 청소년들에게 다가갔다. 일부는 경찰복을 입은 브레이빅에게 다가가 소식을 묻기도 했다. 그는 조금 뒤, 청소년들에게 공지할 얘기가 있다면서 이쪽으로 모이라고 소리쳤다. 잔디밭 한쪽 구석으로 청소년들이 모이자 그는 아무 말 없이 소총을 꺼내들고 총기를 난사하기 시작했다.

수백 명의 청소년들이 공포에 질린 채 혼비백산해 섬 전체로 흩어졌다. 브레이빅은 조금도 자비심을 보이지 않고 소총과 엽총을 번갈아 난사하며 청소년들을 조준 발사했다. 쓰러진 채 신음하거나 숨진 척 누워있던 청소년에게 다가가 머리 부위를 엽총으로 확인사살하기까지 했다.

50여 명은 선착장 쪽으로 달려가 호수에 뛰어든 뒤 육지 쪽으로 필사적으로 헤엄치며 탈출을 시도했다. 브레이빅은 선착장까지 달려가 헤엄치는 청소년들에게도 총탄을 난사했다. 몇 명은 헤엄치던 중 총에 맞아 목숨을 잃었다. 뒤늦게 출동한 경찰특공대에 의해 브레이빅이 제압됐을 때, 우토야섬은 이미 10대 청소년들의 시신이 널브러진 지옥으로 변해있었다.

브레이빅의 폭발물 테러와 총기 난사로 총 77명이 숨졌고, 부상을 당한 사람도 수백 명에 이르렀다. 이 최악의 범죄 앞에서 전 세계는 충격에 빠졌다. 노르웨이 사법당국이 이 희대의 살인마를 어떻게 처리하는지를 두고 세계의 이목이 집중됐다.

브레이빅을 취재하기 위해 몰려든 외신 기자들은 재판과정을 지켜보며 충격을 금할 수 없었다. 브레이빅은 재판을 받는 동안 수십 명의 무고한 아이들을 무참히 학살한 것에 대해 단 한 번도 반성의 빛을 보이지 않았다. 그는 자신의 행동을 '정당방위'라고 강변하면서 다시 사건 전으로 돌아가더라도 똑같은 짓을 반복했을 것이라고 말했다. 판사와 검사가 재판 내내 '형사피고인의 인권'을 강조하며 브레이빅을 깍듯이 모시는 가운데, 그는 어떠한 참회도 나타내지 않은 채 시종일관 궤변만을 늘어놓으면서 법정에 모인 유가족들과 생존자들을 우롱했다.

브레이빅에 대해서는 오슬로 정부 청사 폭탄테러와 총기난사 혐의가 모두 유죄로 인정돼, '최소 10년에서 최장 21년'의 징역형이 선고됐다. 전 세계는 또 한 번 놀랬다. 그가 저지른 죄악에 비해 선고 형량이 지나칠 정도로 관대했기 때문이다.

하지만 이것은 노르웨이 형법상 어쩔 수 없는 일이었다. 노르웨이에서는 법정 최고형을 21년으로 못 박고 있기 때문에 그 이상의 형을 선고하는 것이 법률적으로 불가능했다. 관대한 것은 형사법령만이 아니었다. 교정행정 또한 관대하기 짝이 없어서 설사 21년형을 선고받더라도 이 중 극소수의 수감자만이 14년 이상의 형을 살 뿐 대부분 일찍 나온다. 형의 3분의 1(최장 7년)을 살면 주말에는 가석방돼 특별한 감시를 받지 않을 수 있고, 형의 3분의 2를 살면(최장 14년) 대개 조기 출소된다. 심지어 22명의 무고한 목숨을 뺏은 연쇄살인범도 21년 형을 선고받고 복역 중 12년 만에 출소한 전례가 있다. 정부에서 친절하게 이름까지 바꿔주었기 때문에, 이 연쇄살인범은 자신의 과거를 모르는 사람들 사이에서 새 삶을 살고 있다고 한다.

브레이빅은 유죄 판결이 확정된 후 노르웨이 오슬로에 위치한 일라교도소에 이감됐다. 그런데 5성급 호텔에 버금가는 이곳 수감시설의 호화로움이 다시 한 번 전세계 사람들의 이목을 끌었다. 이곳에서 브레이빅은 침실, 운동실, 도서실의 3개의 방을 사용하고 있다. 운동실과 도서실에는 러닝머신과 컴퓨터가 갖춰져 있으며, TV시청과 신문 구독도 자유롭다. 외부와 편지를 주고받는 것도 가능하며 목사들도 찾아와 그와 대화를 나누는 것으로 전해졌다.

교도소 관계자는 브레이빅이 이처럼 호화롭게 생활하는 이유에 대해

"다른 재소자와 격리돼 교도소 공용시설을 쓸 수 없는 것에 대한 보상"이라고 설명했다. 브레이빅은 안전 문제로 인해 다른 재소자들과의 접촉이 일체 금지돼 있기 때문에 이런 식으로라도 그 외로움에 대한 보상을 해줘야 한다는 얘기였다.

이런 호사를 누리면서도 브레이빅은 끊임없이 불평을 쏟아냈다. 브레이빅은 한 언론사에 보낸 서한에서 자신의 "인권이 침해당하고 있다"며 "노르웨이에 이보다 형편없는 교도소는 없을 것"이라고 주장했다. 브레이빅이 늘어놓은 불만사항은 '빵에 바를 버터를 충분히 제공하지 않는다', '커피의 온도가 너무 차갑다', '보습제를 제공하지 않는다', '방에 장식이 되어 있지 않으며 풍경이 아름답지 않다' 등이다.

브레이빅은 교도소 측에 더 좋은 비디오게임과 소파, 더 넓은 체육관에 접근할 수 있게 해달라고 요구하기도 했다. 그는 이 같은 요구가 충족될 때까지 단식 투쟁을 계속할 것이라고 위협했다. 브레이빅의 요구 사항 중에는 통신 제한 해제와 성능이 좋은 에어컨, 최신 버전의 게임기 플레이스테이션3 등이 들어있다. 브레이빅의 요구는 정말로 어이가 없는 것이지만, "노르웨이에 이보다 형편없는 교도소는 없을 것"이라는 주장만은 아주 틀린 소리가 아니다.

노르웨이는 호화로운 교도소를 운영하기로 유명한데, 예를 들어 노르웨이 최남단에 위치한 할덴 교도소를 보자. 2010년에 세워진 이 교도소는 노르웨이 정부가 건립 자금으로 2억5000만 달러(2600억 원)를 쏟아 부어 만든 '호텔식 감옥'으로, 테니스 코트, 도서관, 조깅 트랙, 호텔식 면회실, 실내 암벽 등반 코스 등을 갖추고 있다.

커다란 창으로 햇살이 쏟아져 들어오는 12㎡(약 4평)의 1인실엔 별도의 욕실과 평면 스크린 텔레비전, 소형 냉장고 등 온갖 편의시설이 골고루 갖춰져 있다. 10~12개의 방이 공동 거실과 주방을 사이에 두고 나란히 들어선 모습은 흡사 대학교의 고급 기숙사를 방불케 한다. 각 방엔 창살 대신 두꺼운 유리가 끼워져 있어서, 말 그대로 '창살 없는 감옥'이다. 무거운 교도소의 분위기를 없애기 위해 건물은 회색 콘크리트 대신 벽돌과 낙엽송 등을 이용해 만들었고, 유명 그라피티(낙서형 벽화) 아티스트인 돌크의 그림 등 예술 작품들도 쉽게 볼 수 있다.

교도관은 무기를 갖고 있지 않고 있고, 수감자들과 섞여 스포츠를 즐기기도 한다. 조깅을 위한 트랙, 실내 암벽등반 시설은 물론 도서와 잡지, CD, DVD 등이 고루 구비된 도서관도 있고, 수감자들은 밴드를 구성해 교도소 안의 음악녹음실에서 직접 음반을 제작할 수도 있다. 재소자를 위한 쿠킹 클래스, 기술 수업 등이 제공되며 가족이 면회를 하면 2인용 침실에서 함께 머물 수 있다.

아예 '웰빙'을 표방하는 교도소도 있다. 노르웨이의 남부 해안, 항구 도시 호르텐 인근에 있는 바스토이 교도소가 바로 그곳이다. 바스토이라는 섬 전체를 교도소로 꾸민 이곳은 '세계에서 가장 아름다운 교도소'라고 불리는데 환상적인 피오르가 시작되는 곳이다. 이곳의 재소자들은 수의 대신 평상복을 입고 쇠창살이 아닌 방갈로식 숙소에서 생활한다. 재소자들은 또 사우나, 영화관, 테니스 코트 등을 마음껏 이용할 수 있고 해안 산책과 일광욕도 할 수 있다. 직업 훈련을 받으면 하루 57크로네(1만1500원)의 보수도 받는다.

재소자들은 텃밭에서 유기농 채소를 재배하고 닭도 키운다. 교도소에서는 하루 세 끼 가운데 저녁만 제공하기 때문에 재소자들은 아침과 점심 식사를 직접 만들어 먹는다. 물론 매우 다양하고 훌륭한 식재료가 제공된다. 은행 강도로 2년 9개월 형을 선고받고 복역 중인 한 재소자는 교도소인 이곳에서 처음으로 자유가 뭔지를 느꼈다고 말한다. 너무 편안해 탈옥의 유혹조차 느낄 수 없게 만들어버린 것이다. 22명의 목숨을 뺏고 수감됐다가 12

년 만에 출소한 연쇄살인마도 이 교도소 출신이다.

노르웨이는 재범률 수준이 20% 정도로 서구의 어느 나라보다 낮다. 그래서 일부 인권운동가들은 우리 교정행정도 '인간적인, 너무나 인간적인' 노르웨이 방식을 따라야 한다고 주장하기도 한다. 한국에서는 교화와 개선이라는 교정행정의 본래 목적을 망각한 채 수감자에 대한 징벌에만 매달린다고 슬쩍 비난하기도 한다. 그런데 그게 과연 현실적으로 가능한 얘기일까?

2014년 기준으로 노르웨이의 1인당 국민소득은 9만9295달러로 세계 2위이다. 1인당 자산보유액은 세계 1위다. 1970년대 북해 유전 개발로 석유 수입이 마르지 않는 덕에 북유럽에서도 거의 완벽한 복지국가를 구현하는 나라가 노르웨이이다. 어린이집부터 대학까지 모든 교육이 무상이고, 무상의료의 질도 높다. 근무시간은 주당 30시간에 불과하며, 국가에서 모든 것을 해결해주니 굳이 일터에 나갈 필요도 없다.

어느 나라든 범죄자의 숫자가 가장 많은 범죄는 절도죄나 사기죄 같은 곤궁범(困窮犯)이다. 먹고살 게 없으니 범죄를 저지르는 것이다. 노르웨이 같이 완벽하게 복지가 구현된 나라에서 누가 범죄를 저지를까 싶지만, 노르웨이는 현재 교도소 정원을 초과할 정도로 늘어난 재소자 때문에 골머리를 앓고 있다. 노르웨이 정부는 재소자들을 스웨덴이나 네덜란드 교도소에 옮겨 수감하는 방안을 추진하고 있다.

외신을 통해 보도된 바에 따르면, 브레이빅을 1년간 교도소에 수감하는데 들어간 비용이 1250만 크로네로, 우리 돈으로 환산하면 약 24억4000만 원이다. 브레이빅은 최소 10년에서 최장 21년의 실형을 선고받았으므로, 그의 수감기간 동안 앞으로 최소 200억 원에서 400억 원 가량의 돈이 더 투입돼야 한다는 얘기다.

범죄자의 인권을 존중해 최고의 시설에 수용하자는 주장은 지극히 인간적인 얘기이기는 하지만, 어딘지 모르게 공허하다. 우리가 과연 그럴 만한 돈이 있는가? '죄 없는' 노숙자들은 찬바람 쌩쌩 부는 길거리에 방치하면서 사람을 죽이거나 다치게 한 극악한 범죄자들은 5성급 호텔에서 등 따습고 배부르게 모신다면, 그 모순은 둘째 치고 범죄를 저지르라고 조장하는 꼴이 아닌가. 길거리에서 추위와 배고픔에 떨고 있는 노숙자에게 "이런 데서 왜 고생을 하세요. 사람 몇 명 죽이시고, 식사와 잠자리가 보장되는 편한 곳으로 옮기세요. 기왕에 살인하는 것 왕창 죽여서 종신형쯤 받으시면 함부로 건드릴 사람도 없을 테니 교도소 생활도 훨씬 더 편해질 겁니다"라고 조언하는 악마가 생기지 말라는 법이 어디 있는가.

우리 사회에서 인권을 외치는 사람들의 공통점은 세금이라는 것을 거의 내본 일이 없는 사람들이라는 점이다. 인권에 목을 매느라 변변한 직장이나 직업을 가져본 일이 없이 평생을 반쯤 백수로 살기 때문이다. 돈을 벌어본 일이 없으니 돈의 가치를 제대로 알 리가 없다. 범죄자들을 처우하는 데도 엄연히 국민의 혈세가 들어가는데, 전혀 아랑곳없이 그저 잘 재우고 잘 먹이자는 주장만 되풀이한다. 제 돈으로 세금 내 본 일이 없으니, 세금의 소중함을 알 턱이 없는 것이다.

형법은 법이라는 영역에서 가장 지역색이 강한 규범으로서, 현실의 공동체를 구성하는 사람들의 요구와 전통에 의하여 형성된다. 이것이 흔히 말하는 법 감정이라는 것으로 이는 나라마다 다 다르기 때문에 모든 나라에 다 들어맞는 형법은 존재하지 않는다. 노르웨이에서 브레이빅을 대하듯 우리도 유영철이나 강호순을 그렇게 대할 수는 있겠지만, 그랬다가는 법이 붕괴될지도 모른다. 우리는 서울시 절반 정도의 인구에, 극소수의 이민자를 제외하면 전 국민이 루터복음교라는 하나의 종교를 신봉하며, 세계 6위의 원유 수출국인 노르웨이와는 전혀 처지가 다른 나라다.

기독교적 관점의 문제점 1

　단테의 대서사시 《신곡》은 지옥의 순례로부터 시작된다. 1300년의 부활절인 성 금요일, 인생의 중반기에 접어든 서른다섯 살의 단테는 어두운 숲속을 헤매다 표범과 사자, 암이리 등에게 둘러싸여 절망하던 중 《아이네이스》를 쓴 고대 로마의 위대한 시인 베르길리우스(BC 70~AD 19)를 만나 지옥과 연옥의 순례를 시작한다.

　나를 거쳐서 길은 황량한 도시로 이어지고
　나를 거쳐서 길은 영원한 슬픔으로 이어지며
　나를 거쳐서 길은 버림받은 자들 사이로 이어진다.

　나의 창조주는 정의로만 움직이시니
　전능한 힘과 한량없는 지혜
　태초의 사랑으로 나를 만드셨다.

　나 이전에 창조된 것은 영원한 것뿐이니
　나도 영원히 남으리라.
　여기에 들어오는 이는 모든 희망을 버릴지어다.

　검은 글씨로 지옥으로 통하는 문 위에 새겨져 있다는 글귀다. 《신곡》에서 가장 자주 인용되는 이 글귀는, 사람의 솜씨로 지옥을 이 이상 더 잘 묘사할 수 있을까 싶을 정도로 어둡고 우울하고 몸서리쳐지는 내용이다.
　그런데 이 문을 지나 지옥의 첫 번째 골짜기, 림보(Limbo)에 들어서면 지옥의 무게에 잔뜩 짓눌려 있던 기분이 약간 코믹 모드로 바뀐다. 그곳에는 생전에 선량하고 덕을 쌓았지만 '신앙으로 들어가는 문인 세례를 받지 않아 천국에 가지 못하는 자들의 영혼이 떨어져 있다. 호메로스, 호라티우스, 오비디우스, 루카누스 등 위대한 고대 시인을 비롯해 소크라테스, 플라톤, 아리스토텔레스 등 위대한 철학자, 키케로, 히포크라테스, 탈레스, 제논, 세네카, 유클리드, 데모크리토스 등 우리 귀에도 익숙한 고대의 지식인들까지⋯. '하늘에 오를 가망은 없으나 그 소망만은 지니고 살고 있는' 그리스도 이전의 사람들이다. 따지고 보면 단테를 안내하고 있는 베르길리우스 자신도 서기 19년에 죽는 바람에 기독교를 영접하지 못해 천국행 열차를 놓친 사람이다.

예수는 마태복음 20장에 나오는 유명한 포도농장의 품꾼 비유에서 이른 아침부터 일을 시킨 품꾼에게나 점심 때 고용한 품꾼에게나, 심지어 저녁 무렵부터 일을 시작해 한 시간밖에 일을 하지 않은 품꾼에게나 똑같이 한 데나리온씩의 일당을 주는 게 천국의 교의라고 말했다. 여기에 불만을 토로하는 품꾼에게 포도농장의 주인은 이렇게 말한다. "친구여, 내가 네게 잘못한 것이 없노라. 네가 나와 한 데나리온씩의 약속을 하지 않았느냐. 네 것이나 가지고 가라. 나중에 온 이 사람에게 너와 같이 주는 것이 내 뜻이니라."

사실 기독교에서 말하는 천국이란 곳은 평균적 정의의 관점에서든 배분적 정의의 관점에서든 이 세상의 기준으로는 설명이 불가능한 곳이다. 예수와 함께 십자가에 매달렸던 살인강도도 죄질과 범정에 상관없이 죽기 전단 한 차례의 회개만으로 바로 천국행에 성공했듯이, 딴 것은 필요 없고 오로지 예수에게 줄을 댔느냐 여부만이 천국행의 관건이 된다. 단테는, 생전에 아무리 덕을 쌓아도 신앙이 없으면 구원받지 못한다는 기독교의 이러한 정통 교리를 림보에 웅거한 사람들의 면면을 통해 확인시켜 주고 있다. 버트런드 러셀은 이러한 기독교적 정통교리가 초래할 수 있는 모순을 다음과 같이 유머 넘치는 필치로 표현하고 있다.

이 교리에서는 개인의 영혼이 사정에 따라 내세에서 영원한 축복을 누리게 된다거나 영원한 재앙을 받게 된다고 본다. 그런데 그러한 중차대한 갈림길을 결정하는 사정이라는 것이 어딘가 좀 기묘하다. 이를테면, 만일 여러분이 목사가 무어라고 중얼거리며 물을 뿌려준 직후에 사망하면 여러분에겐 영원한 축복이 내려진다. 그러나 오랜 세월 덕스런 삶을 살아온 여러분이 어느 날 구두끈이 끊어져 상스런 말을 내뱉고 있는 순간 우연히 번갯불에 맞았다면 여러분에겐 영원한 고통이 주어진 것이다.

"매다느냐 마느냐(To hang or Not to hang), 그것이 문제로다."

다들 짐작했겠지만 셰익스피어 4대 비극의 하나로 꼽히는 '햄릿'의 명대사 중 하나를 필자의 조악한 시적 감각으로 살짝 패러디해 본 것이다.

러시아 작가 이반 투르게네프가 인간 유형을 '햄릿형 인간'과 '돈키호테형 인간'으로 구분한 이래 햄릿은 실천력에 심각한 결함을 가진 나약한 지식인의 표상 같은 인물이 됐다. 그가 질질 끌지 않고 아버지를 살해한 범인의 정체를 안 순간 단호하게 복수의 칼을 휘둘렀더라면, 햄릿 자신을 비롯해 그의 모친 거트루드, 옛 연인 오필리아, 그녀의 아버지 폴로니우스, 그녀의 오빠 레어티스, 햄릿의 죽마고우였던 로젠크란츠와 길덴스턴의 7명이나 되는 사람이 목숨을 잃는 일은 없었을 것이다. 하지만 햄릿이 이렇게 머뭇거린 데는 어쩔 수 없는 이유가 있었다.

햄릿의 아버지는, 평소처럼 난초와 함께 낮잠에 빠져 있을 때 햄릿의 숙부가 몰래 접근해 병에 든 독약을 귀에다 부어 살해하는 바람에 "성찬도 임

종의 도유도 받지 못하고 마지막 고해도 못한 채" 저승길에 끌려가 연옥에서
이루 말할 수 없는 고통을 겪고 있다. 유령으로 나타난 아버지로부터 이런
사연을 듣고 온 몸의 피가 끓어 오른 햄릿은 완벽한 복수를 다짐한다. 이런
햄릿에게 마침내 숙부인 클로디어스를 손쉽게 해치울 수 있는 절호의 찬스가
왔다. 그런데 이런 젠장, 하필이면 클로디어스가 햄릿에게 등을 내놓고 있다
는 사실도 모른 채 무릎을 꿇고 기도에 여념이 없었다. 이 장면에서 햄릿의
대사다.

> 들어가라, 검이여. 더 끔찍한 때를 기약하자꾸나.
> 취해서 곤드라질 때, 혹은 화를 내어 발광할 때.
> 혹은 침대에서 근친상간의 쾌락에 빠져 있을 때,
> 도박하다 욕을 내뱉거나, 일말의 구원의 여지도
> 없는 짓거리를 하고 있을 때, 바로 그때
> 지체 없이 처치하리라.
> 그러면 놈의 발꿈치에 천당길이 채여서
> 저놈의 영혼은 검게 물들어
> 시커먼 지옥으로 곤두박질할 테지.
> 어머니가 기다리시겠다.
> 너의 그 기도는 필경
> 네 고통을 연장할 뿐일 줄 알아라.

　햄릿은 세속의 정의로 클로디어스를 심판하고자 한 것이 아니었다. 햄릿
은 클로디어스가 '하늘의 심판'을 받게 하고 싶은 것이다. 버트런드 러셀이 지
적한 '중차대한 갈림길'에서 완벽한 복수를 위해 뽑았던 칼을 칼자루에 다시

넣은 것이다.

그래도 가톨릭은 좀 낫다. 가톨릭에서는 베드로전서 3장 19절 "그가 또한 영으로 가서 옥에 있는 영들에게 선포하시니라"라는 구절을 근거로 예수가 십자가에 달려 죽었다가 부활할 동안 음부에 내려가서 그곳 영들에게 복음을 전하였다고 하면서 사후에도 구원의 기회가 있다고 믿기 때문이다. 단테의 신곡을 보면 노아며 모세, 아브라함과 다윗 왕, 심지어 최초의 인간인 '아담'조차도 림보에서 2000년 가까이 고생하다가 그곳에 잠시 들른 예수를 통해 구원을 받은 것으로 나온다.

적어도 연옥이라는 패자부활전의 기회가 한 번은 더 주어지는 셈이다. 가톨릭은 이러한 교리를 십분 활용해 면죄부(免罪符)라는 유가증권을 발행해 꽤 오랫동안 재미를 봤다. 교황청은 면죄부를 구매하면 기존의 죄는 물론이고 미래의 죄로 인한 형벌까지도 용서받을 수 있고 구매한 돈이 돈궤에 짤랑 하고 떨어지는 즉시 구매자의 죽은 친척들까지도 연옥의 고통에서 해방된다고 선전했다.

개신교는 입장이 다르다. 주지하는 바, 개신교가 가톨릭에서 분가하게 된 계기는 독일 비텐베르크 대학의 신학교수인 마르틴 루터가 1517년 10월 교황청의 면죄부 판매 정책을 강하게 비판하는 내용의 〈95개조 반박문〉을 라틴어로 작성하여 비텐베르크 교회의 문에 게시하면서부터이다. 루터는, 인간의 구원은 전통적으로 교회에서 주장하던 것처럼 선행이나 고행과 같은 인간의 노력을 통해 얻어지는 것이 아니라 오직 성경을 통해서 하느님의 은총으로, 그리고 그리스도에 대한 믿음을 통해서만 얻어진다고 주장했다.

제22조 교황은 연옥에 있는 영혼들의 어떤 징벌도 면제해 줄 수 없다. 교회법에 따르면 이 징벌은 살아 있을 때 속죄해야만 하는 것이다.

우리나라 개신교 교파 중에서 가장 큰 교단은 장로교이고, 장로교의 신학적 기초를 쌓은 인물은 칼뱅이다. 칼뱅이 1559년 '개신교의 로마'인 스위스 제네바에 '제네바 아카데미'라는 신학교를 세운 이후 거기에서 배출된 수백 명의 목사들이 유럽 각지로 파송되어 스코틀랜드의 장로교, 잉글랜드(나중에는 미국)의 청교도, 프랑스의 위그노를 이끌고 가톨릭과 처절한 혈투를 벌였다. 16~17세기 유럽의 역사를 피로 적신 참혹한 종교전쟁이 바로 그것이다.

1572년 8월 '성 바르텔르미 축일'에 파리에서 열린 왕실 결혼식에 참석하러 올라왔다가 그날 밤 가톨릭 측의 기습으로 무참히 살해당한 위그노 신도만 3000명이 넘는다. 종교전쟁 중 독일의 바이에른에서는 인구의 약 50%가, 팔츠에서는 심지어 70~80% 정도가 희생됐다. 신교도와 구교도가 번갈아 우위를 점하면서 상대방을 조직적으로 살상한 종파간 폭력으로 얼룩진 끔찍한 역사를 겪기는 영국도 예외가 아니었다. 오늘날 민주주의의 기본정신으로 알려진 '톨레랑스' 즉 관용이란 말이 역사에 처음 등장한 것도 이 무렵이었다. 이렇게 패를 갈라 서로 죽이다가는 종당에 사람의 씨가 마를 것 같아 어쩔 수 없이 마련한 타협안이었다.

개신교의 출발점이 바로 면죄부 때문이어서 그렇겠지만, 개신교에서는 연옥의 존재를 부정한다. 그 성경적 근거는 히브리서 9장 27절 "한 번 죽는 것은 사람에게 정해진 것이요. 그 후에는 심판이 있으리니"라는 구절이다. 죽으면 끝이다.

가만히 생각해보면 참으로 냉정한 교리이다. 유영철이나 강호순에게 살해당한 피해자 중 생업에 쫓겨 미처 교회를 다니지 못했던 사람들에게는 사후에도 영원한 고통만이 기다리고 있을 뿐이다. 그런데도 이들 연쇄살인범에게는 한 데나리온씩의 일당을 받을 기회가 여전히 남아 있다. 그들에게 그런 기회를 베풀지 못해 안달이 난 목사님과 수녀님이 대한민국 교도소마다 차고 넘쳐난다. 피해자의 가족들 입장에서 보면 피가 거꾸로 솟구칠 일이다.

"이건 너무 불공평한 것 아닙니까?"

불평해봤자 소용없다. 어차피 인간의 이성으로는 어떠한 기준으로도 납득할 만한 대답이 나올 수 없는 상황이다. 목회자들은 이렇게 대답한다.

"죽은 사람은 죽은 사람이고, 산 사람이라도 살아야…."

그런다고 죽은 사람이 다시 살아날 것도 아닌데 죽은 자식 고추 만져봐야 뭔 소용이 있느냐는 식의 심드렁한 대답이다. 우문현답(愚問賢答)일까, 내가 보기엔 동문서답(東問西答)이다. '오직 예수!' 외에는 부모형제와도 거리를 둬야 한다는 것이 예수의 가르침이라지만, 사회적 연대라고는 도무지 느낄 수 없는 강파른 인심이다.

법적으로 정의되는 사람은 '태아가 산모의 몸에서 분리되기 시작한 때부터 심장과 호흡이 정지할 때까지'이지만, 사회적 존재로서의 사람은 한나 아렌트가 《인간의 조건》에서 지적한 것처럼 '출생 이전에 사람들이 아이를 기다리는 그곳에서 시작되어 물리적 생명이 끝난 뒤에 모든 사람들의 기억 속에서 완전히 잊힐 때 끝이 나는' 존재이다. 피해자가 시신의 모습으로 발견됐다고 해서 곧바로 '없는 사람'으로, 나아가 '존재하지 않았던 사람'으로 가볍게 취급할 수 없는 이유가 여기에 있다. 그것은 우리의 전통과 문명의 해체이다.

오래전, 형사법정에 들어갔다가 우연히 강간범죄의 피해자가 증인으로 나와 증언하는 모습을 보고 충격을 받은 일이 있다. 검사의 길어 봤자 2~3분짜리 간단한 신문이 끝나고 피고인의 변호인으로부터 끝없이 쏟아져 나오는 곤혹스런 질문들. 한 인격이 수십 명의 방청객 앞에서 난도질을 당하고 있었다.

그래도 그나마 살아 있기 때문에 다행이다. 죽은 자는 말이 없다. 범죄자가 무슨 모함을 하든 무슨 누명을 씌우든 고스란히 뒤집어쓰게 돼 있다. 정성현한테 실신 상태에서 폭행을 당하고 여러 토막으로 절단돼 암매장된 전화방 도우미를 생각해보자. 그녀가 정성현과 모텔방에서 무슨 대화를 나눴는지 어떤 폭행을 당했는지 지금에 와서 확인할 방법은 전혀 없다. '나이도 많고 못 생긴 게 화대를 턱없이 요구하고, 먼저 욕지거리를 하며 도발했다'고 정성현이 말하니까 그런가 보다 하는 것이다. '살짝 때렸는데 벽에 부딪혀 실신하더니 몇 대 더 때리니까 죽어버렸다'고 하니 그런가 보다 해주는 것이다. 이런 범죄자들의 변명을 그대로 책에 옮겨 '맑은 영혼'의 구제에 나선 교화위원들도 많이 있다. 거기에다 천국행 열차에 탑승할 수 있게 도와주는 영적 서비스까지 갖춰져 있다.

분명히 밝혀두거니와 나는 기독교를 부정하는 사람이 아니다. 다만 일부 기독교인들의 과장된 목회 활동이 무슨 고결한 선행이나 되는 것처럼 과대 포장되고, 그것이 피해자와 그 가족들에게 주는 상처를 드러내고 싶을 뿐이다. '사형제 폐지'라는 아름다운 구호가 누군가에게는 폭력이 될 수 있음을 알았으면 하는 것이다. 예수의 가르침처럼, 시저의 것은 시저에게 하느님의 것은 하느님에게 맡기고 제발 나대지 좀 말았으면 하는 것이다.

도심 한복판에 있는 내 사무실 주변에는 큰 글씨로 '예수천국 불신지옥'이라고 써 붙인 피켓을 들고 돌아다니는 노인네가 있다. 부쩍 늘어난 중국 관광객을 의식해서인지 그 밑에는 '耶蘇天國 不信地獄'이라는 한자표기도 친절하게 부기돼 있다. 내 생각에 이 구호는 '못살겠다. 갈아보자'에 버금가는 것으로, 지금까지 국내에서 나온 구호 중에는 최고의 수작이 아닌가 싶다. 단 여덟 자로 기독교의 핵심교리를 어떻게 이렇게 잘 짚어낼 수 있는지 보면 볼수록 감탄을 금할 수 없다.

그래서 마음이 무겁다. 하느님의 나라에 갈 기회를 뺏기고 억울하게 구천을 떠돌고 있는 영혼들을 생각한다면 아무리 자신의 신앙에 확신이 있더라도 자중이 필요할 것이다.

기독교적 관점의 문제점 2

필자가 즐겨 인용하는 《장자》의 구절이 있다.

"어떤 사람이 용(龍)을 요리하는 기술을 배우기 위해 천금의 가산을 탕진했다. 3년 만에 기술을 익히기는 했으나 그 기술을 쓸 데가 없었다."

열어구(列禦寇) 편에 나오는 말이다. 용 요리 기술을 열심히 익혔으되, 용이라는 게 보기도 어렵고 잡을 수도 없으니 그 기술을 써먹어볼 기회가 없었다는 것이다. 쓸데없는 일에 매달려 돈과 재능을 소진하지 말라는 얘기이다.

이런 헛된 수고를 하는 사람들이 있다. 사형폐지론의 논거를 성경에서 찾으려는 사람이다. 참으로 딱한 사람들이다. 한 편의 시에 대해서도 단행본 수준의 논문이 나올 수 있는 것이 말의 세계다. 특히 성경은 대단히 두꺼운 책이고 거기에는 엄청나게 많은 비유가 들어 있으므로, 우리가 무슨 주장을 하든 성경에서 그 근거를 끌어올 수 있다. 사형폐지에 관한 신학도들의 논문을 보면 쉽게 알 수 있듯이, 성경의 충실한 해석이라기보다 '제 논에 물 대는' 식으로 자기의 주장에 맞는 말을 성경에서 끌어다 붙였다고 보는 게 정확하다.

유학에 공자와 주자가 있다면 신학에는 공자 급에 해당하는 아우구스티누스와 토마스 아퀴나스, 주자 급에 해당하는 루터와 칼뱅이 있다. 아우구스티누스와 토마스 아퀴나스는 그들의 성서 해석 자체가 '기적'으로 인정돼 성인(聖人)의 반열에 오른 사람들이다. 두 사람의 이름 앞에 항상 'St.(Saint)'가 붙는 이유이다.

신학의 공맹(孔孟)이라 할 아우구스티누스와 토마스 아퀴나스 두 사람 모두 사형제를 지지했다. 중세의 신학을 지배했던 아우구스티누스는 '박해자들의 제후'로 평가받는 사람이다. 이 별명 하나만 가지고도 그가 사형제에 관해 어떤 입장을 가졌을지 쉽게 짐작할 수 있을 것이다. 그는 일견 부드러운 말투를 가졌지만, 도나투스파와 펠라기우스파를 이단으로 정죄하고 무자비하게 박해했다. 한 사람의 말과 행동이 어긋날 때 그 사람을 판단하는 기준은 행동이 돼야 한다.

아우구스티누스에 의하면, 자연법은 곧 신법이므로 자연법은 성경의 십계명에 의해 해석되어야 한다. 십계명은 '살인하지 말라'고 명하고 있다. 만약 이를 어기면 어떻게 해야 하는가. 구약에 수도 없이 언급된 바와 같이, '반드시' 죽여 악을 제거해야 한다. 아우구스티누스는 하느님의 명령을 받들어 형벌을 집행할 수 있는 권한이 국가에 있다고 보았다. 아우구스티누스는 범죄자를 잡아 처형하는 국가의 공권력에 기독교적 정당성을 부여했다.

기독교적 자연법의 토대를 마련한 것이 아우구스티누스였다면, 중세의 현실을 고려하여 자연법을 가장 치밀하게 명문화한 사람이 토마스 아퀴나스다. 그의 자연법은 태초에 하느님이 흙으로 막 빚은 올바르고 정의로운 아담이 아니라, 죄를 짓고 천국에서 추방된 '원죄'를 진 인간으로서의 아담을 전제로 한 것이다. 자연법은 인간이 지은 죄를 척결해야 한다. 십계명은 정당한 처벌의 법적 토대이며 구원의 방법이다. 즉 형벌은 죄를 지은 인간을 속죄(贖罪)시킬 수 있는 구원의 수단이므로, 국가가 처벌의 칼날을 휘두를 수 있음은 당연할 뿐 아니라 정의롭기까지 하다.

아퀴나스는 정의를 엄청나게 중요하게 생각한 사람이다. 아리스토텔레스의 철학을 끌어들여 신학의 이론적 토대를 구축한 사람이니 당연한 일이다. 아퀴나스는 천상의 것 중 최고의 덕목은 사랑이며 지상의 것 중 최고의 덕목은 정의라고 규정하면서, 실정법은 정의라는 척도를 따라야 한다고 주장했다. 정의는 절대로 훼손되면 안 될 고결한 이상이며 자연적인 미덕들 가운데 최고의 것이다. 이런 아퀴나스에게, 정의를 우롱한 범죄자에게 어떤 처벌이 적합할지는 더 설명할 필요도 없을 것이다. "악인은 야수보다 악하고 유해하다. … 반드시 죽임으로써 제거해야 한다."

아우구스티누스가 플라톤으로부터, 아퀴나스가 아리스토텔레스로부터 성경 해석의 철학적 토대를 얻었다면, 루터와 칼뱅은 비기독교적 철학을 철저히 배제한 채 오로지 성경 자체의 기독교적 이념에 입각해 성경의 해석에 몰두했던 사람들이다.

루터는 십계명이란 유대 민족이 만든 '작센 법전'에 불과하다고 보았기 때문에 기독교를 신봉하는 사람이 지켜야 할 덕목으로는 결코 적합하지 않다고 생각했다. 그렇다면 루터에 이르러 구약의 사나움이 좀 가셨을까? 그렇지 않다. 루터는 법이란 엄격하면 엄격할수록 좋고, 그것이 야만적으로 적용될수록 인간이 신에게 더 가깝게 다가갈 수 있다고 보았다. 루터는 십계명과 거기에서 파생된 인권 개념조차 못마땅하게 생각한 사람이다. 그는 무자비한 칼날을 거침없이 휘두를 줄 알았던 페르시아나 타타르 등 중동국가의 사람들이 고대 그리스인들이나 로마인들보다 훨씬 더 자연법에 충실했다고 논평할 정도였다. 세상의 모든 죄악을 진압해야 할 책임과 권한을 가진 국가가, 중범죄자를 처형하는 것은 따지고 자시고 할 필요도 없이 너무나 자명한 일이었다. 루터에 따르면 그것은 '신에 대한 봉사'였다. 루터에게 사형폐지란 것은 애초에 발상 자체에 없는 일이었다.

십계명에 대한 칼뱅의 생각은 루터와 크게 달랐다. 칼뱅에게 십계명은 '정의의 길에 관한 영구적이고도 필연적인 규칙'이었으며, 설령 그리스도의 법이 파기되는 한이 있더라도 인간이 반드시 지켜야 할 유일한 가르침이었다. 칼뱅에게 있어 신의 법칙은 구약과 신약으로 따로 분할되지 않으며, 산상수훈(山上垂訓) 역시 모세의 지침과 동일한 가치로 취급됐다.

칼뱅이 사형에 관해 어떤 의견을 지녔는지는 그가 한 일을 보면 알 수 있다. 그는 앞에서 본 인물들과 달리 직접 기독교 국가를 만들어 통치까지 해 본 사람이니 지행일치(知行一致) 그 자체라고 말할 수 있다. 그가 다스리는 동안 제네바는, 추상처럼 엄격한 법 때문에 마치 고요한 남극대륙처럼 돼버렸다. 취침시간을 어기고 조금만 늦게 불을 꺼도, 예배 중에 잠시 한눈만 팔아도 어김없이 처벌이 뒤따랐다. 한 도시가 쌩쌩 부는 찬바람에 메마르고 얼어붙어 생명의 요동을 잃어버린 것이다.

그는 자신이 정한 교리에 동조하지 않으면 가차 없이 '이단'으로 몰아 처형했다. 그중에는 혀가 뽑혀서 죽은 사람도 있고 불에 태워져 죽은 사람도 있다. 칼뱅이 다스린 4년 동안 인구 1만5000명 남짓의 작은 도시에서 무려 58명이 사형에 처해졌고 76명이 추방됐다. 여기에 칼뱅의 충실한 제자들이 벌인 '마녀사냥'까지 포함하면 칼뱅에 의한 피해자의 숫자는 기하급수적으로 확산된다.

성서의 해석과 관련해 가톨릭에서 토마스 아퀴나스, 장로교가 대세인 한국 개신교에서 칼뱅의 위상은 상상을 초월한다. 신학도들이 쓴 사형폐지 논문을 보면, 이제 막 신학에 걸음마를 뗀 신학도가 감히 겁도 없이 이들 네 사람의 이름을 거론하면서 '신학적 해석에 오류가 있었다'고 태연하게 비판하고 있는데, 참으로 어이가 없다. 시골 서당에서 천자문을 막 뗀 학동이 공자와 주자를 싸잡아 비판하는 것과 진배없기 때문이다. 미안한 얘기지만 '번데기 앞에서 주름 잡는다'는 것은 바로 이런 경우를 두고 한 말일 것이다.

성경에서 사형폐지의 논거를 찾는다는 것은 이론적으로는 물론이고 역사적으로도 극히 암담한 일이다. 단적인 예로 기독교가 신대륙으로 가서 한 일을 보라. 콜럼버스가 1492년 산타마리아호를 타고 아메리카에 처음 도착했을 때 그곳에는 1억 명이 넘는 사람들이 살고 있었지만, 그가 이듬해인 1493년 17척의 배에 어마어마한 군대(거기에 사람을 물어뜯도록 훈련된 개를 포함하여)를 거느리고 다시 신대륙을 찾은 이후부터, 신대륙의 원주민은 급격하게 씨가 말랐다.

콜럼버스와 그의 후계자들이 히스파니올라 섬을 점령한 지 겨우 25년 만에 500만으로 추정되던 원주민 인구가 5만 명 이하로 급감했다. 십자가를 앞세우고 등장한 스페인 군대는 원주민 아이들을 붙잡아 세례를 베푼 후 돌에 패대기쳐 개 먹이로 주었다. 이런 일이 아메리카 대륙 전역으로 확산되면서, 사람 발길이 닿지 못하는 아마존 열대 우림이나 고산지대에 사는 극소수의 사람들만이 겨우 살아남았다.

기독교의 역사는 곧 박해의 역사였다. 기독교는 박해받는 종교였지만 313년 콘스탄티누스 황제의 공인 이후에는 박해하는 종교로 바뀌었다. 보쉬에는 1691년 《프로테스탄트에 대한 경고》란 저서에서 특히 가톨릭이 모든 종교를 통틀어 가장 불관용적이라고 자랑스러운 듯이 쓰고 있다.

기독교가 로마제국의 국교로 공인된 이래 천년 넘게 유럽을 지배하는 동안 기독교란 이름으로 수도 없이 고문이 자행되고 엄청난 숫자의 사람들이 처형대의 이슬로 사라졌으니 당연한 일이지만, 역대 교황들이 '사형은 정당하다'고 못을 박은 적도 여러 번 있었다. 또한 이것이 트렌트 공의회의 공식 입장이기도 하다. 교황의 지침은 시기와 장소를 불문하고 항상 정당하다는 무오(無誤) 또는 무류(無謬)의 교리를 따르자면, 오늘의 한국 가톨릭교회가 전개하고 있는 사형폐지 운동은 신학적으로 상당히 문제가 많다.

교황 요한 바오로 2세가 1995년 회칙으로 발표한 〈생명의 복음〉에서도 사형폐지 입장을 칼로 두부 썰 듯 명쾌하게 천명하고 있지는 않다. 사형 집행에 반대하는 모든 성서해석을 사기적이라고 비난했던 토마스 아퀴나스,

1566년 트렌트 공의회에서 사형을 "하느님의 모습으로 창조된 인간의 존엄성을 보호하는 것이고, 살인하지 말라는 제5 계명에 대한 탁월한 복종"이라고 인정했던 피우스 5세 등 가톨릭의 성인들이 제시한 지침에 정면으로 반기를 들기는 어려웠기 때문일 것이다. 그렇더라도 유럽에서 끔찍한 대량학살이 이루어질 때는 입을 꼭 다물고 있다가 도대체 무슨 연유로 유럽 제국이 사형을 다 폐지하고 난 뒤에야 뒷북치듯 그런 회칙을 선포했는지 잘 납득이 안 된다. 버트런드 러셀의 다음과 같은 지적이 예사롭지 않게 들린다.

> 내가 보기엔 기독교에 매달려온 사람들이 대부분 극악했다. 여러분은 이 기묘한 사실, 즉 어떤 시대든 종교가 극렬할수록, 독단적인 믿음이 깊을수록, 잔인성도 더 커졌고 사태도 더 악화되었다는 점을 발견할 것이다. 누구나 기독교를 철저히 믿었던 소위 신앙의 시대에는 고문 기구를 갖춘 종교재판소가 존재했으며, 수백만의 불운한 여인들이 마녀로 몰려 불태워졌다. 종교의 이름으로 온갖 종류의 잔인한 폭력이 온갖 부류의 사람들에게 가해졌던 것이다.
> 여러분도 세상을 둘러보면 알게 될 것이다. 인간의 정서적 발전, 형법의 개선, 전쟁의 감소, 유색 인종에 대한 처우 개선, 노예제도의 완화를 포함해 이 세계에서 단 한 걸음이라도 도덕적 발전이 이뤄질 때마다 세계적으로 조직화된 교회 세력의 끈덕진 반대에 부딪히지 않았던 경우는 한 번도 없었다. 교회들로 조직화된 기독교는 이 세계의 도덕적 발전에 가장 큰 적이 되어 왔으며 지금도 그러하다는 것을 나는 긴 심사숙고 끝에 말하는 바다.

구약에서 사형폐지론의 근거를 찾으려고 안간힘을 쓰는 신학자들이 있는데, 내가 보기에는 참으로 안타까운 일이다. 그것은 마치 숲에서 물고기를 찾으려는 것에 다름 아니다.

"사람이 그의 이웃을 고의로 죽였으면 너는 그를 내 제단에서라도 잡아내려 죽일지니라"(출21:14), "사람을 쳐 죽인 자는 반드시 죽일 것이요"(레24:17), "너는 이같이 하여 너희 중에서 악을 제할지니라"(신13:5), "생명에는 생명으로, 눈에는 눈으로, 이에는 이로, 손에는 손으로, 발에는 발로이니라"(신19:21) 등등 지면 관계상 생략해서 그렇지 사형에 관련된 내용은 대충 훑어만 봐도 엄청나게 많다. 사형에 처해질 죄의 목록도 다양하고 '투석형', '화형', '참수형' 등 집행 방법도 다기(多岐)하다. 뿐만 아니라 그 문언의 내용이 단순명료하여 달리 해석될 여지도 없다.

이렇게 똑 부러지는 말이 있는데, '살인하지 말라'고 했으니 사형은 안 된다거나, 사람은 '하느님의 형상을 닮게 창조된 존재'이니 사형은 안 된다거나, 아벨을 죽인 카인의 사례를 끌어다가 개전의 기회를 줘야지 '바로 집행하라'는 뜻은 아니라거나 하는 식으로 배배 꼬아서 구약의 본지를 왜곡하는 것은 법령이나 의사표시의 해석 방법으로는 빵점이다. 판사가 법에 일의적(一義的)으로 확고부동하게 명시가 돼 있는데도 이런 식으로 있는 대로 비틀어서 엉뚱한 쪽의 손을 들어준다면 사법 자체가 붕괴되는 사태가 생길지도 모른다.

이런 해석은 사형을 명하고 있는 구약의 거의 대부분을 사문화시킬 위험이 있는 데다, 자칫 잘못하면 구약을 마치 단군 신앙처럼 세계 종교가 아닌 유대 민족의 토착 신앙으로 전락시킬 우려가 있다. 한 신학도 왈, 유대 민족은 하느님의 선택을 받은 민족이니 하느님의 나라를 건설하는 데 필요하다면 사형도 불가피한 것이지만 다른 민족은 해당사항이 없는 고로 사형불가라고 눙치는데, 이 무슨 해괴한 논리인가. 하느님의 의(義)를 세우는 것, 하느님의 나라를 세우기 위해 사형을 집행하는 것은 정당하지만 사회적 정의를 세우기 위해 사형을 집행하는 것은 곤란하다니, 이게 과연 국민 된 도리로 할 소린가.

구약에는 많은 가르침이 있는데, 고작 사형폐지란 주제 하나 때문에 구약 전체를 궤변으로 만들려고 하다니 참으로 반(反)기독교적인 태도다. 어느 철학자가 재치 있게 지적한 것처럼, 만약 로마 가톨릭 사회가 '살인하지 말라'는 표현을 지금의 사형폐지론자들처럼 심각하게 받아들였다면, 이 구절은 결국 라틴어를 사용하는 군인이 있는 국가 모두가 완전히 패망하도록 작용했을지 모른다.

16세기 유럽을 강타했던 종교개혁의 핵심을 한마디로 간추리면 구약성서로 돌아가자는 것이다. 로마 전도의 위대한 야망을 품은 타르수스의 바울이, 유대교라는 한 사막 부족의 배타적이고 사나운 신앙에서 벗어나 보다 덜 무자비하며 덜 배타적인 기독교라는 신앙을 창시한 이래 가톨릭과 정교는 기독교를 유대교와의 단절로 정의하면서 구약성서를 무시해왔다.

반면 개신교는 기독교를 유대교의 정통 적자 위치로 복원시켰다. 특히 메이플라워호를 타고 뉴잉글랜드로 간 특수한 형태의 개신교는 성서에 입각해 약속의 땅을 폭력적으로 정복하려는 유대 민족의 정복사업을 북(北)아메리카라는 낯선 땅에서 그대로 재현했다. 북아메리카 원주민들은 종교의 자유를 찾아 메이플라워호를 타고 신대륙을 찾아온 사람들을 따뜻하게 맞아주었지만, 결국 모조리 학살되고 극소수만이 '보호 구역'에 남아 있다.

미국인이 존경하는 건국의 아버지들조차 테러, 굶기기, 만취, 감염, 노골적인 살육 등 필요한 모든 수단을 동원해 이 '열등한 야만족'을 모조리 도륙하라고 촉구했다. "창조주가 지정해준, 세계에서 가장 좋은 이곳을 자연상태로 극소수의 야만인들이 출몰하는 곳으로 방치하겠는가?" 미국의 아홉 번째 대통령인 윌리엄 헨리 해리슨 대통령의 말이다. 구약의 정신에 입각해서 본다면 개신교 원리주의 국가나 다름이 없는 미국에서 사형이 유지되고 있는 것은 교리상 당연한 것이다.

　문제는 신약이다. 예수가 명시적으로 사형제에 관해 입장을 표명한 적은 없다. '죄 없는 자 저 여인에게 돌을 던져라'라고 했지만, 그것이 형벌론의 관점에서 사형 폐지에 대한 의견을 개진한 것인지 아니면 양형론의 관점에서 그 정도 일로 투석형은 좀 심하지 않느냐는 의견을 개진한 것인지는 분명치 않다. 무엇보다 예수 자신이 사형을 불의한 제도라고 생각했다면 오병이어(五餅二魚)의 무한대에 가까운 초능력을 발휘하여 얼마든지 집행을 무력화시킬 수 있었을 텐데도, 기꺼이 사형을 받아들였다. 자신의 죄가 됐든 선조의 죄가 됐든 죄 많은 인류의 대속(代贖)을 위해 십자가를 이용했다는 점에서 사형존치론의 입장에 더 가까운 게 아닐까 싶기도 하다.

　예수의 가르침 중 사형 폐지에 가장 근접한 것으로 "눈은 눈으로, 이는 이로 갚으라 하였다는 것을 너희가 들었으나, 나는 너희에게 이르노니 악한 자를 대적하지 말라. 누구든지 네 오른편 뺨을 치거든 왼편도 돌려대라"(마 5:38, 39)고 한 산상수훈을 들 수 있다. 이를 보면 구약의 사형 조항이 의미를 잃은 게 아닌가 하는 생각이 얼핏 들기도 한다. 하지만 이 가르침은 그 규정의 내용이나 형식에 비춰 볼 때, 내적 도덕규범은 몰라도 십계명처럼 외적 재판규범이 될 수는 없다. 만약 당신이 누군가에게 아무 이유 없이 뺨을 한 대 얻어맞고 억울해서 고소를 했는데, 판사가 가해자와 당신을 법정에 부른 뒤 가해자더러 "자, 피고인. 저분의 왼쪽 뺨도 마저 때리세요!"라고 판결을 했다면 뭐가 되겠는가. 재판이 아니라 개판이 돼버릴 것이다.

　재판규범으로서 십계명의 권위는 예수의 등장 이후에도 연면히 유지되었다고 보아야 한다. 예수도 "내가 율법이나 선지자를 폐하러 온 줄로 생각하지 말라. 폐하러 온 것이 아니라 완전하게 하려 함이라"(마5:17), "진실로 너희에게 이르노니 천지가 없어지기 전에는 율법의 일 점 일 획도 결코 없어지지 아니하고 다 이루리라"(마5:18)라고 못을 박았다.

예수의 산상수훈에는 부처나 묵자(墨子) 같은 성인들은 몰라도 보통 사람들은 따라 하기 힘든 규범이 많이 있다. 가령 예수는 "네게 구하는 자에게 주며, 네게 꾸려고 하는 자에게 거절하지 말라"(마5:42)고 했는데 주변의 독실한 기독교인들 중에 이 가르침을 충실하게 지키는 사람은 단 한 명도 본 일이 없다. 이런 가르침이나 "오른편 뺨을 치거든 왼편도 돌려대라"는 말은 보통 사람들은 준수하기 불가능한 도덕적 이상에 해당되기 때문에 이를 근거로 현실의 제도를 논한다는 것은 있을 수 없다.

기독교인들은 진화생물학자들을 좋아하지 않는다. 자신들의 믿음과 정면으로 배치될 뿐 아니라, 불쾌하게도 자신들의 약점을 정확히 간파하고 있기 때문이다. 진화생물학자들은 유전자는 순전히 이기적인 동기에서 살과 피를 이용해 자신을 외부세계에 기록한다고 믿는다. 따라서 진정한 의미에서의 이타주의, 즉 비(非)혈연을 위한 자기희생 정신은 한낱 감상적인 환상에 불과한 것이라고 단언한다. 기독교인들은 진화생물학자들의 이 같은 주장을 몹시 불편하게 여겨 경멸하기까지 한다. 그렇다면 기독교인들은 과연 거기에서 자유로울 수 있을까? 칼 세이건이 《잊혀진 조상의 그림자》에 적은 다음 글을 음미해보기 바란다.

동물들은 가까운 가족을 위해서 기꺼이 자신을 희생할 수 있다. 그러나 유연관계(類緣關係)가 먼 다른 상대를 위해서라면 그런 행동을 하지 않는다. 이렇게 생각해볼 수 있다. 가령 당신의 아이가 굶고 있고, 집도 없고, 중병에 걸려 있는데 당신은 편안하게 잠을 이룰 수 있을까? 대개의 사람들에게 이런 일은 상상하기 어려울 것이다. 그러나 지구에서 매일 4만 명의 어린아이들이 굶은 채 방치되거나 병에 걸려 죽어 간다. 그 죽음은 능히 피할 수 있는 것이다. 국제연합 아동보호기금과 같은 기관은 간단한 예방접종과 소금, 설탕만 있어도 이런 아이들을 구할 수 있다고 말한다. 하루 몇 센트 정도의 돈이면 충분하다는 것이다. 그러나 그 적은 돈을 어디에서도 구할 길이 없다. 우리는 그보다 중요한 요구에 떠밀리고 있다고 생각한다. 우리가 편안하게 자는 동안에도 아이들의 죽음은 계속된다. 그러나 그런 아이들은 멀리 떨어져 있다. 최소한 내 아이가 아닌 것이다. 자, 이제 당신은 혈연 선택이 실재하지 않는다고 말할 수 있을까?

사형제 폐지론이라는 것도 결국 같은 논리가 아닐까? 기독교인들이 내세우는 "한 생명을 천하보다 귀하게 여기는 것이 기독교의 사명이기에 이미 어찌할 수 없는 생명을 위해 또 생명을 희생시켜서는 안 된다"는 논리 뒤에 도사린 비정한 개인주의를 직시하라. 탐욕스런 부의 축적을 경계했던 예수의 가르침은 온갖 논리를 가져다 붙여 요리조리 빠져나가면서, 누구도 지킬 수 없는 산상수훈을 내세워 희생자 가족의 피맺힌 요구에 어깃장을 놓는 것은 결국 '나와 아무 상관이 없는' 일이기 때문이다. 즉 나와 내 가족이 피해자가 아니기 때문이다. 그렇지 않은가?

대안(代案) 없는 반대

우리 사회에서 사형제 폐지를 주도하는 단체는 1989년 5월 30일 출범한 '한국사형폐지운동협의회(이하 사폐협)'라는 단체다. 사폐협은 그동안 사형제도 폐지를 종국적 목표로 삼고 사형제도 위헌 제청, 사형 폐지 특별법 제정 청원, 공개강좌와 세미나 개최 등 다양한 활동을 펼쳐왔다.

사폐협에는 여러 종교단체가 관여하고 있지만 그중에서 가장 주도적으로 사형제 폐지 운동을 펼치고 있는 종단은 천주교이다. 교황 요한 바오로 2세가 1995년 〈생명의 복음〉(부제: '인간 생명의 가치와 불가침성에 관하여')을 회칙으로 발표한 이래 사형제 폐지는 한국 가톨릭교회의 공식적인 입장이 되었다.

2001년 5월23일 천주교 주교회의 정의평화위원회 산하에 설립된 사형제도폐지소위원회는 김형태 변호사, 조성애 수녀, 이영우 신부, 김덕진 사무국장(천주교인권위원회) 등 위원단을 주축으로 사형제 폐지 운동을 펼치고 있으며 주교단 전체, 사제, 수도자, 신자 등 10만 명의 서명을 받은 사형 폐지 입법청원서를 두 차례 국회에 제출했다. 사형제도의 비인간성을 알리는 만화 자료집 '이젠, 완사폐로!'를 제작 배포했으며, 매년 '사형제도 폐지를 위한 시와 노래의 밤' 콘서트를 열고 있다.

종교계에서는 생명의 존엄성을 강조하며 신의 영역을 인간이 침범해서는 안 된다는 데 기본적으로 입장을 같이 한다. 다만 그것을 교단의 공식적인 입장으로 채택하느냐 여부에 관해서는 가톨릭교회의 확고한 입장과는 달리 상당한 견해 차이가 있다. 예를 들어 한국기독교교회협의회는 사형에 대해 '사법살인'이라고 주장하며 2006년 3월 성명서를 통해 "인간 생명은 어떤 이유로도 박탈할 수 없다"고 발표한 반면, 한국기독교총연합회(한기총)는 사형제도에 지지하는 입장을 내비치고 있어 같은 개신교 안에서도 엇갈린 반응이 나타나고 있다. 어정쩡하기는 불교 역시도 예외가 아니다. 오로지 가톨릭만이 일관된 방향과 결집된 힘을 보여주고 있다.

많은 사람들이 범하고 있는 착각 중 하나가, 가톨릭교회가 오로지 사형만 반대한다고 생각하는 것이다. 천만의 말씀이다. 가톨릭교회의 입장은 사형제 반대에서 한 걸음 더 나아가 사형제의 대안으로 논의되고 있는 가석방 없는 종신형(절대적 종신형)에 대해서도 반대의 입장을 분명히 밝히고 있다.

일례로 프란치스코 교황은 2014년 10월23일 국제형법학회(IAPL) 대표단을 접견한 자리에서 종신형도 사형과 마찬가지로 비인간적인 제도라고 비판하면서 신자들에게 종신형에 대해서도 사형처럼 강력하게 반대할 것을 촉구했다. 프란치스코 교황은 "모든 기독교인과 선량한 사람들은 오늘날 합법 여부를 떠나 모든 형태의 사형제 폐지 뿐 아니라 자유를 박탈당한 사람들의 존엄성을 존중하기 위해 수감 여건 개선을 위해 싸우라는 요구를 받고 있다"면서 "(가석방 없는) 종신형은 감춰진 사형(hidden death sentence)"이라고 비판했다.

가톨릭교회의 성격상 교황의 지침은 절대적이다. 가톨릭교회나 인권단체가 단순히 사형만 반대하는 것이 아님을 이 기회에 분명히 알아둘 필요가 있다.

사실 인도주의적 측면에서 보면 절대적 종신형은 사형제 못지않게 위헌적 요소를 많이 내포하고 있다. 재소자에게 아무 희망이 없는 구금 생활을 영구히 강제한다는 것은 언뜻 생각해도 가혹한 일이다. 서구의 사례를 보면 절대적 종신형을 선고받은 사람 중에는 차라리 사형을 집행해 달라고 청원하는 일이 적지 않다고 하는데, 그런 맥락일 것이다. 김일수 교수는 그의 저서 《형법원론》에서, 리프만이 1912년 제31차 독일법률가대회에 제출한 종신형의 결과에 관한 의견서에서 피력한 견해를 다음과 같이 소개하고 있다.

약 20년의 집행기간이 경과함에 따라 수형자들에게서 '선한 동기의 악화, 완전한 의기소침, 초과만성적인 공포증, 불신, 사회에 대한 반감과 증오' 등이 확인되었다. 이 기간 후에는 인격을 괴사시키는 구속으로 인하여, 내적인 삶의 잔학한 파괴 작업이 시작된다. 인간에게 있어 가장 필요하고 선한 것, 즉 선악에 관한 의지도 서서히, 그러나 확실히 고갈되어 간다. 이러한 수형자들에게는 그를 치료해 줄 수 있는 기쁨이 결핍되어 있어 동·식물적인 연명만 유지되고 있을 뿐 그들은 기계처럼 무감각하고 감정을 잃어버린 자들이 되어 버리다가 마침내는 전적으로 폐인이 되고 말 것이다.

김일수 교수는 이러한 연구결과가 오늘날의 종신자유형 집행의 결과와도 합치된다면, 이러한 제재수단은 위헌일 수밖에 없다고 주장한다. 같은 취지에서, 절대적 종신형이 범죄예방에 효과가 없으며 행동의 자유를 제로에 가까울 정도로 억압해 자유권의 '본질적' 내용을 침해하기 때문에 위헌이라는 주장도 제기되고 있다.

마치 출구 없는 딜레마에 빠진 느낌이다. 절대적 종신형도 위헌이라면 도대체 어떻게 하란 말인가? 유영철이나 강호순 같은 피에 굶주린 짐승들조차도 20년쯤 복역을 시키면 다시 사회에 풀어놓아야 한다는 얘기인가? 아이작 에를리히는 지금도 자주 인용되는 그의 1975년 논문을 통해 한 명의 범죄자를 사형시킬 경우, 그가 앞으로 저지를지도 모를 일곱 건의 살인이 예방된다고 했다. 마이클 스톤은 《범죄의 해부학》에서 보다 구체적인 사례를 제시한다. 이를 보면, 이 문제가 인권이라는 잣대만 가지고 결정할 수 있는 간단한 문제가 결코 아님을 알 수 있다.

연쇄성범죄자를 조기에 혹은 부당하게 석방시켜 재앙을 부른 사례를 연구하려면, 다음의 유명한 연쇄살인범 일곱 명을 연구해 볼 것을 권한다. 윌리엄 보닌, 테드 번디, 게리 하이드닉, 에드 캠퍼, 클리포드 올슨, 데릭 토드리 그리고 잭 운터베거이다. 이 일곱 사람이 석방 후 추가로 강간하고 살인한 희생자의 수가 도합 107명에 이른다.

영화마니아들 사이에 영화사상 최고의 악당으로 꼽히는 인물은 《양들의 침묵》에 나오는 한니발 렉터 박사이다. 수틀리면 언제 달려들어 물어뜯을지 모르는 통제불능의 무지막지한 식인살인마이다. 교도소 동료, 교도관은 물론이고, 의사나 간호사 등 누구도 공격 대상에서 예외가 될 수 없으므로, 팔다리를 꽁꽁 묶고 입에 하키마스크를 채워 놓지 않으면 가까이 접근할 수도 없다.

스콧 터로가 쓴 《극단의 형벌》을 보면 헨리 브리스본이란 흉악범이 소개된다. 영화배우 에디 머피와 비슷하게 생긴 친숙한 얼굴이지만, 하는 짓을 보면 한니발 렉터를 쏙 빼닮은 말 그대로 '살인 기계'이다. 그는 1973년 6월 아무 이유도 없이 젊은 남녀들을 잔혹하게 살해한 혐의로 1000~3000년을 선고받았다. 이 선고 당시에 일리노이주에서는 사형제도가 폐지된 상태였기 때문에, 법원은 일리노이주가 생긴 이래 가장 긴 형량을 부과한 것이다.

브리스본은 교도소에 수감된 뒤에도 계속해서 살인을 저질렀고, 죄수들을 진두지휘해 교도관들을 공격했다. 그 사이에 일리노이주에 사형제도가 다시 부활됐고, 여기에 그가 수감 전에 저지른 다른 살인사건의 여죄까지 추가로 밝혀지면서 그에겐 결국 사형이 선고됐다. 브리스본은 1982년에 사형 선고를 받은 뒤에도 250회 이상의 징계를 받았는데, 그중에는 다른 두 재소자를 칼로 찌른 것, 교도관을 칼로 찌른 것, 나무판으로 교도관의 얼굴을 때린 것, 15kg짜리 추를 재소자의 머리에 던져 중상을 입힌 것 등이 포함돼 있다.

스콧 터로는, 위 책에서 스스로 밝히고 있는 것처럼 법과대학 시절에는 사형폐지론자였다가 법률 실무에 종사하면서 사형존치론자로 돌아섰고, 그 뒤엔 다시 사형불가지론자로 바뀐 사람이다. 스콧 터로는 헨리 브리스본처럼 개전의 가능성이 없는 흉악범의 경우, 구금 조건에 따라서는 사형이 불가피한 게 아닌가 하는 의견을 조심스럽게 개진한다.

헨리 브리스본의 처형이 다른 사람들의 살인을 억제하지 못할지는 몰라도, 브리스본이 사람을 더 죽이는 일을 막아줄 것은 분명했다. 따라서 핵심적인 문제는 세상의 브리스본들, 즉 기록을 보건대 골수까지 악질이어서 기회만 주어지면 분명히 다시 살인을 할 사람들을 통제하는 데 처형 외에 다른 수단이 없느냐 하는 것이었다. 만일 그들의 구금 조건이 살인을 막아줄 수 없다면, 브리스본과 같은 경우에는 사형을 지지하는 주장을 물리치기 힘들 것으로 보였다. 교도관, 의사, 간호사, 다른 재소자들 가운데 누가 불구가 되거나 살해될 것이냐를 놓고 제비뽑기를 시키는 일은 부당하기 짝이 없는 일이다.

이것은 남의 일이 아니다. 얼마 전 신문에 보도된 것을 보니, 2019년 "금 100돈을 사겠다"며 중고거래로 피해자를 유인한 뒤, 둔기로 여러 차례 내리쳐 살해한 혐의로 무기징역을 선고받은 A 씨가 같은 방 수감자를 또 다시 살해해 기소가 됐다고 한다. 〈서울신문〉 2022년 1월21일자에 실린 내용은 다음과 같다.

'지옥의 교도소'···출소 3개월 남긴 40대, 무기수에 맞아 숨져

지난해 말 충남 공주교도소에서 숨진 수용자 박 모(42) 씨는 강도살인죄로 수감 중이던 무기수가 폭행한 것이 원인인 것으로 드러났다.
대전지검 공주지청은 21일 A(26) 씨를 살인죄로, B(27) 씨와 C(19) 씨를 살인방조죄로 기존 죄에 추가 기소했다고 밝혔다.
A 씨는 지난해 12월21일 오후 9시25분쯤 공주교도소 수용거실 안에서 박 씨의 가슴과 복부를 발로 마구 폭행해 숨지게 한 혐의를 받고 있다. B 씨와 C 씨는 박 씨가

A 씨의 무자비한 폭행으로 숨지자 번갈아 망을 보고, 대책을 논의하느라 박 씨를 그대로 방치해 목숨을 잃는 데 일조한 혐의를 받고 있다.

이들의 범행은 이전부터 자행됐다. A 씨는 박 씨가 출소 3개월을 남기고 지난해 가을 공주교도소로 이감해오자 주먹과 몽둥이로 박 씨의 복부를 때리고, 플라스틱 식판으로 머리를 때리고, 샤프연필로 허벅지를 찔렀다. 또 빨래집게로 박 씨의 젖꼭지를 물리고, 성기를 잡고 비트는 행위도 저질렀다.

C 씨는 지난해 12월 박 씨의 머리를 약병으로 내리치고, 뜨거운 물이 든 페트병을 박 씨의 머리에 부어 화상을 입혔다. B 씨는 같은해 12월 박 씨의 머리를 손으로 세 차례 때리는 등 감방 안 동료 3명 모두 박 씨를 괴롭히거나 폭행하는 짓을 서슴지 않았다.

박 씨가 A 씨의 폭행 끝에 쓰러져 병원에 실려왔을 때는 온몸에 상처와 멍이 발견됐다. 이들 3명은 검찰조사에서 혐의를 부인했지만 부검 결과 잔인한 폭행으로 목숨을 잃은 것으로 결론이 났다.

A 씨는 강도살인죄로 수감 중인 무기수로 교도소 안에서 '주인'처럼 군림해온 것으로 전해졌다.

사실 이런 일은 교도소 내에서 너무나 비일비재한 일이다. 문제는 재소자들만 위협을 받는 것이 아니라는 점이다. 〈국민일보〉 2005년 10월31일자에 실린 다음 기사를 보기 바란다.

교도소 무기수 교육 이탈 女강사 성폭행·살해기도

무기수가 교도소 안에서 법무부 여직원을 성폭행하려다 무기징역이 추가로 선고되는 교정 사상 초유의 사건이 벌어졌다. 이 과정에서 재소자가 범죄도구로 쓸 수 있는 쇳조각과 철사줄 등을 소지한 채 아무 제지 없이 활보한 것으로 드러나 허점투성이 교정행정에 대한 비난이 일고 있다.

강간과 살인 미수 등으로 무기징역을 선고받고 복역 중인 김 모(42) 씨는 지난 4월 13일 오전 영등포교도소 내 직업훈련소에서 교육을 받던 중 치과 진료를 핑계로 강의실을 빠져나왔다. 김 씨는 화장실에 숨어 있다 컴퓨터 강사인 법무부 직원 A 씨의 수업이 끝난 뒤 교육실에서 뒷정리를 하던 A 씨에게 흉기를 들고 성폭행하려고 달려들었다. 김 씨는 A 씨가 저항하자 목을 조르며 살해하려 했으나 비명소리를 듣고 달려온 다른 교사에게 붙잡혔다. 서울남부지법 형사11부는 31일 김 씨에게 추가로 무기징역을 선고했다.

1965년 춘천호반에서 목이 잘려 숨진 30대 여인의 시체가 발견됐을 때, 당시 신문들은 '해방 후 최고의 흉악범죄'가 발생했다고 경악했다. 유명한 '춘천호반 여인 토막살해 사건'으로, 한국에서 맨 처음 발생한 토막살인 사건이었다. 그전에도 있었을지 모르나 적어도 신문에서 '토막살인' 용어를 처음으로 써 사람들이 공포에 떨고 수사진행에 따라 사회가 온통 들썩인 건 그때가 시초였다.

1965년이면 해방 후 20년이나 지난 시점이다. 끔찍하긴 하지만 강산이 두 번 변할 정도의 시간에 비추어보면 다소 의외다. 그런 정도의 엽기적 사건은 요즘엔 거의 두세 달에 한 번 꼴로 발생하고 있다. 피해의 규모는 더 커졌고, 피해의 양상도 훨씬 더 끔찍해졌다. 이미 수없이 많은 헨리 브리스본이 교도소에 들끓고 있다.

그러나 구금의 조건은 완전히 다르다. 헨리 브리스본이 이감된 템스 교정센터는 그야말로 금성철벽(金城鐵壁)이라는 말이 딱 어울리는, 미국 내에서 가장 완벽한 구금 시설 중 하나이다. 재소자들은 다른 인간들과 직접적인 신체 접촉을 할 수 없다. 모든 재소자는 하루에 23시간 동안 가로 2m,

세로 3.5m 크기의 일체형 콘크리트 블록 안에서 지내야 한다. 이 블록의 무게는 32t에 이른다. 하루에 한 번 원격 조정 장치를 통해 감방 문이 열리면 재소자는 4m 두께의 콘크리트 벽으로 둘러싸인 가로 3.5m, 세로 8.5m의 작은 공간으로 나가 단 1시간 동안만 운동을 할 수 있는 기회가 주어진다. 빅 브라더의 세상을 완벽히 재현한 이곳에서 조금이라도 지시에 불복할 경우 가차 없는 제재 조치가 내려진다. 완벽히 폐쇄된 공간이며, 극단적인 고독만이 지배하는 곳이다.

우리는 헨리 브리스본 같은 중범죄자를 완벽하게 격리할 수 있는 수감 시설도 없고, 완벽하게 통제할 수 있는 제어장치는 더더욱 불비한 상황이다. 무기수 신창원을 비롯해 그동안 간단(間斷)없이 이어졌던 탈옥의 문제는 논외로 치더라도, 교도소 내부의 보안조차 장담할 수 없는 상황이다. 누가 희생자가 될지는 아무도 모른다. 희생자는 동료 재소자가 될 수도 있고, 법무부 직원이 될 수도 있고, 교도소 내에서 근무하는 의사나 간호사가 될 수도 있다. 그렇다고 다른 사람을 해코지하지 못하게 마냥 독방에 가뒀다가는 인권운동가들이 벌떼처럼 들고 일어날 것이다.

자식도 없고 친지들과도 연을 끊은 스님이나 신부, 수녀들의 경우에는 별로 와닿지 않는 문제가 될지도 모른다. 하지만 인간관계의 씨줄과 날줄로 촘촘하게 얽혀 있는 보통사람들의 생각은 다르다. 그 피해자가 내 자식이 될 수도 있고, 내 형제가 될 수도 있다고 걱정하는 보통사람들의 관점으로는, 인권만을 앞세운 대안 없는 비판에는 결코 공감할 수가 없다. 흉악범의 알량한 인권 때문에 개선 가능한 대다수의 선량한 재소자, 교도관, 의사나 간호사 등을 위험에 방치해 두는 것이 과연 옳은 일인가.

영구히 가두어둘 수도, 그렇다고 쉽게 풀어줄 수도 없는 이 모순적 상황에서 벗어나는 방법은 딱 하나다. 당초 법이 명한 대로 집행하는 방법뿐이다.

"위로부터의 정당화를 자기 속에 갖지 않은 사람의 힘은
수절도(手切刀)를 휘두를 만큼 충분히 강한 것은 못 된다."
– 비스마르크, 1870년 3월1일 제국의회에서의 연설

인간 상호 간에는 연대가 존재한다.
세계의 모든 불법과 불의에 대해, 특히 자신의 면전(面前)에서
또는 자신이 알고 있는 가운데 발생한 범죄에 대한
인간 각자의 공동책임을 인정하는 근거가 바로 이 연대이다.
내가 범죄를 방지하기 위해 할 수 있는 바를 행하지 않았다면,
나도 그 범죄에 대해 공동의 책임을 진다.
– 칼 야스퍼스 《죄의 문제》

제
6
장

사형폐지론의 허구성

논의의 전제

재화나 용역의 거래와 관련된 법체계는 세계 어디든 거의 비슷하다. 즉 어디에서든 동일한 법리에 따라 매매가 이루어지고 임대차 계약이 체결된다. 한국 사람이 미국이나 동남아, 심지어 아프리카 오지에 가도 '돈만 있으면' 거의 불편을 느끼지 않는 이유가 여기에 있다.

이렇게 된 데는 로마법이 결정적인 역할을 했다. 로마법은 논리와 조리에 기초한 공식적이고 합리적이며 법전화된 법으로서, 관습 및 역사에 기초를 두지 않은 독립적인 법이었기 때문에, 국경을 초월해 널리 연구되고 전파될 수 있었다. 우리 민법과 상법도 사실상 로마법을 거의 그대로 계수한 것이다.

로마제국의 위대한 문화적 유산인 로마법이 지구촌을 평정하다시피 했지만, 로마법으로 획일화되기 어렵거나 부적절한 법 영역도 있다. 바로 가족법(신분법)과 형법이다. 국가나 민족에 따라 독특하게 형성돼 온 관습이나 역사, 문화에 토대를 둔 법 영역이기 때문이다.

예를 들어, 동성애가 하나의 권리로서 인정돼 동성 간에 혼인신고까지 허용되는 나라가 있는가 하면, 동성애자로 낙인찍혔다가는 목숨을 부지하기 어려운 나라도 있다. 사촌 간에, 심지어 삼촌과 조카 사이에도 결혼이 가능한 나라가 있는가 하면 우리처럼 불과 얼마 전까지만 해도 동성동본(同姓同本)이라는 이유만으로 혼인을 막았고, 지금도 8촌 이내의 혈족 사이에서 이루어진 결혼은 절대적으로 무효인 나라도 있다. 간통죄라는 것은 서구에서는 오래전에 사라진 화석(化石)과 같은 유물이고 우리도 최근에 와서야 헌법재판소의 위헌 결정으로 그 수명을 다했지만, 아랍 지역에서는 아직도 '투석형(投石刑)'이라는 살벌한 방식으로 처벌되고 있다. 도박도 술도 섹스도 마약도 나라마다 형법적 취급이 다 다르다. 예를 들자면 한이 없다.

사형은 형사사법 제도의 일부이며 그 근거는 형법이다. 앞에서 본 것처럼 형법은 각국의 관습이나 역사, 문화에 토대를 둔 법이기 때문에 항상 현실 상황에 기초해야 한다. 즉, 형법은 현실의 공동체에 현존하는 사람들의 요구와 전통에 의하여 형성되어야 한다. 모든 나라에 다 들어맞는 만능키는 존재하지 않는다.

까마득히 오래전 한반도에 처음 국가란 게 생긴 이래로 사형이 존재하지 않았던 적은 단 한 번도 없었다. 사형은 늘 형의 일부였고, 이 제도의 존치에 관해 아직도 절대 다수의 국민이 찬성하고 있다. 또한 대법원은 물론이고 헌법재판소도 두 차례나 사형제의 합헌성을 선언했다. 실정법으로서, 국민의 법감정으로서, 그리고 최고 사법기관의 법적 판단으로서 사형제는 유효하다.

서구 제국에서 사형을 폐지했다며 우리도 빨리 사형을 폐지하자고 아우성을 치는 사람들이 있다. 딱한 사람들이다. 동네 깍두기가 제 몸에 '차카게 살자'고 문신을 새겼을 때는 나름 진지한 계기가 있었겠지만, 우리가 늘 경험했듯이 그 마음자세가 언제까지 갈지는 예측하기 어렵다. 같은 맥락이다. 역사의 거의 대부분이 피비린내 나는 전쟁 상황으로 점철됐던, 그리하여 사람 목숨 알기를 파리 목숨보다 가볍게 여겼던 게 유럽의 역사다.

그런 서구 사람들이 지난 세기에 전 세계 사람들을 끌어들여 지독한 전쟁을 두 차례나 치른 뒤에, 갑자기 회심해 사형을 없앴다고 해서 우리까지 앞뒤 가리지 않고 부화뇌동할 필요가 없다. 사형을 없앴다고 해 봐야 불과 30~40년밖에 안 됐다. 지금도 요동치고 있지만 앞으로 어떻게 바뀔지는 아무도 모른다. 오히려 우리보다 경제적으로나 문화적으로 선진국이며, 더 깊이 있는 법률 문화를 가진 미국이나 일본에서 사형제를 견고하게 유지하고 있음을 유념해야 한다.

　우리가 교과서나 논문을 보면, 사형폐지론의 논거는 대단히 다양하고 갈수록 풍성해지는 반면, 사형존치론의 논거는 거의 굳어있다. 양문 냉장고처럼 생긴 사형존폐론의 표를 보면, 차변의 사형폐지론은 다양한 음식으로 빽빽하게 채워져 있는 반면, 대변의 사형존치론은 언제 갖다 놨는지 모를 갈비 한 짝 외에는 썰렁하기 그지없다. 사형존치론의 논거라 봐야 실질적으로 '정의를 위해서'라는 딱 한 줄이다. 더 직설적으로 말하면 '저런 짐승 같은 놈들을 어떻게 살려두느냐'는 것이다. 이 불균형에 자신감을 얻은 한 형법 교수는 '논쟁은 끝났다'고 선언한다.

　그러나 사형존치론의 목록이 빈약한 것은 어찌 보면 당연한 일이다. 오랫동안 내려온 어떤 전통이나 제도, 문화 등에 대해서 새삼스럽게 그것을 정당화할 수 있는 이유를 찾는 것은 쉽지 않은 일이며, 사실 그럴 필요도 없다.

　우리는 왜 홍어나 과메기 같이 역한 냄새가 나는 음식을 먹는지, 왜 성인이 된 자녀의 결혼자금까지 부모가 떠안고 사는지, 왜 8촌간에 결혼하면 절대로 안 되는지, 왜 침대 생활을 하지 않고 온돌방에서 지내는지…. 막상 그 이유와 당위성을 논증하려면 결코 쉽지 않다. 이는 소나 돼지를 금기하는 음식 문화를 가진 나라, 형이 죽으면 동생이 형수와 결혼하는 풍속을 가진 나라, 일처다부나 다처다부의 군혼(群婚) 제도를 가진 나라에 사는 사람들도 다 마찬가지일 것이다.

　전통이나 문화를 바꾸려면, 왜 그것을 계속 유지하면 안 되는지, 왜 그것이 타파되어야 할 인습인지를 납득할 수 있게 설명해야 한다. 그러한 설명이 국민 다수의 공감을 얻어 타당성을 확보할 때 법과 제도가 바뀌게 된다. 동성동본 불혼제가 가족법에서 사라지고, 혼인빙자간음죄가 형법에서 퇴출된 이유다.

사형도 마찬가지다. 사형은 우리 사회에서 수천 년 넘게 유지되어 온 제도다. 우리의 문화와 제도 중에 사형만큼 오래된 것은 없다. 그러므로 사형이 왜 폐지돼야 할 제도인지를 딱 부러지게 설명해야 할 책임은 사형폐지론자에게 있다. 시시하게 숫자 싸움이나 하면서 '보세요. 우리가 더 논거가 많지 않습니까?'라고 묻는 것은 논쟁의 구조를 제대로 이해하지 못한 것이다.

말이 길고 논거가 많다고 해서 능사가 아니다. 각종 '로또 당첨 비법'에서 보는 것처럼, 지성(知性)의 증진에도 살림살이 개선에도 보탬이 되지 않는 아무짝에도 쓸모없는 정보도 그럴 듯하게 잘만 포장하면 책으로 한 권 만들어낼 수 있는 게 말의 세계다. 거기에 적힌 모든 말을 다 합쳐도 "그런 쓸데없는 책에 아까운 시간과 돈을 낭비하지 마세요"라는 지금 이 한 마디의 가치만도 못한 것이다.

그러므로 문항의 개수가 문제가 아니라, 현실적으로 얼마만큼의 설득력을 가지고 있느냐가 관건이다. 나는 사형폐지론의 논거가 기존의 사형 제도를 무너뜨릴 만큼 결정적인 것이 아니라면 그 제도의 존폐를 둘러싼 논쟁을 더 지속할 필요가 없다고 보는 입장이기 때문에, 이하에서는 사형폐지론의 논거가 타당한지 여부만 살펴보기로 하겠다.

사형폐지론의 맹아

64세의 장 칼라스는 남프랑스 툴루즈에서 도매상을 영위하는, 자상한 아버지이자 성실한 가장이었다. 그는 1685년 이래 공적인 칼뱅파 예배가 금지되어 왔던 남프랑스에서는 보기 드물게 개신교를 신봉했지만, 종교적 편협함과는 거리가 먼 사람이었다. 둘째 아들이 가톨릭교로 개종했지만 용인했으며, 열렬한 가톨릭 신자인 하녀에게 자식들을 모두 맡길 정도였다.

그러던 1762년 5월9일, 장남인 마르크 앙투안 칼라스가 삶을 비관한 나머지 목을 매고 자살하는 사건이 발생했다. 가톨릭 교리에서는 자살을 살인에 버금가는 대죄(大罪)로 규정하고 엄격하게 금지하고 있었기 때문에 자살자로 판명될 경우 정식 묘지에 매장될 수 없었고 시신은 시내를 질질 끌려다니다가 거꾸로 매달린 채 쓰레기장에 버려졌다. 칼라스와 가족들은 장남의 장례를 그런 식으로 치르고 싶진 않았으므로 아들이 살해된 것 같다고 주장했다.

그런데 이 선의의 거짓말이 뜻밖의 사태로 이어졌다. 이 사건을 보려고 모여든 군중들 사이에서 칼라스가 아들이 가톨릭으로 개종하려 해서 가족들과 작당해 죽였다는 말이 새어 나왔다. 졸지에 가족들 전체가 살인죄의 공범으로 엮이는 사태가 발생한 것이다. 근거 없는 소문과 의구심이 걷잡을 수 없이 증폭되어, 마침내 신교도에게 적대적이며 맹신적이었던 당시 툴루즈 시민들 사이에 급속도로 퍼져 나갔다. 여론이 격앙되자 시 행정관은 칼라스를 체포했다.

1762년 툴루즈 법정은 칼라스가 가톨릭으로 개종하려는 아들을 살해했다는 혐의에 대해 유죄를 인정하고, 칼라스에게 차형(車刑)에 의한 사형을 선고했다. 사형 집행 전에 칼라스는 '예비 심문'이라는 이름으로 법정의 감독 하에 집행되는 혹독한 고문을 견뎌야 했다. 주리와 물고문이 이어지는 가운데 집행관은 칼라스에게 공범의 이름을 대라고 다그쳤다. 칼라스는 이렇게 대답했다고 한다.

"죄가 없는 곳에 공범이란 있을 수 없소."

차형은 두 단계로 진행되었다. 먼저 형 집행자는 죄수를 X자형 틀에 묶고 쇠막대기로 팔뚝, 다리, 넓적다리, 양팔을 각각 두 차례씩 강타해서 뼈를 체계적으로 부러뜨렸다. 교수대 아래에서는 집행관 조수가 사형수의 목둘레를 감은 밧줄을 윈치에 고정시키고 이를 이용하여 척추골을 밧줄로 세게 잡아 탈골시켰다. 그러는 사이 형 집행자는 쇠막대기로 몸통 복판을 세 차례 강타했다.

그러고 나서 만신창이가 된 죄인의 몸을 내려놓고 손발을 고통스럽게 뒤로 젖힌 채 10ft 높이 기둥 꼭대기의 수레바퀴에 고정시켜 놓았다. 죄인은 차형으로 죽임을 당한 이후에도 4원소의 작용에 의해 완전히 분해될 때까지 그곳에 오랫동안 방치된다. 법정은 밀지를 통해 칼라스가 두 시간 동안 고문을 당한 후 그의 몸이 바퀴에 부착되기 전에 목이 졸려 죽는 은혜를 베풀었으나 칼라스는 끝까지 무죄를 주장했다.

나비효과라는 말이 있다. 어떤 대륙에 사는 나비의 작은 날갯짓이 다른 대륙에 큰 바람을 몰고 올 정도의 날씨 변화를 일으키듯, 미세한 변화나 작은 사건이 추후 예상하지 못한 엄청난 결과로 이어진다는 의미다. 칼라스 사건이 그랬다. 이 사건은 프랑스의 계몽작가 볼테르에 의해서 새로운 국면을 맞이하게 된다.

볼테르는 칼라스의 장남은 자살하였으며 칼라스는 오판으로 인하여 억울한 죽음을 당하였다고 주장하면서 칼라스 사건을 명백한 사법살인(司法殺人)으로 규정하고 재심청원 운동에 착수했다. 또한 그는 1763년《관용, 세상의 모든 칼라스를 위하여》라는 책을 펴내, 칼라스가 처형당하는 장면을 상세히 묘사하여 고문과 형벌의 남용을 비판하고, 관용의 정신만이 '다름'을 빌미로 삼아 온갖 잔인한 폭력과 살인을 일삼아 온 종교적 박해와 편협함을 치유할 수 있다고 설파했다.

볼테르의 문제 제기 이후 많은 변호사들이 1760년대에 칼라스에 대한 유죄판결을 비판하는 서한들을 출간했다. 이러한 의식의 변화는 1789년 프랑스 대혁명까지 근 30년 동안 사형의 적용과 집행이 현저하게 줄어드는 결과를 초래했다. 예를 들어 파리의 경우에 연간 50건 넘게 집행됐던 사형이 매년 큰 폭으로 감소되다가 대혁명 직전인 1788년에는 0건을 기록했다.

파리의 온 지식인들이 칼라스 사건으로 떠들썩할 때, 이탈리아의 투스카니에서 익명의 저자가 쓴 책이 한 권 출판됐다. 이 책은 간행 즉시 전 유럽을 강타했다. 인쇄술의 시대 이래 어떤 책도 이처럼 신속하고 광범위하게 번역되어 읽혀지고 열정적으로 찬양된 적은 없었다. 체사레 베카리아가 1764년 출간한 《범죄와 형벌》이 바로 그 책이다. 베카리아는 사형제에 관해 다음과 같이 적었다.

> 인간은 무슨 권리로 그의 이웃을 도살할 수 있는 것인가? 주권과 법의 원천이 되는 권능으로부터 나온 것은 확실히 아니다. 법은 각 사람의 개인적 자유 중 최소한의 몫을 모은 것 이외의 어떤 것도 아니다. 법은 개개인의 특수 의사의 총체인 일반의사를 대표한다. 그런데 자신의 생명을 빼앗을 권능을 타인에게 기꺼이 양도할 자가 세상에 있겠는가? 각 사람의 자유 가운데 최소한의 몫의 희생 속에 어떻게 모든 가치 중 최대한의 것인 생명 그 자체가 포함된다고 해석할 수 있을까? 만일 이 같은 점을 수긍할 수 있다면, 그 원칙이 자살을 금지하는 다른 원칙과 어떻게 조화될 수 있을 것인가? 인간이 자신을 죽일 권리가 없는 이상, 그 권리를 타인이나 일반사회에 양도하는 것 역시 불가능한 것이다.

베카리아의 이러한 주장은 2년 전, 그러니까 칼라스 사건이 발생한 1762년에 나온 루소의 《사회계약론》을 염두에 둔 것이었다. 루소는 사회계약은 생명의 보존을 목적으로 하는바, 그 목적을 이루려면 다소의 위험과 때로는 상당한 희생도 필요하다고 주장했다. 그러므로 타인의 희생으로 자기 생명을 보존하려는 자는 필요할 경우에는 타인을 위해서 자신의 생명을 기꺼이 내놓고 희생해야 한다. 루소의 생명 '존중'은, 그것을 구현하기 위해 과감하게 생명을 '경시'할 것을 요청한다. 루소는 범죄인의 사형도 같은 관점에서 인정한다.

> 우리가 살인자가 되었을 때 기꺼이 사형을 받겠다고 동의하는 것은, 우리 자신이 살인자의 희생물이 되지 않기 위해서이다.

베카리아는 루소와 마찬가지로 형벌제도의 합법성을 사회계약에서 구하면서도, 생명권은 본질적으로 개인이 양도하거나 위임할 수 있는 권리가 아니므로 사형은 사회계약의 본지에 반한다고 주장하며 루소의 주장에 반기를 들었다. 즉 누구도 자신의 목숨을 처분할 권리가 없는데, 어떻게 계약자 자신이 만일 살인자가 되면 자신의 목숨까지도 내어 놓겠다는 내용 즉 생살여탈(生殺與奪)의 권리를 국가에 양도할 수 있느냐고 물었다.

사회계약론은 정치철학적 측면에서 국가권력의 근거, 국가와 개인의 관계를 규명하기 위한 이론적 도구이며, 그 출발점은 홉스의 《리바이어던》이다. 홉스에 따르면 자연 상태, 즉 국가가 출현하기 이전의 질서도 선악의 판단 기준도 없는 상태에서 '만인의 만인에 대한 투쟁 상태'는 피할 길이 없고, 그 속에서 사람은 '쓸쓸하게, 가난하게, 더럽게, 무식하게, 짧게' 살 수밖에 없다. 이 무시무시한 상황에서 벗어나려면 인간은 천부적인 자유권을 포기하고 대신 다른 인간이 자신의 생명권을 존중할 수 있도록 만들어야 한다. 국가 또는 리바이어던은 사회계약이라는 형태로 이런 상호거래를 보장한다. 즉 개인은 만인의 만인에 대한 투쟁 상황 때문에 자연 상태에서는 누릴 수가 없는 천부의 권리를 이로써 보장받는다.

자연 상태의 인간에 대한 루소의 묘사는 홉스와는 전혀 다르지만, 자연 상태의 인간을 고립된 개인으로 보았으며, 따라서 사회는 자연적이지 않다고 여긴 점에서는 일치한다. 즉 두 사상가 모두 사회가 어느 정도 인류의 역사가 흐른 다음에야 나타났으며 천부의 자유권을 희석시킴으로써 탄생했다고 생각했다.

그러나 루소도 《인간불평등 기원론》의 첫머리에서 인정했듯이 국가 성립 이전의 자연 상태는 '비역사적이고 입증 불가능한 가정'에 불과하다. 오히려 현대 생물학과 인류학의 연구 성과에 따르면 인간의 진화 과정에서 인간이 고립된 개인으로 존재했던 적은 단 한 번도 없었다. 가장 기초적인 형태의 협력은 수백만 년 전 인간이 탄생하기 전부터 이미 있었으며, 인간이 의식적이고 합리적인 결정에 따라 사회적, 정치적 삶을 시작한 것은 아니었다. 공동체적 조직은 자연스럽게 생겨났다. 엄밀히 따져 인간이 역사 속에서 점차 계발해 온 것은 사회성이 아니라 개인주의였다.

존재하지도 않고 존재해본 적도 없는 사회계약을 전제로, 계약 주체가 국가에 생명권의 위임이나 처분이 가능한지 여부를 따지는 것은 지극히 관념적이고 공허하다는 느낌을 지울 수 없다. 계약이 일상화된 서구와 달리, 국가의 성립을 계약과 결부시켜 생각해 본 적이 단 한 번도 없는 동양인의 관점에서는 더더욱 그렇다. 아무튼 사회계약론에 기초한 베카리아의 사형폐지론과 관련해서는 《도덕 형이상학》에서 칸트가 했던 다음과 같은 비판을 경청할 필요가 있다.

베카리아 후작은 허황된 인류애에 대한 공감에서 모든 사형의 불법성을 주장했다. 사형은 근원적 시민계약에 포함될 수 없기 때문이라는 것이다. 그럴 경우에는 국민 각자는 만일 그가 (국민 중) 다른 사람을 살해한다면 자신의 생명을 상실하는 것에 동의해야만 할 것인데, 그러나 어느 누구도 자신의 생명을 처분할 수 없기 때문에 그와 같은 동의는 가능하지 않다는 것이다. 모두 궤변이자 법의 왜곡이다.

누구든 처벌을 원했기 때문이 아니라 처벌받아야 할 행동을 원했기 때문에 처벌을 받는 것이다. 왜냐하면 자신이 원하는 것이 자신에게 일어난다면 그것은 처벌이 아니며 또한 처벌받기를 원하는 것은 가능하지 않기 때문이다. ― '내가 누군가를 살해하는 경우 나는 처벌받기를 원한다'라고 말하는 것은 곧 '나는 다른 모든 사람과 함께 국민 중에 범죄자가 있는 경우 당연히 형법이 될 법칙들에 복종하겠다'라고 말하는 것이다. 형법을 부여하는 입법자의 일원으로서의 나와 법칙에 의거하여 처벌받는 신민으로서의 나는 하나의 동일한 인격일 수 없다.

형벌의 패러다임이 '신체형'에서 '법익의 박탈'로 전환되기 이전에, 그러니까 신체형의 하나로 진행됐던 사형은 신속한 생명의 박탈보다는 생명을 '수많은 죽음'으로 분할하고 생존이 정지될 때까지 '최대한으로 정교한 고통'을 만들어내는 데 초점을 맞추고 있었다. 또한 생명형으로서의 사형이 생명 그 자체의 박탈에만 목적을 두고 외부의 시선이 미치지 않는 은밀한 곳에서 집행을 마친 반면, 신체형으로서의 사형은 사형수가 감옥에서 형장까지 연행되는 '죽음의 길'에 수많은 구경꾼들이 몰려들어 시끌벅적한 축제를 벌이는 화려한 의식(儀式)의 형태로 진행되었다. 범법자는 자신의 고통을 통해 공동체에는 일체성을, 국가에는 질서를 회복시켜주는 일종의 제물로 기능했다.

18세기 후반에 전개된 사형제도 비판론은 사형제도 그 자체에 대한 반발이라기보다는 '신체형으로 진행되는' 사형에 대한 반발의 성격이 짙었다. 즉 고통스럽고 지루하게 질질 끌면서 수형자의 절규와 고통을 최대로 증폭하고, 있을 수 있는 모든 고통이 끝난 다음에도 시체의 조리돌림, 교수대를 이용한 시체의 공시(公示) 등을 통해 신체를 그렇게 끝까지 추적해 나가는 극단의 폭력에 대한 반발이었다.

그러므로 반발의 출발지도 '신체'였다. 자신의 배설물을 남에게 보이는 것은 수치스러운 일이고, 공동의 사발로 음식을 먹거나 모르는 사람과 한 침대에서 자는 것은 불쾌한 일이라는 사실이 사람들의 관념 속으로 들어온 것은 인류의 역사에 비추어 그리 오래된 일이 아니다. 문명의 발달과 더불어 신체는 공동체로부터 더욱 분리되고 자기 소유물이 되고 개인화되기 마련인데, 18세기를 거치며 그러한 경향이 눈에 띄게 증가했다. 사람들은 코를 손으로 풀기보다는 손수건을 사용하기 시작했고, 프랑스의 주택에서 방은 응접실과 '침실'로 분리되기 시작했으며, 회화의 중심은 초상화로 바뀌어 많은 서민들이 자신과 가족의 초상화를 주문하기 시작했다.

잔혹하고 비정상적인 형벌에 대한 저항

18세기 이후에 나타난 인간 신체에 대한 새로운 관심은, 잔혹한 고문에 노출된 범죄자와의 공감(共感)으로 이어졌다. "범죄자도 우리의 가족과 친구들과 똑같은 재료로 구성된 영혼과 신체를 소유하고 있으며, 그 재료는 뼈의 골질이다." 이제 고통과 신체는 공동체가 아니라 오로지 개인에게 귀속되었다. 개인은 더 이상 공동선이나 종교적 대의를 위해 희생될 수 없었다.

칼라스 사건이 있은 후 14년 뒤인 1776년 7월4일, 인류 역사에 길이 남을 '선언' 하나가 신대륙에서 발표된다. 토마스 제퍼슨이 기초한 '미국 독립 선언문'이 바로 그것이다.

우리는 이 진리들을 자명하다고 여기는바, 모든 사람은 평등하게 창조되었으며 창조주로부터 양도할 수 없는 특정 권리들을 부여받았는데, 그중에는 삶과 자유와 행복의 추구가 있다. 이 권리를 확보하기 위하여 인류는 정부를 조직했으며, 정부의 정당한 권력은 피통치자의 동의에서 나온다.

그리고 13년 뒤인 1789년 프랑스에서 '인간과 시민의 권리 선언'이 나온다.

제7조 법이 정한 경우를 제외하고는, 또한 법이 규정한 절차에 따르지 않고는 어느 누구도 소추, 체포 또는 구금될 수 없다. …
제9조 모든 사람은 유죄 선고를 받기 전까지는 무죄로 추정된다.

'인간과 시민의 권리 선언'은 "하룻밤 사이에 모든 이의 언어를 바꿔놓았다"는 평을 들을 만큼 엄청난 파급력이 있었다. 선언은 인간의 권리에 관한 열정적인 토론을 촉발시켰으며, 이전에는 상상할 수도 없는 정치적 토론의 공간을 활짝 열었다. 무산자나 종교적 소수자의 권리를 둘러싼 논쟁은 더 첨예해졌고, 그때까지 정치적 지위를 전혀 갖지 못했던 노예나 여성을 둘러싼 새로운 논쟁이 시작됐다.

권리 선언의 물결 속에서 고문은 완전히 폐지되었다. 이제 형벌의 대상은 신체에서 법익(法益)으로 대체되었다. 차형이나 화형처럼 사형에 수반된 고문들이 사라졌고, 가능한 한 고통을 주지 않고 참수하기 위해 단두대가 발명됐다. 갤리선에서 노를 젓게 하는 형벌과 유형은 금고형과 강제노역으로 대체됐다.

대륙에서 시작된 사형폐지 운동은 영국으로 자리를 옮겨 시즌 2를 이어갔다. 잔혹한 고문의 폐지와 더불어 대륙에서의 사형폐지 논의가 거의 사라진 반면, 영국에서 20세기 중반까지 이 논의가 활발하게 전개된 데는 나름의 이유가 있었다.

헨리 8세 치하 35년(1509~1547)간 약 7만2000명이 처형되었고, 엘리자베스 1세 치하 46년(1558~1603)간 약 8만9000명이 사형에 처해졌다고 공식적으로 기록돼 있을 만큼, 영국은 사형이 넘쳐나는 나라였다. 영국의 법률 개혁론자이며 정치인이었던 사무엘 로밀리는 의회에서 영국의 극심한 사형 제도를 비판하며 이렇게 말했다.

"솔직히 이렇게 광범위한 죄목으로 사형을 남발하는 나라는 우리 영국을 제외하고는 유럽 어디에서도 찾아볼 수가 없습니다."

'피의 법전(Bloody Code)'으로 불리었던 영국 형법은 사형으로 처단할 수 있는 죄목이 220개가 넘었다. 훌륭한 법률 전문가도 그 정확한 숫자를 다 알 수 없을 지경이었는데, 그중에는 아주 사소한 범죄도 있었다. 이유 없이 나무를 베는 일, 소매치기, 협박장을 쓰는 일, 양어장의 손괴, 밀렵, 집시와 교제하는 일 등.

이와 같이 엄격한 판결의 희생자 중에는 19세기 중엽에 이르기까지 소년이나 어린아이도 포함돼 있었다. 1801년에는 13세 소년이 어느 집에 침입하여 스푼 한 개를 훔친 죄로 교수형에 처해졌다. 몇 해 뒤 1808년에는 린이라는 도시에서 무슨 죄인지는 모르겠지만 7세의 여자아이가 교수형을 받았다. 1831년에는 첼름스포드에서 9세의 사내아이가, 메이드스톤에서는 13세의 사내아이가 처형됐다.

여기에는 나름의 이유가 있었다. 19세기 이전에 범죄는 단순한 사건이 아니라 사회적 현상이었다. 비좁은 도시로 사람들이 몰려들면서 폭력과 범죄가 서식하기 좋은 환경이 조성됐다. 범죄나 구걸을 통하지 않고서는 생존이 불가능한 사람들이 도시를 가득 채웠으므로, 이를 엄격하게 통제하지 않을 경우 사회 자체가 붕괴될 판이었다. 유럽 대륙이 종교 전쟁을 통해 서로 간에 엄청나게 죽이면서 잉여인구를 줄여왔다면, 영국에서는 형벌을 통해 잉여인구를 줄여온 셈이다.

1808년 앞서 소개한 사무엘 로밀리가 소매치기나 경범죄의 경우 사형을 부과할 수 없도록 형벌규정을 바꿔야 한다고 주장했고, 1823년 의회는 '사형 판결에 관한 법'을 제정했다. 이 법이 제정되기 전까지는 200여 개가 넘는 사형 죄목에 해당되면 무조건 사형을 선고할 수밖에 없었는데, 이 법이 제정되고서야 반역죄와 살인죄를 제외한 나머지 범죄에 대해서 비로소 판사에게 재량이 생긴 것이다.

1830년대 이후 사람들은 이전의 형사사법 체제에 대해 의문을 품기 시작했다. 그렇게 범죄인들에 대해 사형 집행을 할 필요가 있을까 하고 말이다. 영국의회는 1832년 기존 200여 개가 넘던 사형 죄목의 3분의 2를 폐지하기로 결정했다. 문서 위조와 관련된 모든 범죄에서도 사형을 폐지했다. 집행당한 죄수를 새장 같이 생긴 울타리에 넣거나 체인으로 묶은 후 완전히 썩어서 분해될 때까지 높은 기둥에 매달아 놓는 제도인 'Gibbeting'이나 'Hanging in chains'와 같은 제도도 1832년과 1834년에 각각 폐지됐다.

'잔혹하고 비정상적인 형벌'에 대한 저항은 형사사법의 개정과 사형의 감소로 이어졌다. 형법과 형사소송법의 개정, 경찰제도의 정비, 감옥과 각종 구금시설의 개선, 사형과 기타 신체형의 축소 등, 형사사법 전반에 걸쳐 실로 획기적인 변화가 이루어졌다. 하지만 사형 그 자체를 '잔혹하고 비정상적인 형벌'로 본 것은 아니었다. 이러한 시각은 영국뿐 아니라 서구의 모든 나라가 다 마찬가지였다.

미국 수정 헌법 제8조는 "잔혹하고 비정상적인 형벌을 과하지 못한다"고 규정하고 있다. 미국의 헌법 제정자들은 영국 역사에 팽배한 잔혹 행위를 막을 만한 보호 장치가 필요하다고 느끼고 있었다. 무엇이 잔혹하고 비정상적인 형벌인지에 대한 주요 논쟁이 독립혁명 당시에 이루어졌으며, 헌법과 권리장전을 작성할 때까지 이어졌다. 미국의 헌법 제정자들은 1689년 영국 권리장전 제10조에 구체화된 금지 조항을 거의 똑같이 차용해 수정 헌법 제8조에 포함시켰다. 서굿 마셜 판사는 퍼맨 대 조지아 주 사건(1972년)에서 수정 헌법 제8조에 관해 이렇게 말했다.

영국의 권리장전에 있는 잔혹하고 이상한 처벌 금지 조항이 지나치거나 불법적인 처벌에 대한 대응으로 해석해야 하는지, 혹은 야만적이고 좋지 않은 처벌 방법에 대한 대응으로 해석해야 하는지, 아니면 두 가지 다라고 할 수 있는지에 상관없이, 우리의 국가 설립자들은 그 언어를 차용해 수정 헌법 제8조에 포함시키면서 고문이나 기타 잔혹한 처벌을 불법으로 규정하고자 했습니다.

권리장전의 다른 부분과 달리 '잔혹하고 비정상적인 형벌'과 관련하여 대법원이 내린 판결은 매우 적었다. 미국 정부와 법원에서 진행되어온 논쟁은 사형이 수정 헌법 제8조를 위반하고 있기에 금지되어야 하는가였다. 대법원이 다룬 첫 번째 소송사건은 사형 자체가 아니라 사형 방법에 관련된 것이었다. 1878년 대법원은 죄수들을 처형하는 방법으로 총살 분대를 사용하는 방법을 인정했으며, 10여 년 후에는 인도적인 처형 수단으로 도입된 전기의자의 사용을 승인했다. 1세기가 지난 지금 대법원은 현재의 '인도적인' 처형 방법인 독극물 주사를 인정하고 있다.

1972년 6월 미국 대법원은 전혀 예상하지 못했던 판결을 통해 미국 전역에 있는 약 600명의 수감자들에게 내려진 사형 선고를 무효화했다. '퍼먼

대 조지아 주 사건'에서 5대 4의 극적인 과반수로 당시의 사형제도가 잔인하고 비정상적인 형벌 금지 조항을 위반했다고 선고했다.

거두절미하고 '사형은 위헌'이라는 퍼먼 판결의 결론만 가지고 얘기하는 사람들이 많지만, 유감스럽게도 대법원의 판결을 잘못 이해한 것이다. 판사 과반수는 사형제도 자체가 헌법에 위배된다고 말한 것이 아니라 사형제도가 적용되었던 법률의 해석과 적용이 비이성적이며 임의적이어서 수정 헌법 제8조에 위반된다고 말했을 뿐이다. 즉 단순 강간범에 불과한 흑인 피고인에게 사형을 선고한 판결에 대해 인종 차별과 비례성 위반에 주안점을 두고 위헌을 선언한 것이지, 사형 자체가 위헌이라고 본 것은 아니었다.

퍼먼 판결에서 대법원은 여러 주에서 실시하는 사형제도를 반대했다. 그러나 그 이유는 판사마다 제각각이었다. 몇몇 판사들은, 수정 헌법 제8조가 금지하는 잔인하고 비정상적인 처벌이라는 근거로 반대를 했고, 또 다른 판사들은 주 법이 차별적인 방식으로 적용된다는 점에서 반대했다. 1972년의 이 불확실한 판결문 때문에 하급 법원 판사들뿐만 아니라 주 의회도 곤란해졌다. 이후 몇 년 동안, 이전에 사형 선고를 내렸던 37개 주 모두 퍼먼 판결문이 담고 있는 법적인 기준에 맞추기 위해 주 법을 다시 만들었다. 1976년, 대법원은 만족스러운 기준을 찾기 위한 노력으로 새로운 주 법률을 살펴보기 시작했으며, 마침내 그렉 대 조지아 주 사건에서 수정된 조지아 주 사형 관련 법령을 승인하게 되었다.

이상에서 본 바와 같이 사형이 수정 헌법 제8조에 위반되는지에 관해서는 몇 차례 법정 공방으로 다뤄진 바 있다. 하지만 사형 방법이나 비례성(범죄와 형벌의 균형성)과 관련된 것이었지, 사형제 자체의 위헌성이 다뤄진 것은 아니었다. 대법원은 '고문이나 기타 잔혹하고 이상한 방법이 동원되지 않는다'는 조건에서 주 정부가 사형 집행 방법을 자주적으로 결정할 수 있다는 입장을 견지해왔다.

　수정 헌법 제8조와 비슷하게 '잔혹한 형벌'의 금지를 규정한 조문이 일본 헌법에도 있다. 일본 대법원은 사형제 자체가 바로 헌법 제36조의 '잔혹한 형벌'에 해당된다고 보는 것은 타당치 않고 그 집행 방법과 관련시켜 보아야 한다는 논지에서, 사형이 잔혹한 방법에 의해 집행될 경우 헌법 제36조에 위배되나 교수형은 반(反)인도적인 방법이 아니므로 합헌이라고 판결했다.

　지금까지의 논의를 정리하자면, 사형이 '잔혹하고 비정상적인 형벌'이 되지 않으려면 다음의 두 가지 요건을 충족해야 한다. 첫째, 처벌이 실행될 때 불필요하고도 무자비한 고통을 가하는 일이 없도록 해야 한다는 점이다. 둘째, 전체적으로 범죄의 심각성과 비례하여 처벌이 내려져야 한다는 점이다.

　우리의 경우는 어떤가? 교수형이 '잔혹한' 형벌이 아니라는 점에 관해서는 거의 다툼이 없는 듯하다. 집행 과정에서 가끔씩 문제를 일으켰던 전기의자나 독극물 주사의 부작용 사례를 보면 차라리 교수형이 더 인도적인 방법이 아닌가 하는 생각이 들 정도이다.

　낡은 사형 집행실은 학교 교실 같았다. 방은 좁고 기다랬으며 천장은 낮았다. 신문기자용 긴 의자와 책상이 있었고, 그 맞은편에 싸구려 나무로 만든 전기의자가 놓여 있었다. 천장에서 빳빳한 전선이 내려와 의자에 연결되어 있는 것이 눈에 띄었다. 방은 말 그대로 공포 분위기를 자아냈다. 그러나 그 공포는 다른 데서 오는 것이 아니라 사형 집행실의 단순함에서 왔다. 처형대인 전기의자에서는 오히려 공포심이 느껴지지 않았다. 다시 말해, 극적 효과의 부재가 자아내는 불길한 징조가 다른 무엇보다 더 무서웠다. 전기의자 바로 뒤에 나무로 칸막이가 되어 있는 곳이 있었다. 사형이 집행되면 사체를 그곳으로 옮겨 검시한다고 했다.

"죄수가 전기 충격으로도 숨이 완전히 끊어지지 않았을 때에는 외과적으로 목숨을 끊습니다."

한 의사가 우리에게 설명했다. 그리고 사형된 직후 뇌의 혈액 온도가 섭씨 99도라는 말도 덧붙였다. 우리는 아찔한 기분으로 사형 집행실을 서둘러 빠져나왔다.

— 찰리 채플린《자서전》중에서

누가 사형 선고를 받는지에 관해서는 이미 앞에서 살펴본 바 있다. 매년 1000건 가까이 살인사건이 발생하는 나라에서 제1심 기준으로 사형을 선고하는 건수가 한두 건에 불과하고, 그나마 대법원까지 유지되는 경우도 많지 않다는 점을 감안하면 현재 우리나라의 사형제도를 '비정상적인' 형벌이라고 말할 수도 없다.

관점의 전환

조지 오웰은 그의 나이 20세가 되었을 때, 대학에 진학하지 않고 미얀마로 떠나 인도제국 경찰로 약 4년간 근무했다. 조지 오웰은 자신이 집행관의 일원으로 미얀마의 한 감옥소에서 사형을 직접 집행하며 받았던 기묘한 느낌을《교수형》이란 제목의 수필에서 다음과 같이 적고 있다.

교수대까지 40yd 정도 남았다. 내 앞에서 걸어가는 사형수의 벌거벗은 갈색 등이 보였다. 손이 묶여 있어서 걸음걸이는 조금 어색했지만, 머리를 까딱거리며 절대로 무릎을 똑바로 펴지 않는 인도인 특유의 꾸부정한 자세로, 그는 야무지게 걸었다. 발걸음을 옮길 때마다 근육이 매끈하게 튀어나왔으며, 정수리에 동여맨 머리타래가 아래위로 나불거렸고, 젖은 자갈길 위에 그의 발자국이 도장처럼 새겨졌다. 교도관들이 그의 어깨를 죄고 있음에도 불구하고, 그는 길 위의 조그만 웅덩이를 피하기 위해 딱 한 번 발걸음을 가볍게 옆으로 옮겼다.

이상하게도, 그 순간까지 나는 건강하고 의식 있는 한 인간을 죽이는 것이 어떤 일인지 한 번도 생각해 보지 못했다. 그런데 지금 사형수가 웅덩이를 피하기 위해 발걸음을 딴 데로 옮기는 것을 본 순간, 나는 절정에 달한 생명을 앗는 부당함과 그 말할 수 없는 사악함을 보았다. 이 사람은 죽어가고 있는 것이 아니라 우리처럼 팔팔하게 살아 있다. 육체의 모든 기관이 살아 움직이고 있다. 창자는 음식물을 소화해 내고, 피부는 스스로를 재생시키고, 발톱은 자라고, 세포도 계속 형성되고 있다. 모든 것이 어리석을 정도로 악착같이 작용하고 있다. 그가 교수대 발판에 세워지고, 공중에 매달려서 생명이 붙어 있는 10분의 1초 그 순간에도 그의 발톱은 여전히 자랄 것이다. 그의 두 눈은 누런 자갈과 회색 담을 응시하고 있고, 그의 뇌는 여전히 기억하고 예견하고 추리한다. 비켜간 웅덩이에 대해서까지 생각하고 있다. 그와 우리는 함께 걷고 똑같은 세상을 보고 듣고 느끼고 이해하는 일행이었다. 그러나 2분 뒤에는 덜컹 하는 소리와 함께 순식간에 우리 중 한 명이 가버릴 것이다. 정신이 하나 줄어들고 세상이 하나 소멸된다.

사형폐지론의 가장 중요한 논거가 담겨 있는 짧지만 힘 있는 글이다. 많은 사람이 사형존치론을 지지하지만, 확고한 신념으로 보이지는 않는다. 투표로 말하면 부동표(浮動票)에 가까워서 우리 대부분은 사형제도를 완전히 폐지해야 한다는 주장에 대해서도, 사형제도가 좋은 방법이며 더욱 자주 사용되어야 한다는 주장에 대해서도 선뜻 동의하지 못한다. 우리 중 다수는 아마도 이 양극단의 중간 어디쯤에 자리하고 있을 터인데, 사형이 필요하다고 느끼면서도 막상 국가가 법의 이름으로 멀쩡하게 살아있는 사람을 죽이는 것에 대해서는 무언가 찜찜한 기분을 갖게 된다.

사형폐지론자들은 이 부분을 집요하게 물고 늘어진다. 사형폐지론자들은 인간에게 생명을 부여한 적이 없는 국가가 그 구성원의 생명을 제거하는 것은 국가의 존재 이유 자체를 무색케 하는 엄청난 모순이며, 아무리 극악무도한 죄인이라고 하더라도 그의 생명을 빼앗는 일은 인간에게 생명을 부여한 신의 영역에 속하는 것이지 국가나 제도의 영역에 속하는 문제가 아니라고 주장한다.

사형폐지론자들이 내세우는 다른 논거들과 마찬가지로 이 주장 역시 당의(糖衣)를 발라 쓴맛을 숨긴 약처럼 겉으로 보기에 무척 달달해 보인다. 사람의 생명을 절대시하는 선한 의도를 전면에 내세움으로써 반대파의 의견을 뻘쭘하게 만드는 효과도 있다. 하지만 잘 들여다보면 우리 국민의 보편적인 정서와 무관할 뿐 아니라, 우리의 헌법 질서를 부인하는 대단히 사악한 주장이다.

우선 사형제와 국가의 존재 이유를 결부시키는 것은 가당찮은 주장이다. 국가의 존재 이유는 '구성원의 생명을 보호'하는 것이며, 사형제는 그러한 국가의 과업을 달성하는 과정에서 파생된 필요악이다. 거두절미하고 '구성원의 생명 제거'라는 특정 시점의 현상만을 전면에 내세우는 것은 국가가 사형이라는 극단의 형벌에 이르게 된 이유를 은폐하려는 기망적 태도이며, 논리적으로도 선후(先後)가 바뀐 주장이다.

사형폐지론자들이 인간에게 생명을 부여한 주체로 '신(神)'이라는 표현을 쓴 것도 오해의 소지가 있다. 힌두교의 브라마나 이슬람교의 알라 혹은 조로아스터교의 아후라 마즈다 등을 염두에 두고 '신'이라는 표현을 쓰지는 않았을 터, 그냥 '여호와'라고 적는 게 맞다. 그런데 우리 국민의 절대다수인 무신론자들은, 특히 매년 조상에게 제사를 지내는 국민 대다수는 자신의 생명을 여호와가 부여했다고 생각하지 않는다. '신체발부(身體髮膚)는 수지부모(受之父母)'라는 말처럼 사람의 생명은 부모에게서 물려받은 것이라고 생각한다. 윤회(輪廻) 사상을 전제로 전생(前生)을 믿는 불교에서도 마찬가지다. 진화론과 유전자학에 약간의 관심을 가진 사람이라면 오로지 인간만이 신(여호와)으로부터 생명을 부여받았다는 생각이 얼마나 공허한 프로파간다인지 알 것이다. 그것은 그야말로 기독교인들의 희망 사항에 지나지 않는다.

위와 같이 종교적 색채가 물씬 풍기는 주장이 법의 영역에서 떠도는 것은 법철학이란 학문을 참으로 초라하게 만든다. 특히 기독교인도 아니면서 '이 문제야말로 법철학의 난제'라고 길게 한숨을 내쉬고 있는 법철학자들을 보면 도대체 무슨 생각으로 살고 있는지 걱정이 들 정도다. 대한민국의 사법 제도가 왜 특정 종교의 교리에 의해 좌우되어야 하는가? 기독교의 역사를 조금이라도 아는 사람이라면 기독교가 지배했던 과거 천 년간의 유럽 역사가 인류 역사상 가장 피비린내가 진동했던 살육의 역사였음을 알 것이다. 인권의 역사는 기독교와의 전쟁사라고 해도 과언이 아닐 정도로 종교는 인권에 위협적인 존재였으므로, 현대의 거의 모든 문명국에서 정치와 종교(특히 기독교)의 분리를 헌법의 가장 중요한 원칙 중 하나로 천명하고 있다. 미국에서 '건국의 아버지'들이 존경받고 있는 이유도 그 나라가 개신교 원리주의자들이 만든 나라였음에도 불구하고 정교 분리를 건국의 이념으로 했기 때문이다.

한 줌도 안 되는 사형수를 빌미로 특정 종교가 자신의 교리를 내세워 국가의 정책에 개입하려는 것은 그 자체로 사형제보다 백 배, 천 배 위험한 일이다. 아무리 철학은 신학의 시녀라지만, 정교 분리를 위해 인류가 흘려 왔던 피를 생각한다면 이런 반(反)헌법적인 시도에 쉽게 조력해서는 결코 안 될 일이다.

요컨대, 이론상의 난점은 하나도 없다. 다만 도덕적 딜레마, 즉 국민 대부분이 사형제도가 정의(正義)의 관념에 부합하고 범죄 예방에도 실효가 있다고 믿으면서도, 막상 그 집행에 대해서는 주저하게 되는 현상을 어떻게 극복할 것이냐의 문제만 남는다.

여기에서 우리가 유념해야 할 게 하나 있다. 우리는 조지 오웰의 수필에 나오는 인도인 죄수의 죄목이 무엇인지 알지 못한다. 실체가 완전히 가려진 상황에서 겉으로 드러난 한 인간의 나약한 외형만을 보고 있다는 얘기다. 인도인 죄수가 유영철이나 정성현 같이 여러 사람을 죽음으로 내몬 흉악한 범죄자일 수도 있는데, 우리는 위 글을 읽으면서 그럴 가능성을 전혀 염두에 두지 못한다. 위 글의 전체적인 문맥이나 흐름 때문이겠지만, 그런 생각을 할 계기조차 없이 그냥 읽어 내려간다. 하나의 사건을 볼 때 어떤 프레임을 가지고 보느냐 하는 것은 대단히 중요한 의미가 있다. 여기서 잠시 관점을 바꿔보자.

영화 《테이큰》은 워낙 흥행에 성공해 속편이 연이어 나왔기 때문에 위 영화를 본 독자들이 많이 있을 것이다. 액션 영화라는 게 원래 그렇지만 스토리는 빤하다. 전직 특수요원이, 그의 딸이 친구와 프랑스에 여행을 갔다가 인신매매를 일삼는 국제 갱단에 납치되자 특수요원 특유의 프로페셔널 한 후각을 총동원해 악당들을 추격하며 무지막지한 복수를 한다는 내용이다.

사실 그의 딸은 생명을 잃은 것도, 정조를 잃은 것도 아니었다. 물론 인신매매를 목적으로 납치·감금한 것 자체가 큰 범죄이긴 하지만, 사형이나 종신형에 처해질 정도는 결코 아니다. 그런데도 우리의 주인공은 용서가 없다. 깊이 관여했든 살짝 관여했든 걸리기만 하면 여지없이 죽인다. 주인공의 가차 없는 심판 앞에서, 관객들은 이것이야말로 정의의 본색이라며 환호한다. 집에서 딸과 함께 그 영화를 시청하다가 "내가 저 상황이면, 아빠도 저렇게 할 수 있어?"라는 의미심장한 질문을 받고 잠시 당황한 적이 있다. "얘야, 가까운 경찰서에 신고해야지. 저게 배운 사람이 할 짓이니?"라고 차마 대답할 수가 없었기 때문이다.

영화 《레옹》은 정반대다. 레옹은 고독한 킬러다. 그는 단지 돈을 벌기 위해 일면식도 없는 사람들을 살해하는 일을 업으로 하고 있다. 거기에 감정의 동요는 전혀 없다. 우리 양형 기준에 의하면 살인죄의 제3형 유형 중 '경제적 대가 등을 목적으로 한 청부살인'에 해당돼 대단히 죄질이 나쁜 범죄다. 하지만 영화를 보는 동안 아무도 그것을 의식하지 못한다. 레옹이 반드시 체포돼 법의 처벌을 받아야 할 중범죄자라고 생각할 사람은 아마 한 사람도 없었을 것이다. 실제로 영화 막바지에 레옹이 상식적으로 도저히 탈출이 불가능한 경찰의 포위망에 갇혔다가, 선량하게 직무를 수행하는 경찰관들을 수없이 죽여 가며 그물망을 빠져나갈 때 안도의 한숨까지 내쉬게 된다. 명색이 법으로 먹고산다는 나 역시 손에 땀을 쥐며 '제발 무사히 빠져나가기를' 얼마나 간절히 바랐는지 모른다.

우리는 영화를 보는 동안 《테이큰》의 '눈에는 눈'을 크게 뛰어 넘는 과격한 정의의 실현도, 《레옹》의 흉악한 살인과 공무집행 방해도 별다른 저항감 없이 받아들이게 된다. 주인공의 입장에 깊숙이 빠져들었기 때문이다. 한쪽의 입장에 깊게 매몰된 사람들이 어떤 판단을 내릴 때 갖게 될 위험성이다.

법률실무가로서, 관점의 전환이 필요하다는 각성을 한 경험이 꽤 있다. 가장 선명하게 기억이 남는 것은 사법연수원에서 검사시보를 하면서 처음 수사라는 것을 해 볼 때였다. 내 근무지로 지정된 수원지검에 도착한 첫날, 그곳 검사장님이 시보들에게 짧은 수필 하나를 복사해서 나누어주었다. 이토

시게키(伊藤榮樹) 전 일본 검찰총장이 쓴 '검사는 속으면서 성장한다'라는 글이었다. '미스터 검찰'로 불렸던 탁월한 검사가, 자신도 피의자들에게 계속 속으면서 그 자리까지 왔다는 얘기였다.

전에 정해창 전 법무부장관이 쓴 회고록에서도 비슷한 얘기를 본 적이 있다. 전산망이 구축되지 않아 지금처럼 전과 조회가 쉽지 않던 시절, 한없이 순박해 보이는 피의자의 말에 감화돼 차비까지 쥐어 내보내줬더니 한 달쯤 뒤에 날아온 범죄 경력 조회서에 사기 전과가 시커멓게 표시돼 있었다는 것이다.

검사장 말씀이, 유능한 검사들도 이처럼 피의자들한테 속는 일이 비일비재하다며, 검사시보 기간 동안 검사와 똑같은 자격으로 피의자들을 불러 직접 조사를 하게 될 터인데 아무쪼록 피의자들한테 속아 판단을 그르치는 일이 없도록 각별히 주의하라는 것이었다. 다들 속으로 이렇게 생각했다. '괜한 걱정입니다. 우리는 교활한 범죄자들한테 휘둘릴 만큼 만만한 사람들이 아니에요.'

그런데 어떻게 되었는가. 처음 한 주일 내내 속았다. 속지 않으려고 마음을 다잡고 의식적으로 두 눈을 부릅떴는데도 소용이 없었다. 이렇게 착한 사람들을 왜 유치장에 가둬두는지 이해가 되질 않았다. 구속을 취소하고 당장 풀어주고 싶어서 몸살이 날 지경이었다. 그런데 한 주간의 수사가 끝난 후 지도검사가 이렇게 권했다.

"김 시보, 피의자는 이제 만날 만큼 만나 봤으니 이번 주부터는 피해자들을 쭉 불러서 한번 만나보지 그래."

아, 그때서야 깨닫게 됐다. 지난 일주일간 내가 했던 모든 수사란 게 그저 피의자들이 내놓는 변명들을 받아 적는 데 급급한 완전히 잘못된 것이었음을. 내가 풀어주고 싶어서 몸이 달았던 그 '착한' 피의자는 법원에 기소돼

실형 4년이 떨어졌다. 피해자의 처참한 상황을 보지 못한 채 가해자의 말만 곧이곧대로 믿었더라면 가해자는 '어리숙한 시보 한 놈을 멋지게 요리했다'는 호쾌한 무용담을 훈장처럼 달고 유유히 법망을 빠져나갔을 것이다.

이것은 형사법정의 가해자와 피해자에 국한된 문제가 아니다. 민사소송의 원고와 피고도 마찬가지다. 특히 이혼소송을 해 보면 제사라든가 시댁 행사 등 과거에 있었던 일상의 소소한 사건 하나를 두고도 남편과 아내의 시각이 얼마나 천지 차이인지 입이 떡 벌어질 지경이다. 부인은 '요즘 세상에 어떤 며느리가 나처럼 정성 들여 제사를 모시느냐'고 불평하고, 남편은 '대한민국의 어떤 며느리도 그처럼 시댁 식구들을 불편하게 대하지는 않을 것'이라고 푸념한다.

이런 경우에 둘 중 누군가는 거짓말을 하고 있는 걸까. 그럴 수도 있다. 하지만 대부분은 자기가 본 것만이 세상의 전부라고 착각한 데서 비롯된 것이다. 그러므로 한쪽의 입장에 매몰돼선 결코 진실을 볼 수 없다. 늘 반쪽밖에 볼 수 없고, 그런 반쪽짜리 진실이야말로 통째로 거짓인 경우보다 실무상으로 훨씬 더 해롭다. 사회에 미치는 해악이라는 측면에서 '전부 거짓말'과 크게 다르지 않지만, 대신 그것이 거짓임을 깨닫는 데까지는 훨씬 더 많은 시간과 노력이 필요하기 때문이다. 로마법의 유명한 법언(法諺)인 "한쪽 말만 듣고 재판할 수 없다"는 사실을 좇는 사람들이라면 늘 잊지 말아야 될 중요한 수칙이다.

변호사 한 분으로부터 언젠가 이런 질문을 받은 적이 있다.

"김 변호사님, 혹시 형사재판 의뢰인 중에 진정으로 자기 죄를 반성하는 사람 본 일이 있습니까? 제 경험에는 아직 한 사람도 본 적이 없습니다."

살다보면 일상에서 나온 사소한 말 한마디가 뒤통수를 번쩍 내리치는 큰 깨달음을 줄 때가 있는데, 그때가 딱 그랬다. 변호사로서 형사재판을 하면서 한 번도 생각해보지 못한 것이 바로 속죄(贖罪)였다. 물론 입으로는 '반성'을 달고 사는 것이 변호사라는 직역(職域)이어서, 유죄를 인정하고 관대한 처벌을 구하는 경우에는 '매일 잠을 이룰 수 없을 정도로 뼈 속 깊이 반성하고 있다'고 호소하고, 설령 무죄를 주장하는 경우에도 '경위야 어찌됐든 물의를 빚은 것에 대해서는 깊게 반성하고 있다'고 말한다. 의뢰인이 실제로도 반성하고 있는지에 관해서는 관심이 없다.

그 변호사의 말을 듣고 내가 수행했던 과거의 형사재판을 쭉 되짚어보니 아닌 게 아니라 반성하는 의뢰인을 본 기억이 없다. 나보다 형사사건을 열 배쯤은 더 수임한 분도 그렇다니 당연한 일인지도 모른다. 이후에 변호사들과 만나 대화할 기회가 있으면 내가 받았던 질문을 똑같이 던져 보았다. 놀라운 일이었다. 적어도 내가 아는 변호사 중에는 진정으로 반성하는 의뢰인을 본 사람이 아무도 없었다.

제목이 잘 기억나지 않은 한 영화에서 "아빠는 왜 죄지은 사람들만 변호하세요?"라고 아이가 묻자, 변호사인 그 아빠가 "그야, 죄 없는 놈들은 돈이 안 되거든…"이라고 대답하는 장면이 있다. 부끄럽지만 맞는 말이다. 법정은 진실과 진실이 불꽃 튀는 공방을 펼치는 낭만적인 장소가 아니다. 변호사는 의뢰인이 실제로 죄를 지었는지 여부에 관해서는 거의 관심이 없다. 내면의 반성을 촉구하는 일도 없다. 오로지 어떻게 하면 실형(實刑)을 면할 수 있을지, 어떻게 하면 형을 적게 받을 수 있을지 고민한다. 그래야 성공 보수를 청구할 수 있기 때문이다.

반성은 변호사가 피고인에게 주문하는, 법정이라는 무대에서 펼쳐지는 하나의 '연기'에 불과하다. 피고인의 표정, 피고인의 눈물, 피고인의 진술, 피고인의 말투, 심지어 피고인의 헤어스타일이나 복장까지…, 모두 다 변호사가 정성들여 짠 시나리오의 일부이다. 재판을 도박이나 스포츠 같은 승부의 하나로 생각하기는 의뢰인도 마찬가지다. 변호사가 의뢰인으로부터 흔히 받는 질문 중 하나가 이것이다.

"변호사님, 차라리 그냥 반성해버릴까요?"

재판 때는 일단 나부터라도 살고 봐야 되니 어쩔 수 없었다고 치자. 형이 확정되면 달라질까? 교도관들의 말을 들어보면 그런 것 같지도 않다.

"반성만 해서는 괴로워서 살 수가 있나요? 1년도 못 살아요. 다 잊어먹으니까 사는 거지."

어느 교도관의 말이다. 아마도 그럴 것이다. 아니, 잊으면 그나마 다행일지 모른다. 맨날 복수의 염(念)만 불태우고 있다면 얼마나 섬뜩한 일인가.

물론 필자의 이 비관적인 생각은, 형이 확정된 수형자들만 접하는 교화위원들의 생각과는 180도 다를 수 있다. 변호사는 재판과정을 통해 범죄자의 내면 깊숙한 곳에 도사린 교활함까지 낱낱이 들여다본 사람이고, 교화위원들은 우리에 갇혀 원시적 폭력성이 잠시 억압된 상태의 짐승들만 보니 그 시각차는 당연한 현상이다. 어쨌든 실무를 접해본 법률가라면, 서커스단을 따라다니면서 재롱을 떠는 호랑이가 뱅갈의 원시림 속에 풀어놓았을 때도 똑같이 유순하게 행동할 것이라고는 절대로 생각하지 않을 것이다. 특히 그들이 굶주렸을 때에는.

현재 집행대기 중인 사형확정수 가운데 허재필이란 자가 있다. 공지영의 소설에 나오는 정윤수처럼 순진무구하게 생긴 청년이다. 어릴 적 부모의 이혼으로 인해 엄마 없이 자라야 했다던 점에서 '불우한 유년 시절'도 정윤수와 닮았다. 범행 당시 24살이었던 그는 얌전한 성격에 전과도 없었다.

허재필은 공범인 김경훈과 함께 2002년 4월18일부터 4월29일까지 열흘 남짓 동안 6명의 젊은 여성을 강간·살해했다. 카드빚 해결과 한탕을 목적으로 평소 단골이었던 가게의 미용사를 납치·살해한 후 야산에 암매장한 첫 번째 범행이 4월18일에 있었고, 나머지 5명에 대한 강도강간, 살인은 4월27일 밤부터 4월29일 밤까지 단 이틀 사이에 이루어졌다. 두 사람은 택시 번호판과 캡 등을 훔쳐 김경훈의 자가용을 택시로 위장한 뒤, 늦은 밤 귀갓길의 여성들을 노렸다.

이들은 4월27일 밤 11시경 '무심코' 택시에 올라탄 피아노학원 강사 정 모(29) 씨를 납치해 현금과 신용카드를 빼앗고, 미리 준비한 나일론 끈으로 목을 감은 뒤 두 사람이 양쪽에서 당겨 살해했다. 그리고 다음 날인 4월28일 밤 10시경 귀갓길의 20대 여성 회사원 한 명을 태운 다음, 저항하는 이 여성에게 무자비한 폭행을 가해 피투성이로 만든 뒤 현금과 카드를 빼앗고 똑같은 수법으로 살해했다. 이 택시 트렁크에는 전날 살해당한 정 모 씨의 시신이 들어있어서 시신을 눕힐 공간이 없었으므로, 이들은 뒷좌석에 시신을 태우고 다니면서 후속 범행을 모색했다.

3명의 여성을 살해한 뒤, 살인에 재미를 붙인 이들은 한 번에 여러 명을 해치우기 위해 아예 차량 정수리의 택시 캡을 떼었다. 차 안에 이미 3명(남자 2명, 시체 1구)이 탑승해 있는 상태여서, 추가로 더 많은 사람을 태우는 데 택시 캡이 오히려 방해가 되었기 때문이다. 허재필과 김경훈은 4월29일 새벽 5시경 나이트클럽에서 술에 취해 나온 3명의 여성을 유인해 차에 태웠다. 차 트렁크에 1구의 시체가 있었고, 뒷좌석에도 1구의 시체가 널브러져 있었다. 3명의 여성은 2구의 시체와 함께 차 안에 갇혀 다시 어두워질 때까지 하루 종일 끌려다니다가, 인적이 끊긴 산속에서 허재필과 김경훈으로부터 무자비한 폭행과 고문, 강간을 당했다.

끔찍한 폭행이 끝나자 허재필과 김경훈은 이들 3명의 여성을 포박한 뒤 나일론 끈으로 목을 졸라 죽였다. 그 학살의 시간에도 인간에 대한 예의는 눈곱만큼도 찾아볼 수 없었다. 허재필과 김경훈은, 자신들이 마치 사형 집행인이나 되는 것처럼 3명을 한곳에 모아놓고 차례차례 교수형을 집행했다. 가장 마지막에 살해된 여성은 자신의 눈앞에서 두 명의 친구가 컥컥거리며 고통 속에 죽어가는 모습을 장시간 지켜봐야 했다. 자신의 순서가 올 때까지 그녀가 느꼈을 그 극한의 공포는 상상조차 하기 힘들다.

단란한 한 가정의 아내, 집안의 사랑을 독차지하던 외동딸, 어린 조카를 비롯해 한 집안의 생계를 책임졌던 소녀 가장, 홀어머니의 병수발을 묵묵히 도맡아왔던 소녀 등…. 이 소중한 생명들이 불과 열흘 사이에 흔적도 없이 사라져 버렸다.

허재필과 김경훈은 범행 직후 검경의 추적을 따돌리기 위해 차량 번호판을 새로 교체할 작정으로 기흥 삼성전자 반도체 공장의 주차장에 잠입했다가 경비원들에 의해 적발되었는데, 허재필은 현장에서 체포됐고 김경훈은 도주했다가 검거 직전에 스스로 목숨을 끊었다. 죽은 자는 말이 없는 법인지라, 허재필은 재판 내내 모든 것은 김경훈이 주도해서 한 일이며 자신은 단지 옆에서 거드는 역할에 불과했다며 억울함을 호소했다. 당시 언론에 보도된 내용이 인상적인데, 허재필은 체포 직후 '차 안에 시체를 다섯 구씩이나 싣고 다니느라 무섭지 않았느냐'는 수사관의 질문에, 예의 그 순수한 표정으로 '아무렇지 않던데요'라며 태연하게 대답했다고 한다.

이야기가 길어졌다. 이제 본론으로 들어가서, 이 허재필이란 자를 서두에 나온 인도인 사형수에 대입해보자. 우리의 마음을 아프게 했던 그 인도인 사형수 말이다. 허재필에게 교수형을 집행하는 것이 과연 '부당한' 일인가. 나일론 끈으로 목을 졸라 자기 또래의 20대 여성 여섯 명의 목숨을 앗아간 범죄자에게, 그가 과거에 했던 것과 똑같은 방식으로 단 한 번 올가미를 매는 것이 과연 말할 수 없이 '사악한' 일인가. 영매(靈媒)를 통해 죽은 여성들의 말을 들어볼 수 있다면, 그녀들은 과연 우리에게 무엇을 요구할 것인가. '잘 재우고 잘 먹여서 20년 쯤 뒤엔 사회에 나와 우리 몫까지 오래오래 행복하게 살게 해 주세요'라고 말할까? 그게 정의일까?

아래에서 보는 표는 국가인권위원회가 2003년 실시한 '사형제도에 대한 국민의식조사' 중 일부를 다시 정리한 것이다.

응 답 자	사형제와 형벌 목적 부합성(%)	사형제의 범죄 예방 효과(%)
일반국민	49.0	71.1
인권단체	16.9	20.0
국회의원	45.0	50.0
언 론 인	53.2	55.4
법 관	71.7	68.1
검 사	89.9	87.7
변 호 사	55.2	61.0
교 도 관	88.7	92.5
교화위원	26.2	33.0
의 무 관	80.0	85.5

위에서 보듯이 사형제가 형벌 목적에 부합하는지, 나아가 범죄 예방 효과가 있는지에 관해 검사와 교도관들이 가장 압도적인 지지를 보이고 있다. 상시적으로, 가장 근거리에서 범죄자를 접하는 사람들의 의견이다. 인권단체나 교화위원들의 낮은 지지율과는 확연히 구별된다.

한국 언론사에 있어서 취재의 성실함과 끈질김에 있어서 가히 독보적 존재라 할 수 있는 조갑제 선생은, 지금은 꽤 유명해진 아래의 문장으로 《사형수 오휘웅 이야기》의 서막을 연다.

"끔찍한 살인 현장을 본 사람들은 사형존치론자가 되고, 처연한 사형 집행을 목격한 사람들은 사형폐지론자가 된다고 한다."

당신도 이쯤에서 이 말의 의미를 새삼 깨닫게 되었으리라고 본다. 사형수가 무슨 짓을 저질렀는지, 왜 그런 판결을 받게 됐는지, 왜 국가가 피해자 대신 손에 피를 묻혀가며 사형을 선언하지 않으면 안 됐는지, 한 사람이 사형에 이르는 동안 어떤 절차와 과정을 밟았는지, 그 일련의 과정에서 얼마나 많은 사람들이 잠 못 드는 고뇌의 밤을 보내야 했는지 등, 사건의 전체적인 흐름과 맥락을 외면한 채 한 사람의 목에 올가미가 걸리는 '찰나의 순간'만 가지고 얘기를 꺼내자면 국가의 법 집행으로서의 사형과 이슬람 원리주의자들의 무자비한 살인은 동격이 되고 만다.

당신이 사형제에 관해 어떤 의견을 갖고 있든, 그것은 상관없다. 애써 당신의 신념을 바꿀 필요도 없다. 그러나 이것만은 꼭 명심하자. 한 번쯤 당신이 기존에 가지고 있던 것과 정반대의 관점에서 이 문제를 살펴볼 필요가 있다. 그래야 제대로 보고 제대로 판단할 수 있다.

고상한 야만인은 없다

만약 투명인간이 된다면? 누구든지 한 번쯤 상상해 보았을 것이다. 아마 남자라면 다들 비슷한 수준의 '못된 상상'을 하지 않았을까 싶은데…. 플라톤의 《국가》 중 한 대목에서 글라우콘이 들려주는 기게스의 반지 얘기는 다음과 같다.

양치기 기게스는 우연히 갈라진 동굴 안으로 들어갔다가 동굴 안에서 거인의 시체를 발견했다. 시체 손가락에는 금반지가 끼워져 있었다. 기게스는 거인의 손가락에서 반지를 빼 밖으로 나왔다. 기게스는 자신이 끼고 있는 반지의 흠집 난 곳을 안쪽으로 돌리면 자신의 모습이 다른 이들에게 보이지 않게 되고 바깥쪽으로 돌리면 자신의 모습이 다시 보이게 된다는 사실을 알게 된다.

'보이지 않는 능력'을 지니게 되자 기게스는 못된 마음이 생겼다. 가축의 상태를 왕에게 보고하는 전령으로서 궁에 들어간 기게스는 자신의 새로운 힘인 마법의 반지를 이용해 모습을 감춘 후 왕비를 겁탈하고 그녀를 자기 편으로 끌어들여 왕을 암살하고 스스로 왕이 되었다.

플라톤의 짧은 우화는 우리 내면의 본성을 너무나 적나라하게 보여준다. 근대 국가이론의 창시자인 홉스도 비슷한 생각을 했다. 홉스는 사회 형성 이전의 시기, 즉 자연 상태에서 '인간은 인간에게 늑대이며, 만인은 만인에 대한 적'이라고 규정했다. 홉스는《리바이어던》에서 자연 상태의 인간생활을 다음과 같이 묘사한다.

그런 상황에서는 성과가 불확실하므로 일할 필요가 없다. 따라서 토지는 경작되지 않고 아무도 항해에 나서지 않으며, 해상으로 수입되는 상품도 없고 사용할 수도 없다. 넓고 편리한 건물도 없으며 큰 힘을 필요로 하는 물건들을 움직이고 이동시키는 도구도 없다. 지구 표면에 대한 지식도 없으며 시간의 계산도 없다. 예술도 학문도 사회도 없다. 특히 최악의 것은 난폭한 죽음을 당할지도 모른다는 데 대한 끊임없는 공포와 위험이다. 따라서 인간의 삶은 고독하고 빈곤하며 더럽고 잔인하고 짧다.

홉스의 이와 같은 주장은 '인간은 선하게 태어났다'고 믿는 유토피아적 이상을 가진 사람들의 반발을 샀다. 18세기의 유토피아 사상가 중에서도 루소는 가장 공상적인 사상가였으며, 영향력도 가장 컸다. 1755년에 출판된《인간 불평등 기원론》에서 인간은 선하게 태어났으나 문명에 의해 타락한 존재로 묘사되고 있다. 루소는 사회 생활과 소유권이라는 해악이 생겨나기 전의 조화로운 자연 상태 속에서 살던 '고상한 야만인'은 사회 공동체를 이루면서부터 자유롭지 못하게 됐다고 주장했다. 이 책에 담긴 자유의 찬가는 무정부주의자들에게 '젊음을 되찾은 인민을 위한 산상수훈'으로 평가될 만큼 큰 호응을 얻었다.

루소의 고상한 야만인이 한창 인기를 누리던 1768년 루이앙투안 드 부갱빌이 타히티 섬을 발견했다. 부갱빌의 선원들은 파리 사람들에게 그곳의 원주민들이 "아름답고 요염할 뿐더러 거의 벌거벗고 살며 평화롭고 부족한 것이 없다"고 목격담을 전했다. 이듬해에는 쿡 선장이 타히티를 방문해 섬 주민들의 풍요롭고 안락하며 불화 없는 생활에 대한 보고들을 가지고 돌아왔다. 쿡 선장의 항해일지 기록을 담당한 선원은 이야기를 부풀리면서 특히 타히티의 젊은 여성들의 매력을 강조했다. 파리에서는 미술과 연극, 시 등을 가리지 않고 남태평양이 크게 유행했다.

그러나 타히티의 민낯이 드러나는 데는 그리 오랜 시간이 걸리지 않았다. 쿡 선장의 두 번째 여행에서 타이티 섬 생활의 어두운 측면이 모습을 드러냈다. 사람을 제물로 바치는 관습, 살인적인 분쟁의 악순환, 완고한 계급 질서와 엄격한 터부 등…. 그곳은 결코 유럽인들이 기대했던 유토피아가 아니었다. 1788년 태평양을 탐험하다 실종된 프랑스의 한 귀족이 실종되기 전에 남긴 기록에 따르면 "유럽의 가장 대담한 악당조차 이곳 섬들의 원주민들보다는 덜 위선적이다. 그들의 모든 포옹은 거짓이다"라고 적혀 있었다.

이런 에피소드는 남양군도의 여러 섬에서 되풀이되었다. 평화를 사랑하는 뉴기니인들과 성적으로 개방된 사모아인들에 대한 서구인들의 환상은 결국 도시의 전설에 불과했던 것으로 드러났다. 태평양의 멜라네시아를 비롯해 칼라하리 사막의 부시맨, 캐나다의 에스키모, 동남아 열대우림의 소수 종족

등 국가 이전의 사회를 살고 있는 종족들은 하나같이 갱들간의 세력 다툼으로 대낮 총격전이 빈발했던 금주법 시대의 시카고보다도 몇 배나 높은 살인 발생률을 보였다. 한 예로 1920년에서 1955년까지 남부 아프리카의 쿵 부시맨 집단의 살인율은 최근 산업사회의 살인율의 20배에서 80배에 이르렀으며, 1980년에서 1982년까지 뉴기니의 게부시족의 전체 사망률 가운데 3분의 1 가량이 살인에 의한 것이었다.

스티븐 핑거의 지적처럼, 많은 지식인들이 국가 이전 사회에서 전투의 사상자가 적다는 것을 원시적인 전쟁이 대체로 형식적인 것이라는 주장의 근거로 내세우지만, 그러나 그들은 50명으로 구성된 집단에서의 사망자 2명이 미국 규모의 국가에서는 1000만 명에 해당한다는 사실에 주목하지 못한다.

무리 사회와 부족 사회에 대해 인류학자들이 장기간에 걸쳐 연구한 자료에 의하면 살인이야말로 가장 중요한 사망 원인의 하나다. 국가 이전의 사회에서 살인으로 인해 사망하는 남성의 비율은 종족에 따라 약간씩 다르긴 하지만 최소 10%에서 최대 60%에 달한다. 1978년 인류학자 캐럴 엠버가 계산한 바에 따르면, 식량 수집 사회의 90%가 적과 교전 중이며, 64%가 적어도 2년에 한 번씩은 전쟁을 치르는 것으로 나타났다. 20세기에 인류는 양차 대전이라는 미증유의 재앙을 겪었고, 나치 독일의 홀로코스트를 비롯해 캄보디아, 동부 티모르, 르완다, 수단, 잔지바르 등 수많은 지역에서 제노사이드(대량 학살)가 발생했지만, 그 모든 죽음을 다 계산에 넣어도 국가 이전의 사회에서 발생하는 살인 사건 발생률과는 비교 자체가 불가능할 정도의 미미한 수준이다. 제레드 다이아몬드는 《총, 균, 쇠》에서 이렇게 적고 있다.

한번은 내가 뉴기니의 이야우족을 방문한 일이 있었는데 때마침 어느 여자 인류학자가 이야우족 여자들의 인생 이야기를 인터뷰하고 있었다. 그런데 남편의 이름을 물을 때마다 이 여자들은 비명횡사한 남편들의 이름을 몇 명씩 줄줄이 읊었다. 전형적인 대답은 이런 식이었다.

"첫 남편은 옐로피족 침략자들에게 죽었어요. 두 번째 남편은 나를 탐내던 남자의 손에 죽었고 나를 탐내던 그 남자가 세 번째 남편이 되었지요. 그런데 그 남편마저도 두 번째 남편의 동생이 복수를 하겠다고 죽여버렸어요."

국가 이전의 사회에서 사는 사람들은 광적으로 전쟁에 매달린다. 비록 신석기 수준의 조악한 무기지만 그들은 자신의 기술을 최대한 동원해 정성껏 무기를 만들고, 사냥을 통해 습득한 지식과 지혜를 최대한 동원해 적을 기습하며, 적을 죽이고 포로로 잡아 고문하고 겁탈하고 잡아먹으며 삶의 보람을 얻는다. 특히 식인풍습을 가지고 있던 피지의 원주민들은 인육을 너무나 좋아하여 사람을 '길다란 돼지'라고 부르면서, 음식을 칭찬할 때 마치 죽은 사람의 고기처럼 부드럽다고 말하는 것이 최고의 찬사라고 할 정도다. 하지만 우리는 이 식인풍습이라는 것이 육류에 대한 취향 문제라기보다 적의 물리적 존재 자체를 없애버리려는 극단의 적개심에서 비롯된 행위라는 점을 간과해선 안 된다. 프란스 드 발의 《내 안의 유인원》에는 고상한 야만인들이 얼마나 진지하게 전쟁에 임하는지 깨닫게 해주는 흥미로운 에피소드가 나온다.

한 인류학자는 뉴기니의 에이포파푸아 마을에 사는 두 지도자가 작은 비행기를 처음 탄 이야기를 해주었다. 그들은 비행기에 타는 걸 두려워하진 않았지만, 옆문을 열어두어야 한다는 기묘한 요구를 했다. 하늘 높이 올라가면 몹시 춥기 때문에 전통적인 남근 주머니 외에는 아무것도 입지 않은 그들의 몸이 얼지도 모른다고 경고했지만, 그들은 개의치 않았다. 그들은 큰 돌도 가지고 비행기에 타길 원했는데, 파일럿이 친절하게도 이웃 마을 상공을 선회해 준다면 열린 문을 통해 적들에게 돌을 던지려고 했던 것이다.

그날 저녁, 그 인류학자는 일기장에다 신석기 시대 사람이 폭탄을 발명하는 것을 목격했다고 적었다.

국가 이전의 사회에 대한 홉스의 통찰은 정확했다. 홉스의 국가기원론은 여기에서 출발한다. 만인이 만인에 대해 늑대와 같이 경쟁하는 자연 상태의 불안하고 고독하고 비참한 삶에서 벗어나기 위해 모두가 두려워하고 복종하는 '공동의 권력'을 세워야 하는데, 그 권력이 바로 홉스가 보는 국가의 개념이다. 홉스에 있어서, 국가는 사회 내부의 무질서와 범죄, 외부 침략의 위협에서 인민의 생명과 안전, 재산을 보호하기 위해 무소불위의 권력을 정당하게 행사하는 '세속의 신'이다. 그러므로 국가는 인간이 만들었지만 인간을 넘어서는 존재다.

홉스에 의하면 국가가 가진 힘의 원천은 물리적 폭력이고, 오로지 국가만이 폭력을 정당하게 행사할 수 있다. 실제로 합법적으로 폭력을 독점한 《리바이어던》의 등장과 더불어 살인 사건 발생률은 자연 상태와 비교할 때 수십 분의 일 수준으로 줄어들었다. 법률이 제정되고, 누구든 예외 없이 지켜야 할 공통의 규칙이 존재하는 사회 속에서 개인은 그 이전보다 훨씬 평화로운 삶을 영위할 수 있게 되었다.

19세기의 작가 랠프 에머슨은 한밤에 가장 유능한 경찰은 가스등이라고 했다. 맞는 말이다. 우리 모두의 경험에서 알 수 있듯, 어둠 속에 서 있으면 인간의 어두운 본성이 쉽게 드러난다. '절대 반지'를 손에 쥐게 된 기게스의 예처럼 우리의 본성은 낙관주의자들이 생각하는 것만큼 착하고 순진하지 않다. 스티븐 핑거는 《빈 서판》에서, 몬트리올에서 경찰들이 파업했을 때 자신이 겪었던 환멸스러운 경험을 들려준다.

낭만적인 1960년대에 나는 예의 평화로운 캐나다에 살던 십대 소년이었다. 당시 나는 바쿠닌의 무정부주의를 진심으로 믿었다. 나는 정부가 무장을 해제하면 지옥이 펼쳐질 것이라는 부모님의 주장에 코웃음을 쳤다. 1969년 10월17일 오전 8시 정각, 서로의 예측을 검증할 순간이 닥쳤다. 몬트리올 경찰이 파업에 들어간 것이다. 오전 11시20분에 첫 은행 강도 사건이 벌어졌다. 정오가 되자 약탈에 못 이겨 중심가의 상점들이 대부분 문을 닫았다. 그로부터 채 몇 시간이 지나지 않았을 때 택시 운전사들이 공항 손님들을 놓고 경쟁하던 리무진 업체의 주차장을 불태웠고, 지붕 위에 있던 저격수가 한 경관을 살해했고, 폭도들이 몇몇 호텔과 레스토랑을 쑥대밭으로 만들었고, 한 의사가 교외의 자기 집에 침입한 강도를 죽였다. 날이 저물 무렵 시 당국이 질서 회복을 위해 군대와 기마경찰대를 요청할 때까지 은행 여섯 곳이 털렸고, 백 곳의 상점이 약탈당했고, 열두 곳에서 방화가 일어났고, 차량 40대 분량의 상점 쇼윈도가 박살났고, 300만 달러 상당의 재산 피해가 발생했다. 이 중대한 경험적 검증은 내 정치적 견해를 산산이 부수었다.

국가는 언제든 괴물이 될 수 있다. 그러므로 국가를 '신뢰의 대상'이 아닌 '통제의 대상'으로 보아야 한다. 이것이 헌법의 출발점이며, 이런 시각은 기본적으로 옳다. 문제는, 마치 장님 여럿이서 코끼리를 만지는 식으로 어느 한쪽의 모습만 보고 그것을 전체로 쉽게 단정하는 경솔한 태도다.

나는 사형폐지론자들이 입에 달고 살다시피 하는 "사형은 고귀한 인간의 생명을 국가가 법의 이름으로 빼앗는 제도적 살인이다"라는 말에서도 그런 어리석고 옹졸하고 무책임한 태도를 보게 된다. 명색이 법학 교수라는 사람들이 어떻게 '국가가 법에 따라 집행하는 형벌'을 '흉악한 살인자가 무고한 사람의 생명을 빼앗는 범죄'와 동일선상에 놓고 볼 수 있는 것인지 솔직히 내

상식으로는 도무지 납득이 되지 않는다. 살인자를 붙잡아 법정에 세우고 판결로 형을 선고하고 그에 따라 집행하는 일련의 과정에 관여한 수많은 공무원들을 이보다 더 모욕하는 말이 있을 수 있을까? 이보다 더 힘이 빠지게 하는 말이 있을 수 있을까?

예전 권위주의 정부 시절에는 '어용(御用)'이라는 말을 듣지 않기 위해 국가가 관여된 일이라면 뭐든지 삐딱한 시선부터 하고 보는 것이 교수다운 태도이자 처세의 요령이었는지 모르겠지만, 이제는 세상이 바뀌었다. 민주화된 세상에서 그 정도 누리고 살았으면 최소한의 사회적 책임은 자각하고 사는 것이 배운 사람의 도리가 아닐는지…. 자신의 손에 오물을 묻히기 싫으면 조용히 자리를 피하면 될 일이지 왜 다른 사람이 애써 수고하는 일에 끼어들어 훼방을 놓으려 하는가? 이 무슨 고약한 심보인지 모르겠다.

고상한 야만인은 멸종됐다. 유토피아를 꿈꾸는 몽상가들이 그토록 찾아 헤맸던 고상한 야만인은, 유감스럽게도 그 어디에서도 발견된 바 없다. 아니, 처음부터 존재한 적이 없었다고 보는 게 맞을지 모른다. 고상한 야만인을 찾고자 했던 여정에서 인류가 새삼 확인한 것은 "아무리 나쁜 정부도 무정부 상태보다는 낫다"는 진부한 교훈뿐이었다.

형법적 관점에서의 사형폐지론

사형폐지론자들이 사형제도에 반대하는 가장 큰 이유 중 하나는 결백한 사람이 처형당할 수 있다는 우려와 함께 사형이 삶을 종결시킨다는 점이다. 5세기 전 영국의 대법원장이었던 존 포테스큐는 "20명의 죄인이 사형을 면하게 되는 것이, 죄 없는 1명이 사형당하는 것보다 오히려 낫다"고 주장했다. 한 사람이 잘못되어 유죄 선고를 받고 감옥에 간 경우, 실수가 발견되면 그 사람은 석방될 수 있다. 감옥에서 보낸 시간을 보상받을 수는 없지만 적어도 그 사람은 아직 살아 있으니 나머지 생애를 즐길 수 있다. 하지만 그가 사형을 당한다면 실수를 만회할 방법이 없어진다.

이러한 지적은 사형존치론의 가장 큰 약점 중 하나다. 재판이라는 것도 사람이 하는 일인 이상 오판을 배제하긴 어렵기 때문이다. 더욱이 우리는 과거 권위주의 정부 시절에 사형을 수단으로 해서 정치적 반대자를 암살한 전례가 있다.

하지만 논의의 범위를 현재로 국한하지 않고, 과거의 먼 일까지 한없이 넓혀 가기로 하자면 우리는 어떠한 해결책도 찾을 수 없다. 지난 30년 동안 정치적 이유로 사형에 처해진 사람은 하나도 없다. 혹시 가까운 미래에 정치적 반대자를 사형제로 옭아맬 괴물 같은 정부가 들어설지도 모를 일이지만, 그것은 국민들이 저항권을 행사한다든가 해서 정치적으로 해결해야 할 문제이지 사형제라는 형법상의 조문 하나에 매달려서 풀 수 있는 문제가 아니다. 그런 정부라면 굳이 사형제라는 수단을 통하지 않고서도 얼마든지 정치적 반대자의 흔적을 이 세상에서 지워버릴 수 있을 터이니, 사형의 전제가 되는 형사재판 즉 공개된 법정에서 엄격한 증거에 의해 결론을 맺는 절차야말로 인권의 보호에 기여할 수 있다.

사형제 역시 자동차나 TV와 마찬가지로 인간이 만든 발명품이다. 인간이 만든 모든 것은 물질적인 것이 됐든, 정신적인 것이 됐든 완벽할 수 없다는 한계가 있다. 쉬운 예로 자동차 때문에 매년 수없이 많은 사람들이 죽음에 이르고, 그보다 훨씬 더 많은 사람들이 예기치 않은 불행 때문에 고통받고 있지만, 누구도 그런 이유로 자동차를 없애자고 하지는 않는다. 자동차의 시내 주행속도를 50km/h 정도로 낮추고 고속도로의 주행속도도 60km/h 정도로 제한한다면, 그리고 속도위반에 대해서 100만 원 정도의 과태료를 매긴다면, 교통사고 사망자를 지금의 10분의 1 이하로 줄일 수 있다. '우주보다 더 무거운' 생명의 가치를 인정한다면 10km/h 정도의 감속 정도는 얼마든지 감수할 수 있어야 맞다. 하지만 그런가?

우리는 인간이 만든 문물의 불완전성을 인정하고, 또 일상적으로 그것을 감수하면서도 왜 사형에 대해서만 유독 완벽을 요구하는 것일까? '완벽한 재판'이 존재하던 시절, 즉 중세 유럽에서와 같이 신에게 모든 판단을 맡겼던 시절에 사형과 고문이 훨씬 더 빈발했던 사실을 왜 외면하는 것일까?

생명의 박탈이라는 사형의 극단성 때문에 형사절차에서 오판을 제거하기 위한 노력이 끊임없이 전개돼, 지금 우리는 수사에서 기소, 형사재판에 이르기까지의 전 과정에서 예전의 피고인들과는 비교도 할 수 없을 만큼 많은 권리를 누리고 있음을 잊어서는 안 된다. 그리고 이런 권리들이 대부분 미국에서, 즉 서구에서 사형이 가장 활발하게 집행됐던 곳에서 나왔다는 점도 잊어선 안 된다. 인권의 진보가 대부분 사형에서 비롯됐다는 점을 감안하면 사형은 여전히 존치할 가치가 있다.

무고한 한 사람이 처형을 당하느니 20명의 죄인이 석방되어야 한다는 포테스큐의 말은, 듣기에는 달콤하지만 그 이면에 도사린 무서운 부작용까지 생각한다면 결코 쉽게 동의할 수 없는 말이다. 오판의 가능성이 있으면 사형 대신 대체 수단을 강구하면 된다. 하지만 오판의 염려 때문에 죄를 지은 게 거의 확실한 죄인 20명을 쉽게 석방해주는 일은 사회에 대한 중대한 직무유기요, 또 다른 범죄의 출발점이 될 가능성이 높다.

분명한 것은 현재 우리나라의 사형확정수 중 오판의 가능성이 거론되는 사람은 단 한 사람도 없고, 현재의 기조를 유지하는 한 앞으로도 오판이 문제가 될 가능성은 사실상 전무하다는 점이다. '오판의 가능성'이라는 관념적 가설에 발목을 잡혀 '당신이 무슨 죄를 지었든, 심지어 멕시코의 갱단처럼 특별한 이유 없이 수십 명의 젊은 대학생들을 납치해 그들의 목을 베고 암매장을 했더라도, 우리는 당신이 안전하게 천수를 누릴 수 있도록 보장하겠소'라고 국가가 공식적으로 선언하는 것이 과연 타당한가 하는 것은 생각해 볼 문제다.

사형제도에 반대하는 두 번째 이유는 사형의 일반 예방적 효과에 관한 문제다. 사형을 선고받을 만한 범죄를 저지르는 사람들은 범죄를 저지르면서 결과에 대해 생각하지 않기 때문에 사형제도에는 중범죄를 억제하는 효과가 없다는 것이다. 살인이 체질화된 연쇄살인범은 사형의 존치 여부에 상관없이 오로지 본능이 명하는 대로 행동하는 경향이 있고, 살인범의 대부분을 차지하는 격정범은 형벌을 염두에 두고 사람을 죽이는 것이 아니라는 점이 논거로 제시된다.

범죄의 발생 원인은 너무나 다양하기 때문에, 통계적 수치를 가지고 사형의 효과를 판단하는 것은 불가능한 일이다. 그렇더라도 사형제도가 연쇄살인범이나 격정범을 억제하지 못할 수는 있지만, 보통의 범죄인이 더 큰 범죄를 저지르지는 못하도록 심리적으로 억제할 가능성은 충분히 있다. 이로써 무고한 희생자를 한 명이라도 줄일 수 있다면 사형을 존치할 가치는 충분한 것이다.

사형존치론자들은, 미국과 영국에서 강도들이 총을 지니고 있는 경우가 드물다는 사실을 지적한다. 총기를 들지 않고 강도짓을 한 사람이 잡힐 경우 무장 강도에 비해 처벌이 훨씬 가벼우며, 총이 없다면 범죄자들이 집주인이나 경찰에게 총기를 사용할 수도 없을 것이다. 비슷한 예로, 우리나라에서 어린이 유괴범죄가 사실상 자취를 감춘 것도 엄벌주의의 영향이 아닌가 생각한다.

헌법재판소가 지적한 바와 같이, 사형은 인간의 죽음에 대한 공포본능을 이용한 가장 냉엄한 궁극의 형벌로서 그 위하력(威嚇力)이 강한 만큼 이를 통한 일반적 범죄 예방 효과도 더 클 것이라고 추정할 수 있고, 또 그렇게 기대하는 것이 논리적으로나 소박한 국민 일반의 법감정에 비추어 볼 때 결코 부당하다고 할 수 없다. 사형의 범죄 억제 효과가 무기징역형의 그것보다 명백히 그리고 현저히 높다고 하는 데 대한 합리적·실증적 근거가 박약하다고는 하나, 반대로 무기징역형이 사형과 대등한 혹은 오히려 더 높은 범죄 억제의 효과를 가지므로 무기징역형만으로도 사형의 일반 예방적 효과를 대체할 수 있다는 주장 역시 마찬가지로 현재로서는 가설의 수준을 넘지 못한다.

사형폐지론자들은 사형제도가 기여하는 유일한 목적은 복수에 불과하며, 범죄자의 처벌을 피해자와 그 주변 사람들의 감정에 맡겨서는 안 된다고 주장한다. 그러나 사형폐지론자들이 사형존치론자들을 향해 정색한 표정으로 "왜 감정에서 벗어나지 못하느냐"고 힐난하는 것은 사실 가소롭기 짝이 없는 일이다. 사형이란 제도를 두고 폐지론과 존치론이 갈리는 것은 공감(共感)의 대상을 누구로 삼느냐, 즉 사형수로 하느냐 아니면 피해자로 하느냐의 차이일 뿐, 그 밑바탕에 감정이 깊숙이 개입돼 있다는 점에서는 아무 차이가 없다.

인권(人權)의 역사를 보면 알 수 있듯이, 인권은 이성의 산물이 아니다. 오늘 우리가 이만큼의 인권을 누릴 수 있게 된 것은 순전히 감정 때문이었다고 해도 과언이 아니다. 즉 '그들도 우리와 같이 고통을 느끼는 존재'라는 공감이 인권을 여기까지 끌고 온 것이다. 토마스 제퍼슨이 미국 독립 선언문에 '우리는 이 진리들을 자명하다고 여기는 바, …'라고 적은 것처럼 모든 인간이 평등하게 창조되었으며 창조주로부터 양도할 수 없는 특정한 권리들을 부여받았다는 사실은 논증의 여지가 없는 '진리'이며, 마치 종교의 교리처럼 그냥 믿어야 되는 '자명(自明)'한 사실이다.

사람의 목숨이 하나뿐이고 온 우주보다 무거운 게 맞다면, 다른 사람의 목숨을 재미로 앗은 사람은 자신의 목숨도 내놓는 것이 맞다. 이것이 이성의 요구다. 이성의 화신이라고 봐도 좋을 임마누엘 칸트가 "살인을 했다면 그는 죽어야 한다. 이 경우엔 정의를 만족시키는 대용품이 존재하지 않는다. 아무리 괴로운 인생이라도 그것과 죽음은 같은 종류의 것이 아니며, 따라서 범죄와 응보의 동일함 역시, 가해자에게 사법적으로 집행되는 죽음뿐이다"라고 선언한 것도 같은 맥락이다.

그럼에도 우리가, 유영철 같은 살인마를 잘 먹이고 잘 재우면서 그의 복귀를 위해 개선과 교화의 노력을 아끼지 않는 것은 '네 이웃을 사랑하라'는 신학적 훈계에 따른 것이지 인간의 이성과는 아무 상관이 없다. 따지고 보면 사형폐지론이라는 것 자체가 처음부터 끝까지 감성 일변도이다. 마치 자신은 아무 이해관계가 없는 공정한 제3자인 것처럼 이성의 탈을 쓰고 있어서 그 정체가 제대로 드러나지 않을 뿐이다.

예를 들어, 알베르 카뮈의 《단두대에 대한 성찰》은 '얼핏 보기에' 아주 이성적인 관점에서 사형존치론을 비판한 글처럼 읽힌다. 세계적인 문호의 글이어서 그런지 지금까지 대한민국에서 나온 어떤 법철학자의 글보다도 논리 정연하고 체계적이며, 단숨에 끝까지 읽게 하는 힘이 있다. 하지만 책을 덮는 데서 바로 끝내지 않고 얼마간의 시간을 두고 천천히 곱씹어 보면, 카뮈의 글 역시 추상적인 가설 몇 개를 제외하면 시종일관 감성에 호소하는 글임을 알 수 있다. 특히, 사형폐지론자들의 논지가 늘 그렇듯 피해자에 대한 외면은 놀라울 정도다. 가령 이런 것이다.

사형은 분명 생명의 박탈이며, 범한 살인의 대가를 산술적으로 치르게 하는 형벌이다. 그러나 사형제도는 복수라는 형식을, 장차 희생될 사람이 알고 있는 가운데 공공연히 행해지는 사전 모의를, 그리고 끝으로 죽음보다도 더 끔찍한 정신적인 고통의 원천이 되는 어떤 조직화를 그 죽음에 덧보탠다. 그러므로 거기에 공평함이란 없다. 대부분의 법률은 사전 모의에 의한 살인을 단순한 우발적 살인보다 더 무겁게 다룬다. 그렇다면 사형 집행은 살인 중에서도 가장 계산된 고의적 살인이 아니고 무엇이겠는가? 어느 범인이 행한 가증할 범죄는 그것이 아무리 고의적인 것이라 해도 사형에 비할 것이 못 된다. 사형과 단순한 생명 박탈이 동등해지려면, 살인범은 처참한 죽음을 당하게 될 희생자에게 그를 죽이게 될 시간을 미리 통지하고, 그 순간부터 수개월 동안 희생자를 마음대로 감금해두었다가 사형의 벌을 내려야 마땅할 것이다. 그러나 이런 괴물 같은 인간은 사적인 생활에서는 찾아볼 수 없다.

사형은 본질적으로 단순한 생명의 박탈과 다르다. 거기에 공평함이란 없다. 이것이 카뮈의 논지다.

과연 그런가. 희생자의 죽음은 '단순 생명의 박탈'에 불과한 것이어서 사형수에게 부가될 '정신적인 고통'의 원천이 되어서는 안 되는 것인가. 살인자로부터 끔찍한 고문을 당하고 신체가 절단된 상태로 컴컴한 땅속에 암매장되어 흔적조차 찾을 수 없게 된 살인범의 희생자들이 이 대목을 보면 무슨 생각이 들까. 카뮈는 희생자에 비해 살인범이 누리는 엄청난 특혜, 즉 주체적으로 형벌의 원인이 될 행동을 저질렀고, 제도화된 과정을 통해 자신의 처지를 항변해볼 수 있는 기회를 가졌으며, 평화롭게 자신의 삶을 정리해볼 수 있는 기회를 가졌다는 사실은 왜 외면하고 있는 것일까.

사형수와 희생자 중 누가 더 억울한 것인지, 누구의 처지가 더 불공평한 것인지를 두고 저울질을 할 생각은 없다. 다만 내가 사형수와 희생자라는 두 갈래 길에서 어느 하나를 선택해야 한다면, 내 경우엔 사형수다. 사형이 아무리 고통스러운 것일지언정 살인범의 희생자가 되는 것보다는 낫다고 생각되기 때문이다. 이것은 아마 당신도, 그리고 카뮈도 마찬가지였을 것이다.

생명권과 사형제

고속도로에 진입한 차들은 제한 속도의 범위 내에서는 누구든지 자유롭게 달릴 수 있는 권리가 있다. 하지만 고속도로에 차량이 늘어날수록 이 권리를 누릴 수 있는 폭도 점점 좁아진다. 명절이나 휴가철을 맞아 고속도로에 극심한 정체가 생기면 도로표지판에 기재돼 있는 제한 속도는 그야말로 허구적인 숫자처럼 느껴지기도 한다.

바로 이것이 권리의 본질이다. 로빈슨 크루소처럼 망망대해의 외딴 섬에 홀로 고립된 사람한테는 권리라는 것 자체가 존재할 수 없다. 나 말고도 다른 사람들이 있기 때문에 자유니 평등이니 하는 말들도 생긴다. 또한 그렇기 때문에 내가 아무리 하고 싶은 것이 있어도 때로 할 수 없게 되는 경우가 생긴다. 섬에 살고 있는 모든 사람이 똑같은 권리를 가지고 있는데, 한 사람이 누리는 자유로 인해 다른 누군가가 피해를 보게 된다면 이것은 결코 정의롭지 못하기 때문이다.

헌법 제37조 제2항 전단에서는 "국민의 모든 자유와 권리는 국가안전보장. 질서유지 또는 공공복리를 위하여 필요한 경우에 법률로써 제한할 수 있다"고 규정한다. 그 취지는 위에서 본 것과 같은 맥락이다. 즉 헌법에서 자유와 권리를 부여하고 있다고 해서 그것이 한 개인이 무제한한 자유와 권리를 누릴 수 있다는 의미는 아니며, 다른 사람의 이해관계까지 종합적으로 고려하여 필요할 경우 '법률로써' 일정부분 제한을 가할 수도 있다는 것이다.

사실 이것은 너무나 상식적인 얘기여서 특별히 더 설명할 필요도 없다. 그런데 과거의 역사를 돌이켜 보면 이 당연해 보이는 내용이 공동체의 이익을 위해 한 개인을 희생시키는 명분으로 악용되는 일이 적지 않았다는 점이 문제다. 대표적인 예로, 태평양전쟁 말기 일본군의 자살특공기 가미카제(神風), 자살공격용 유인어뢰 카이텐(回天), 자살공격용 인간기뢰 후쿠류(伏龍) 등의 자살특공병기들을 들 수 있다. 국가의 부름에 의해 생사의 고빗길인 전쟁터에 투입된 것은 어쩔 수 없다고 하더라도, '유구한 대의(大義)'와 '향당가문(鄕黨家門)의 면목'이란 이름으로 옥쇄(玉碎)를 강요받아서야 되겠는가.

그러므로 헌법 제37조 제2항 후단에서는 "(위와 같은 필요에 의해) 제한하는 경우에도 자유와 권리의 본질적인 내용을 침해할 수 없다"고 규정하고 있다. 여기서의 기본권 제한의 한계인 자유와 권리의 '본질적 내용'이란 자유와 권리의 핵이 되는 실질적 요소 내지 근본 요소로서 만약 이것까지를 제한한다면 자유와 권리 그 자체가 형해화되고 무의미해지는 경우를 말한다(헌재 1995. 4.20. 92헌바29).

이상의 내용을 요약하면 이렇다. 헌법 제37조 제2항의 구성을 살펴보면 그 전단에서는 '비례성 심사'를 통해 모든 기본권의 제한을 허용하고 있고, 후단에서는 '권리의 본질적인 내용'에 관해서는 더 이상 제한할 수 없는 한계가 있음을 규정함으로써, 권리의 내용이 제한이 불가능한 핵심요소와 그렇지 않은 일반 내용으로 나누는 중층적 구조를 취하고 있다.

헌법 제37조 제2항은 헌법재판소의 위헌심사에 있어서 가장 중요하게 따져보는 헌법 조항인데, 전단의 '비례성(比例性) 심사'에서는 (1) 입법 목적의 정당성, (2) 수단의 적합성, (3) 피해의 최소성, (4) 법익의 균형성 등의 구체적인 심사기준을 설정해 항목별로 따져보게 된다. 그런데 말이 무척 어렵고 낯설어서 그렇지 이 비례성의 문제와 관련해서는 지금까지 이 책에서 다루어

온 내용이 모두 해당된다고 보면 된다.

그러므로 이하에서는 헌법 제37조 제2항 후단의 '사형제가 생명권의 본질적인 내용을 침해하느냐' 하는 문제만 따져보면 될 것으로 보인다. 이 부분과 관련한 헌법상의 쟁점은 다음과 같다.

우리 헌법은 자유와 권리에 관해 여러 개의 조항을 두고 있지만, 생명권에 관해서는 특별한 규정을 두고 있지 않다. 하지만 명문의 규정이 없더라도 생명권이 선험적이고 자연법적인 권리로서 헌법에 규정된 모든 기본권의 전제로서 기능하는 기본권 중의 기본권이라는 점에는 의문의 여지가 없다.

문제는 삶과 죽음 사이에는 중간 영역이 존재하지 않는다는 점이다. 즉 생명권은 말 그대로 'All or Nothing'의 성격을 갖고 있어서, 생명은 제한되는 순간 사라지므로 생명을 제한한다는 것은 곧 생명을 박탈한다는 의미가 된다.

이러한 관점에서 보자면 생명권은 그 내용이 본질적 내용과 그렇지 않은 내용으로 구별될 수 없는 단층 구조를 취하고 있으므로 생명권에 대한 제한은 언제나 생명권의 본질적인 내용에 대한 침해로 연결될 수밖에 없다. 여기서 생명권의 제한에 있어서는 헌법 제37조 제2항 전단과 후단 사이에 법리상 모순이 생기는 게 아니냐 하는 문제가 제기된다. 즉 헌법 제37조 제2항의 전단에 의하면 '모든' 자유와 권리를 제한의 대상으로 삼고 있으므로 생명권도 제한할 수 있지만, 제37조 제2항의 후단에 의하면 생명권은 본질적 내용으로만 구성돼 있어서 생명권에 대한 제한은 불가능하게 되므로, 이것은 모순이 아니냐는 것이다.

헌법 제37조 제2항의 후단을 생명권에 대해서도 그대로 관철시켜야 한다는 견해에 의하면 생명권에 대한 제한은 어떠한 경우에도 허용되지 않는다는 결론에 이르게 된다. 이 견해에서는 생명권을 '절대적 기본권'으로 보아 어떠한 경우에도 생명의 박탈은 용납될 수 없다고 주장한다.

그러나 로빈슨 크루소처럼 고립된 개인으로 살 때면 몰라도, 여러 사람이 공동체를 이루어 살고 있는 상황에서 그 구성원들에게 불가침의 절대적 권리를 인정한다는 것은 논리적으로 모순일 뿐더러 국민의 법감정에도 맞지 않는다. 타인의 생명을 전혀 존중하지 않고, 심지어 재미 삼아 죽이기까지 한 유영철 같은 살인마가 '내 생명은 전 우주와도 바꿀 수 없는 소중한 것이니 절대로 건드리지 마시오'라고 주장하는 것은 과연 용납될 수 있는 일인가? 인류가 제2차 세계대전의 참화를 통해 얻은 교훈은 "전쟁은 악이다, 무슨 일이 있어도 전쟁만은 안 된다"는 감정적 견해의 문제는 상대방도 동시에 똑같이 느껴야 한다는 점이다. 살인도 마찬가지다.

모든 기본권은 국가와 헌법의 존재 위에서만 인정되므로, 또 다른 중요한 헌법적 가치의 실현을 위해 생명권을 제한하는 것도 헌법적으로 정당화될 수 있어야 한다. 예컨대 국가공동체의 존립과 그 구성원의 생존이 급박한 위험에 처한 상황에서 그 위험으로부터 국가와 국민을 보호할 수단으로서 불가피하게 행해지는 생명의 박탈마저도 헌법적으로 정당화되지 않는다면, 국민 개인의 생명권의 보장을 위해 다른 모든 헌법적 가치를 부정하는 결과가 되기 때문이다.

사형수의 생명이 절대적으로 보호를 받아야 할 권리라면, 그 점은 희생자의 생명도 마찬가지다. 살인이라는 사건 자체로 이미 모순이 발생한 것이다. 눈앞에 나타난 현실의 모순에는 눈을 감은 채 이론적 정합성(整合性)에만 집착하는 이런 태도를 어떻게 이해해야 할까? 롬브로소가 말한 것처럼, 너무 논리적이려고 하는 것보다 비논리적인 것은 없다. 헌법 제37조 제2항 후단을 근거로 절대적 기본권을 도출해 내려는 이론적 시도를 보면 그런 생각이 든다.

군이 어렵게 이론 구성을 할 필요가 무엇인가? 헌법 제37조 제2항 후단은 그 내용이 본질적인 부분과 그렇지 않은 부분의 중층적 구조로 구성된 일반적 기본권의 제한에 관한 규정으로 보면 되고, 성질상 본질적인 부분과 그렇지 않은 부분이 구별되지 않는 생명권과 같은 경우에는 동항 후단의 적용은 없다고 해석하면 그만이다. 따라서 생명권의 제한에 관해서는 헌법 제37조 제2항 전단에 따라서 그 제한이 가능하며, 그 제한이 헌법적으로 정당화되는지 여부는 비례의 원칙에 따른 심사를 통해 판단하면 되는 것이다. 헌법재판소의 입장도 비슷한 맥락이다(헌재 2010. 2.25. 2008헌가23 결정).

헌법은 절대적 기본권을 명문으로 인정하고 있지 아니하며, 헌법 제37조 제2항에서는 국민의 모든 자유와 권리는 국가안전보장·질서유지 또는 공공복리를 위하여 필요한 경우에 한하여 법률로써 제한할 수 있도록 규정하고 있어, 비록 생명이 이념적으로 절대적 가치를 지닌 것이라 하더라도 생명에 대한 법적 평가가 예외적으로 허용될 수 있다고 할 것이므로, 생명권 역시 헌법 제37조 제2항에 의한 일반적 법률유보의 대상이 될 수밖에 없다.
나아가 생명권의 경우, 다른 일반적인 기본권 제한의 구조와는 달리, 생명의 일부 박탈이라는 것을 상정할 수 없기 때문에 생명권에 대한 제한은 필연적으로 생명권의 완전한 박탈을 의미하게 되는바, 위와 같이 생명권의 제한이 정당화될 수 있는 예외적인 경우에는 생명권의 박탈이 초래된다 하더라도 곧바로 기본권의 본질적인 내용을 침해하는 것이라 볼 수는 없다.

솔직히 말해, 한 사람의 생명은 전 우주와도 바꿀 수 없다고 떠드는 것은 보기에는 좋을지 모르지만 실제로는 위선적이기 짝이 없는 주장이다. 필자가 보기에 '절대적 기본권'을 운운하는 것 자체가 뭘 몰라도 한참 몰라서 나온 것처럼 보여 별로 공감도 되지 않는 주장이다.

'권리'라는 것은 포커 게임에서 '조커'나 '에이스' 같은 막강한 위력을 가진 카드여서 정치적으로 대립되는 사안에서는 먼저 꺼내 드는 쪽이 헤게모니를 선점한다는 말이 있다. 아니나 다를까 낙태와 관련된 이슈에서도 낙태를 반대하는 쪽이 '태아의 생명권'이라는 거창한 권리를 내세우자 그 반대쪽에서도 '임부의 자기결정권'이라는 것을 들고 나와 권리 대 권리로 맞불을 놓았다. '~권' 자만 들어가면 누구도 함부로 건드릴 수 없는 성역 같은 것이 생기는 현상이 보인다.

생명권이 절대적이라면 삶의 끝에서뿐 아니라 삶의 시작에서도 똑같은 가치를 지녀야 한다. 그런데 사람의 시작은 자연적으로는 물론이고 법적으로도 개념 규정이 쉽지 않다. 생명이라는 것은 정자와 난자 수정 직후부터 하나의 독립된 생명체로 모체 밖으로 나올 때까지 마치 강물이 흘러가듯 점진적으로 진행되는 과정이기 때문에 거기에 정밀한 선을 그어 구획을 나누기가 불가능한 것이다.

히포크라테스 선서에는 "나는 잉태되는 순간부터 인간의 생명을 최대한으로 존중하겠습니다"라는 말이 있고, 로마 가톨릭교회에서는 잉태된 순간부터 행해지는 모든 낙태를 살인으로 간주해 왔다. 영미의 관습법에 따르면 낙태는 태아가 움직이고 살아있는 경우에만 범죄로 간주돼 왔었지만 19세기에 이르러 영국과 미국에서도 잉태 후 어떤 시기에라도 낙태를 하는 것은 범죄로 간주되었다.

이처럼 확고부동하게 유지돼 오던 낙태 금지의 원칙이 흔들리기 시작한 것은 1960년대 후반 임산부들에게 널리 이용되던 탈리도마이드라는 진정제의 부작용 때문이었다. 탈리도마이드를 복용한 임산부들이 기형아를 출산하는 사건이 잇달아 발생하자 이 약을 복용했던 많은 임산부들이 낙태를 희망했고, 마침내 여성들을 중심으로 낙태 옹호 운동이 거대한 쓰나미처럼 지구촌 전역을 휩쓸었다.

1973년 미연방 대법원의 '로 대 웨이드(Roe vs. Wade)' 사건은 이러한 운동의 결실이라고 할 수 있는데, 이 판결에 따르면 태아가 체외에서 생존 가능한 시기 이전까지는 낙태가 헌법상의 권리 가운데 하나로 인정되었다. 이 판결이 날 즈음 캘리포니아와 뉴욕을 포함한 미국 내 18개 주에서는 산모의 건강, 태아의 기형, 강간이나 근친상간으로 인한 임신의 경우 낙태를 허용하는 방향으로 법안 개정이 이루어졌다. 오랫동안 유지돼 왔던 '잉태된 순간부터 인간 생명은 신성하다'는 견해는 로 대 웨이드 판결이 내려지는 순간 폐기된 것이나 다름이 없었다.

문제는 '체외에서 생존 가능한 시기'를 어떻게 정할 것이냐 하는 것이다. 로 대 웨이드 판결에서는 이를 '임신 26주'로 정했지만, 의료기술과 의료시설에 따라 그 시기는 얼마든지 달라질 수 있다는 게 문제다. 한 병원의 신생아 중환자실에서는 의료진들이 미숙한 신생아를 살리기 위해 24시간 동안 헌신적인 노력을 아끼지 않는 반면, 바로 옆 병동에서는 그 미숙아들보다 더 많이 자란 태아를 낙태하는 시술이 행해지고 있는 이 모순된 상황을 어떻게 이해해야 될 것인가? 엄마의 뱃속이냐, 아니냐는 우연한 사정에 따라 생명의 가치를 달리 판단하는 것이 과연 합당한가?

"모든 인간은 헌법상 생명권의 주체가 되고, 인간으로서 형성되어 가는 단계의 생명인 태아에게도 생명에 대한 권리가 인정되어야 한다"는 것이 헌법재판소의 판단이지만(헌재 2012. 8.23. 2010헌바402), 이러한 입장이 태아에게 기형이 있거나 강간으로 인해 임신한 경우 등에 낙태를 허용하고 있는 현행 법제와 어떻게 부합될 수 있는가? 사람을 수십 명씩 죽인 유영철 같은 야수는 그도 '인간'이기 때문에 무슨 일이 있더라도 살려둬야 하고, 무고하게 태어난 생명의 씨앗에 대해서는 단순히 기형이라는 이유로 아무렇지 않게 제거해버릴 수 있다고 믿는 이 메마르고 비정한 논리는 어떻게 이해해야 할 것인가?

우리가 사는 이 사회는 현실이다. 모든 현실의 문제를 이상적 가치만 가지고는 풀 수 없다. 현실의 문제는 현실의 잣대와 평가로 풀어가야 한다.

1989년 미국의 범죄율은 정점에 도달해 있었다. 15년 동안 폭력 범죄는 80%나 증가했고, 미국 사람들의 관심거리는 온통 범죄로 모아져 있었다. 범죄학자인 제임스 앨런 폭스 같은 이는 '피의 제전'이라는 섬뜩한 표현을 동원해 미국의 도심이 피로 물들게 될 것이라고 경고했다. 그런데 해가 바뀌어 1990년대가 도래하면서 미국의 범죄율이 기적적으로 감소하기 시작했다. 1990년 인구 10만 명당 30.7건에 이르던 살인사건 발생률은 2000년에 8.4건으로 떨어져 무려 73.6%의 감소율을 보였다.

미국 사회가 조만간 범죄로 인해 멸망하게 될 것이라고 호들갑을 떨던 범죄 전문가들에게는 무척 당황스러운 일이었다. 그래서 범죄 전문가들은 이번에는 자신들의 예측이 빗나간 이유가 무엇이었는지를 집중적으로 캐기 시작했다. 도대체 그 많던 범죄자들은 어디로 다 사라진 것일까? 사실 범죄의 원인은 정치, 경제, 문화, 사회 그리고 법률에 이르기까지 인간의 모든 영역과 관계가 되는 것이므로 일의적으로 하나의 원인(예를 들어 사형의 집행 여부 등)만을 가지고 따지는 것은 무척 어리석은 일이 될 수 있다. 그럼에도 불구하고 누구도 부인하기 어려운 '결정적인 사건' 하나가 모두의 시야에 뚜렷하게 부각되었다. 바로 낙태를 허용한 1973년 미연방 대법원의 '로 대 웨이드' 판결이었다.

로 대 웨이드 판결이 있은 첫해에 미국에서만 75만 명의 여성이 낙태 시술을 받았다. 1980년이 되면서 그 수치가 160만을 찍고 이후 비슷한 추세를 줄곧 유지하고 있는바, 지금까지 미국에서만 나치의 홀로코스트보다 대략 10배쯤 되는 아이들이 희생됐다고 말할 수 있다. 하지만 여성들이 자기가 잘 기를 수 있는지 여부를 심사숙고해 아이의 출생 여부를 결정할 수 있게 된 후부터, 이 세상에 태어난 아이들에게는 그 이전 세대보다는 훨씬 풍족한 양육 환경이 주어졌다. 1990년대 들어 밤거리를 배회하는 가출청소년 등과 같은 범죄예비군의 숫자가 급격하게 줄기 시작했고, 길거리에서 마약을 파는 젊은 흑인들 사이의 살인도 48%가량 줄어들었다.

1990년은 1973년에 세상에 태어난 아이들이 만 17세를 맞는 해, 즉 본격적으로 폭력, 마약 등의 범죄를 저지르기 시작할 나이가 되는 해였다. 로 대 웨이드 판결 이후에 수천 명의 10대 남자 범죄자만 사라진 것이 아니었다. 수많은 10대 미혼모가 낙태를 함으로써, 아빠와 엄마의 위태로운 인생을 대물림할 아이들이 세상에 태어나지 않게 되었다. 급격한 범죄의 감소는 미국만의 현상이 아니었다. 낙태의 허용과 범죄율의 급격한 감소는 오스트레일리아와 캐나다의 연구에서도 확인됐다.

가톨릭이 국교나 다름없는 남미 대륙에서는 낙태를 생명윤리에 반하는 것으로 보아 엄격하게 금지하고 있다. 10대의 미혼모 때부터 아이를 낳기 시작해, 폐경으로 더 이상 아이를 낳을 수 없게 될 때까지 출산의 이력이 30년 넘게 이어진다. 그리고 그렇게 태어난 아이들이 제대로 된 교육도 보호도 받지 못하고 길거리로 쏟아져 나와 10대 갱단이 되어 서로 총질을 해대기 시작한다. 가톨릭이 부르짖는 '생명의 윤리'가 가장 충실하게 지켜지고 있는 그곳이, 사람이 도저히 살 수 없는 지옥도로 바뀌어 가고 있는 이 모순을 어떻게 이해해야 할까?

세상은 결코 간단하지 않다. 생명권을 절대적 권리로 추켜세운다고 해서 몽상주의자들이 희구하는 파라다이스가 갑자기 현실화될 가능성은 전무하다. 우리는 지구상의 가장 청정지역인 남극이, 반쯤 물고기로 진화한 펭귄을 제외하면 지구상의 어떤 육상동물도 살 수 없는 죽음의 땅이 되었다는 사실을 잊지 말아야 한다. 실제로 우리는 눈앞의 '현실(sein)'을 외면한 채 오로지 '당위(sollen)'에만 집착하는 사람들이 정치나 제도에 개입할 때 어김없이 지옥도가 펼쳐지곤 했던 역사적 경험을 가지고 있다. 이단을 정죄한다는 구실로 수많은 사람을 고문하고 불에 태운 중세의 가톨릭이 그러했고, 이른바 '사림'이라고 하여 인의와 명분을 전면에 내세웠던 조선시대 유교 원리주의자들이 만든 세상이 그러했다. 그들이 만들고자 했던 청정한 세상 때문에 수없이 많은 무고한 목숨이 희생됐다. 마키아벨리는《군주론》에서 마치 이런 무리를 향해 충고라도 하듯 이렇게 말하고 있다.

'어떻게 되어야 한다'는 문제에 매달려 '어떻게 되어 있다'는 문제를 소홀히 하는 자는 자신의 보존보다 파멸을 훨씬 빠르게 배우게 된다. 매사에 선(善)을 내세우는 자는 그렇지 못한 자들 사이에서 몰락할 공산이 크다.

사형제는 사회공동체의 붕괴를 막고 개개인의 생명을 보호하기 위한 수단으로 도입한 제도이다. 사형제를 반문명적이라고 비난하는 것은 인간의 본성에 대한 깊은 성찰이 부족한 것이고, 인류사와 인간의 문화에 대한 정확한 인식이 결여된 데서 비롯된 것이다. 사형제는 결코 야만적이 아니며, 인간의 오랜 역사 속에서 사회공동체를 지키기 위한 최후의 수단이었음을 유념해야 한다.

우리 사회에서 이제 정치범이나 사상범에 대한 사형 선고는 없다. 단순한 살인범에 대해서도 사형은 선고되지 않는다. 그러나 끔찍하고 잔혹한 수법으로 인간을 살해한 자, 특히 자신의 성적 쾌락을 위해 사람을 고문하고 살해한 극단의 사이코패스에게 사형제가 유일한 대안이 될 수밖에 없는 현실은 변하지 않는다.

사형제는 타인의 생명을 부정하고 인류사회의 구성원이길 거부한 자에 대한 사회공동체의 형벌이다. 우리가 파리나 모기에게 '왜 그렇게 했니?'라고 질책하지 않는 것은 그들 존재가 따라야 할 것은 자연의 법이지 인간의 법이 아니기 때문이다. 스스로 인간이길 거부한 자, 공동체의 룰을 존중할 의사가 전혀 없는 자에게 "그들도 인간입니다!"라고 신파조의 넋두리를 펴는 일은 이제 제발 좀 그만하자. 그들에게 법과 절차에 따라 사형을 부과하는 것은 '야수로 살았으되 인간으로 죽을 수 있는' 기회를 베푸는 마지막 은전일 수 있다.

위험한 선택, 사형폐지론

조선의 군대는 약해빠진 군대였다. 임진년 4월14일 부산에 상륙한 왜군이 한 나라의 수도를 점령하는 데 걸린 기간은 20일도 채 되지 않는 짧디짧은 시간이었다. 부산에서 서울까지 천리가 넘는 거리를 보통사람이 그냥 마라톤을 해도 이보다 빨리 도착할 순 없었다.

조선의 군사들은 애초에 싸울 의지가 없었다. 병졸이고 장수고 할 것 없이 적이 가까이 접근했다는 말만 들리면 성을 버리고 뿔뿔이 도주했다. 왜군의 입장에서는 이런 조선군을 상대로 굳이 소모적인 전투를 벌일 필요조차 없었다. 미리 알아서 길을 열어주니 오직 앞으로 나아가기만 하면 점령이고, 주둔하기만 하면 지배였다.

왜군은 서울로 가는 가장 빠른 길인 조령을 통과하기 위해 상주를 거쳐 조령으로 몰려들었고, 조정 또한 왜군의 북진을 막기 위해 조선 최고의 무장으로 불리던 신립(申砬)을 삼도순변사에 임명하고 8000명의 군사를 딸려 충주로 내려 보냈다. 그전까지 조선군과 왜군 사이에 국가간 전쟁이라 할 만한 전투다운 전투는 한 번도 벌어진 적이 없었다. 경상좌도 병마절도사 이각, 경상 좌수사 박홍, 밀양부사 박진, 김해부사 서예원, 순찰사 김수는 적의 규모에 겁먹고 앞다투어 달아났다. 경상우수사 원균은 많은 배를 거느리고 있었지만 멀리서 왜군이 부산으로 상륙하는 것을 쳐다볼 뿐 아무 일도 하지 않았다. 그러므로 조령에서의 전투는 조선의 명운을 걸고 동원가능한 조선의 모든 병력을 집중시킨 최초이자 최후의 결전이 된 셈이다.

신립은 남한강과 달천이 합류하는 지점인 탄금대로 병력을 옮겨 배수(背水)의 진(陣)을 쳤다. 신립이 유사 이래 한신(韓信) 외에는 성공한 적이 단 한 번도 없다는 '배수진'을 고집한 것은 치명적인 실수였다. 조선의 군대는 한신의 군대처럼 죽기 살기로 싸우고자 하는 의지가 있는 군대가 아니었다. 적군의 위세에 밀려 뒷걸음치기에 여념이 없던 조선의 군대는 깊은 강물에 퇴로가 막혀 싸움다운 싸움 한 번 해 보지 못하고 물에 빠져 죽었다. 적에게 아무런 타격도 주지 못한 채 8000명의 아군 병사가 궤멸을 맞는 동안 적의 총칼에 도륙된 병사보다 남한강에 수장된 병사의 숫자가 압도적으로 많았다.

조선의 마지막 군대 8000명이 아무도 국가간 전투라고 말할 수 없는 초라한 전투 끝에 궤멸되는 데 걸린 시간은 반나절이 채 안 되었다. 왜군은 험준한 조령을 피 한 방울 흘리지 않고 공짜로 통과하고, 탄금대에서 조선의 주력군을 마치 전쟁놀이하듯 손쉽게 도륙한 뒤 5월3일 한양을 접수했다. 선조는 신립이 무너졌다는 전갈을 받자 4월30일 한밤중에 도성을 빠져나갔다.

그토록 역사를 떠받드는 민족이었건만, 왜구라고 만만히 봤던 이민족에게 7년씩이나 국토가 유린됐던 치욕의 역사를 통해서 배운 것은 아무 것도 없었다. 불과 한 세대 만에 조선의 국토는 다시 오랑캐의 말발굽에 처참하게 짓밟혔다.

1637년 1월 경기도 광주의 쌍령(雙嶺)에서 벌어졌던 '쌍령전투'에서는 조선의 4만 군사가 청나라의 300기병에 거의 몰살 수준의 도륙을 당했다. 링에 올라 제대로 된 싸움을 해본 것도 아니었다. 팔기군의 위세에 바짝 졸아서 뒷걸음치다가 아군끼리 깔려 죽고 밟혀 죽는 어처구니없는 참사였다. 남한산성에 갇혀 추위와 배고픔에 떨던 조선왕은 마치 갈기를 모두 뽑힌 사자마냥 잠옷 바람으로 삼전도에 나가 적장을 향해 이마가 피범벅이 되도록 돌바닥에 머리를 조아 박는 항복의 예를 갖춰야 했다.

전쟁은 비정한 제로섬 게임이다. 강태공은 말했다. "전쟁은 양쪽 모두 이기는 일이 없고, 또한 양쪽 모두 지는 일도 없다(兵不兩勝 亦不兩敗)." 인간사에서 벌어지는 어떤 일도 전쟁만큼 극단적으로 승패의 명암이 엇갈리는 일은 없다. 흘러간 명가수 아바의 노래가사처럼 승자가 모든 것을 차지한다(The winner takes it all).

반대로 패자는 모든 것을 잃는다. 허리띠를 졸라매가며 애써 모은 재산은 한순간에 점령군으로 몰려 온 승자의 차지가 되고, 패전국 여성의 성적(性的) 자기결정권은 부인되며, 인간의 가장 원초적 본능인 생존권마저 승자의 처분에 맡겨야 된다. 독일의 역사학자 한스 페터 뒤르가 쓴 《음란과 폭력》을 보면 전쟁에서의 패배라는 것이 얼마나 심각한 문제인지 느껴질 것이다.

일찍이 전쟁에서 패한 나라의 여자들이 겪어야 했던 집단 성폭행 중에서 최악의 사태를 꼽는다면, 제2차 세계대전이 끝날 무렵 소련군이 독일 여자들에게 저지른 만행을 들 수 있을 것이다. 면밀한 조사 결과에 따르면, 1945년 초여름에서 가을까지 베를린 지역에서만 11만 명의 부녀자들이 소련군 병사들에게 피해를 당했으며, 그중에서 40%는 여러 번 폭행을 당한 경우였다. 그 가운데 약 10%는 성폭행으로 목숨을 잃었고, 그밖에 강간에 대한 두려움 때문에 미리 자살한 여자들도 수없이 많았다. 믿을 수 있는 조사 결과에 따르면, 독일 동부지역에서 적어도 200만 명의 여자들이 한 차례 이상 소련군에게 성폭행을 당했다.

피해 여성 중에는 수많은 소녀들이 끼어있었는데, 그중에는 13세도 채 안 된 '무지한' 아이들도 많았다. 그래서 그들은 자신이 무슨 일을 겪는지조차 전혀 모르고 있었다. 심지어 그 뒤로 남자와 동침할 수 없게 되거나, '성행위 자체에 대한 혐오증세'로 발전한 경우도 많았다. 나이가 아주 어린 소녀들은 특히 잔인한 방법으로 폭행을 당하는 경우가 많았다. 심지어 회음부에서 항문까지 찢겨져 피를 흘리고 있는 소녀와 성교하기 위해, 수십 명의 군인들이 줄을 서서 기다리는 장면도 드물지 않았다.

입맛이 싹 달아날 정도로 잔인한 내용이지만, 그나마 필설로 옮기는 게 가능한 내용이 이 정도이다. 이보다 훨씬 더 끔찍한 내용도 많고, 한국 여자들이 제2차 세계대전 때 일본과 중국의 군인들에게 당했던 사례도 소개돼 있다. 물론 조선의 여자들이 임진왜란과 병자호란, 두 차례의 병란을 거치면서 겪어야 했던 수모 또한 이보다 더하면 더했지 덜하지는 않았을 것이다.

패전의 결과는 이처럼 참혹하다. 그러므로 전쟁에서는 수단과 방법을 가리지 말고 일단 무조건 이기고 봐야 한다. 이기는 게 진리요, 이기는 게 정의다. 여기에 어설픈 인권을 들이대는 우리 사회의 이른바 '먹물'들은 뭘 몰라도 한참 모르는 사람들이다. 마오쩌둥(毛澤東)은 먹물들을 일컬어 "거지 근성 강하고, 고마워할 줄 모르고, 남 핑계대기 좋아하고, 정확히 알지도 못하는 주제에 온갖 잘난 척은 다하고, 무책임하다"고 혹평한 적이 있는데, 딱 그 짝이다.

조선 군대에서 유일한 예외는 이순신이 지킨 바다였다. 당초 왜군은 수군과 육군이 합세해 한반도의 서쪽을 공략한다는 방침을 세우고 있었지만, 이순신에 의해 바다가 막히고 보급이 끊기자 평양성까지 거침없이 전개됐던 육군의 진격도 막다른 길에 봉착했다. 이로써 조선은 전라도와 충청도의 곡창지대를 보존하고, 아울러 황해도와 평안도 연안지방까지 지키게 되어 군량 조달과 통신체계를 확보할 수 있었다. 이는 곧 조선의 반격이 시작되었음을 알리는 신호탄이었다.

이순신은 명량해전에 앞서 여러 장수들을 모아놓고 이렇게 말했다.

"병법에 이르기를 '반드시 죽고자 하면 살고 반드시 살려고 하면 죽는다(必死則生, 必生則死)고 하였고, 또 '한 사람이 길목을 지키면 천 명도 두렵게 할 수 있다(一夫當逕, 足懼千夫)'고 했는데, 이는 오늘의 우리를 두고 하는 말이다. 너희 장수들이 조금이라도 명령을 어기는 일이 있다면 즉시 군율을 적용하여 조금도 용서하지 않을 것이다."

정예병의 원천은 엄정한 군기다. 그래서 그런지 몰라도 이순신의 《난중일기》를 보면 '처형했다'는 기록이 대단히 자주 등장한다. 저 혼자 살겠다고 도망간 병사는 끝까지 추적해 어김없이 목을 벤다. 군무를 소홀히 하거나, 거짓으로 보고한 서리들도 목을 베어 효수했다. 군량에 손을 댄 병사도 마찬가지다.

12척의 배로 133척의 왜군을 상대한 명량해전에서 조선의 수군이 용전분투할 수 있었던 원동력도 바로 군법의 '빈틈없는 집행' 때문이었다. 구름떼 같은 적 앞에서 돌진을 망설이던 장수들은 '군법에 죽고 싶으냐'는 이순신의 경고에 황급히 적진 속으로 돌진했다. 도망치거나 물러설 때 예상되는 100%의 죽음보다는 적진 속에 뛰어들어 죽기 살기로 싸우는 게 생존의 확률을 훨씬 높이는 길이었기 때문이다.

군대라는 것은 정직하게 말해 킬러 집단이다. 군대에서 쓰는 무기라는 것도 따지고 보면 사람을 죽이는 것 말고는 별 쓸모가 없는 물건이다. 마음이 약해 부하들을 사지로 내몰지 못하는 인간미 넘치는 장군은, 한 개인으로서는 어떨지 모르지만 한 국가로 시야를 넓히면 그것만한 재앙이 없다. 오로지 승리 하나만을 생각하는 철혈(鐵血)의 장군만이 국민을 지킬 수 있다.

전우들은 목숨을 내걸고 전투를 벌이고 있는데, 자기 혼자만 살겠다고 뒤로 내빼는 병사가 있다면 앞뒤 볼 것 없이 현장에서 즉결처분해야 한다. '우쭈쭈, 오죽 무서웠으면 그랬을까?' 하는 식으로 어리광을 받아주다가는 오합지졸의 당나라 군대를 면할 수 없다. 이런 군대에 국방을 맡긴 국민의 생명과 안전은 바람 앞의 촛불처럼 위태로울 수밖에 없다. 엄정한 군기 없이 상승무패(常勝無敗)의 정예군은 절대로 만들어질 수 없는 법이다.

그렇기 때문에 군형법(軍刑法)은 '죽음의 법'이라 불릴 정도로 사형에 관한 규정이 많다. 대표적인 조항 몇 개만 살펴보자. 작당(作黨)하여 병기를 휴대하고 반란을 일으킨 자는 사형에 처한다. 군대의 요새(要塞)를 적에게 내준 자는 사형에 처한다. 적을 위하여 군용시설을 파괴하거나 사용할 수 없게 한 자는 사형에 처한다. 군사상 기밀을 적에게 누설한 자는 사형에 처한다. 적을 위하여 진로를 인도하거나 지리를 알려준 자는 사형에 처한다. 아군을 적의 함정에 빠뜨리기 위해 거짓 정보를 전달한 자는 사형에 처한다. 지휘관이 그 할 바를 다하지 아니하고 적에게 항복한 경우에는 사형에 처한다. 지휘관이 적을 맞아 그 할 바를 다하지 아니하고 부대를 인솔하여 도피한 경우에는 사형에 처한다. 초병이 적을 목전에 둔 상황에서 정당한 사유 없이 수소를 이탈한 경우에는 사형에 처한다. …

하나하나가 너무나 당연한 규정이다. 적의 제거를 목적으로 만든 조직이 어설픈 인정에 사로잡혀 외부의 적보다 열 배, 스무 배 더 해로운 내부의 적을 살려둔다는 것은 스스로 자멸의 길을 걷겠다는 것에 다름 아니다. 시대만 다를 뿐이지 임진왜란 때나 지금이나 정예군의 요건은 하나도 다를 게 없다. 목숨이란 것은 누구한테든 다 하나뿐인데, 적과 맞서 싸우다 장렬하게 산화한 군인만 바보로 만드는 군대라면 그런 군대에 40조가 아니라 400조를 쏟아 부은들 무슨 소용이 있겠는가.

사형의 범위를 축소할 수는 있다. 그러나 우리 법에서 사형제도 그 자체를 도려내는 것은 온당치 않을 뿐 아니라, 대단히 위험한 일이다. 우리는 어설픈 감성과 추상적인 가설에 사로잡혀 사회 전체를 파멸에 이르게 할 수도 있는 몽상주의자들의 교활한 선동·선전을 늘 경계해야 한다. 공동체에 대해 최소한의 책임감이라도 가진 사람이라면, 또한 우리의 현실을 조금이라도 직시한 사람이라면 사형제 폐지를 결코 쉽게 말할 수는 없을 것이다.

마 치 는 글

2013년 8월 국내 신문들은 전 헝가리 경찰관 라슬로 차타리가 역사적 재판을 앞두고 98세의 나이로 사망했다는 소식을 전했다. 부다페스트의 한 병원에서 숨진 차타리는 옛 헝가리 영토인 슬로바키아 코시체에서 유대인 집단 거주지를 관리하던 경찰관이었다.

차타리는 1941년부터 1944년까지 유대인 1만 5700명을 강제로 폴란드 아우슈비츠와 우크라이나 수용소로 보내 숨지게 한 혐의를 받았다. 하지만 차타리는 위조 여권을 들고 신분을 위장해 재판 시작 전 캐나다로 도주해 버렸다. 차타리는 제2차 세계대전 종전 직후인 1948년 체코 법원의 궐석재판에서 이와 같은 '반인륜 범죄' 혐의로 사형 선고를 받았다.

나치 전범(戰犯)을 추적해온 유대인 단체 '사이먼비젠탈 센터'는 이후 차타리를 1급 '나치 전범 리스트'에 올려놓고 수십 년간 그의 행적을 추적해 왔다. 캐나다 정부에 의해 그의 정체가 드러난 것은 1997년. 차타리는 50년 가까이 몬트리올, 토론토 등을 떠돌며 미술품 거래상으로 신분을 감추며 살아왔다.

캐나다 정부에 의해 추방된 차타리는 유럽으로 돌아왔고 사이먼비젠탈 센터의 추적을 받아왔다. 2012년 9월 사이먼비젠탈 센터는 차타리에 대한 현상수배 캠페인을 벌였고 거주지가 알려지면서 헝가리 경찰에 의해 체포되었다. 헝가리 경찰은 그에 대해 1년간 조사를 벌인 끝에 마침내 '고문죄'로 기소했다.

차타리를 기억하고 있는 나치 수용소 생존자들의 증언에 따르면, 차타리는 유대인을 화물차에 태워 강제수용소에 보낼 때 현장에서 이를 감독했으며 유대인 여성과 노약자를 채찍으로 때리고 맨손으로 땅을 파게 하는 것과 같은 잔인한 행동을 했다.

차타리에 대한 재판은 2013년 9월 부다페스트에서 열릴 예정이었다. 하지만 법의 심판을 한 달 앞두고 나치 전범이 자연사해 버렸다. 사이먼비젠탈 센터 이스라엘 사무소의 이브라힘 주로프 소장은 다음과 같은 성명을 발표했다.

"홀로코스트의 가해자가 전범으로 기소됐지만 결국 마지막 순간에 법의 심판과 처벌을 피한 것은 수치스러운 일이다. 그의 죽음이 죄를 사라지게 하는 것은 아니다."

제2차 세계대전이 끝난 후 남미나 북미 대륙으로 도주한 나치 전범자들은 대부분 특별한 문제를 일으키지 않고 지역 사회에 동화돼 잘 살아왔다. 당시 처벌을 피해 도주한 나치 전범 중 현재까지 생존해 있을 사람은 거의 없겠지만, 설령 그런 사람이 남아 있다고 하더라도 형사처벌을 부과하기에는 너무나 고령이어서 교화와 개선을 전제로 하는 형벌의 의미가 사라져버렸다. 물론 그들을 처벌한다고 해서 홀로코스트의 희생자들이 다시 우리 곁으로 돌아오는 것도 아니다. 그럼에도 왜 유대인들은 그렇게 집요하게 그들을 추적하는 것일까?

바로 그것이 정의이기 때문이다. 정의는 모든 법에 선행하는 공동체의 원칙이며, 지상의 무엇과도 바꿀 수 없는 궁극의 가치이기 때문이다. 그러므로 정의는 범죄인의 교화나 개선, 범죄예방 효과 등의 관념적 가설이나 산술적 지표에 휘둘리지 않는다. 사람의 눈물샘에 호소하는 교활한 사이렌의 유혹에도 흔들리지 않는다.

정의를 말로 설명할 수 없는 사람도, 정의롭지 못한 상황이 무엇인지는 쉽게 알 수 있다. 지금쯤 우리 곁에서 어엿한 아가씨로 잘 크고 있을 두 명의 여자아이를 무참하게 성폭행하고 살해한 극악의 범죄자가 잘 먹고 잘 지내다가 무사히 형기를 마치고 사회에 복귀해 맘껏 자유를 누리며 활보하는 것이 말도 안 되게 부정의(不正義)한 일이라는 것은 누구든지 알 수 있다. 그 점에서 정의는 사회적 존재로서 인간만이 가지고 있는 본능(本能)이다.

실용주의자의 관점에서 보자면 고령이나 불치병의 범죄자를 끝까지 추적하는 것은 수지타산이 맞지 않는 일일 수 있다. 어차피 가만 놔두어도 하늘이 다 수거해갈 테니까. 하지만 정의의 의미와 가치를 아는 사람들에게 이보다 더 수치스러운 일은 없다. 손에 피를 묻히는 게 싫어서 자연의 섭리에 그 일을 맡기는 것은 공동체 스스로 정의의 회복을 포기한 나약함이며, 불의를 보고도 고개를 돌린 비겁함이다.

우리가 사형수의 자살 시도를 방치하지 않고 그들을 구해 정성껏 돌보고 치료하는 것은 그들이 예뻐서가 아니라 온전한 상태로 사형대 위에 올리고자 함이다. 정의의 실현을 그 심판의 대상이 된 자의 자의적 처분에 맡기는 것은 정의의 포기이자 정의에 대한 심각한 기망이기 때문이다. 우리는 왜 칸트가 "비록 내일 지구에 종말이 온다고 하여도 나는 오늘 한 명의 사형수도 남기지 않고 모조리 사형에 처하겠다"는 말을 남겼는지 곱씹어 볼 필요가 있다.

중남미 대륙 대부분의 나라가 유럽보다 훨씬 이른 시기에 사형을 폐지했다. 사형 폐지를 인권의 척도로 보는 사형폐지론자들의 관점에서 보자면 중남미 대륙은 전 세계 어느 나라보다 인권이 존중되는 평화롭고 인간적인 세상이어야 한다. 그러나 과연 그런가? 오늘날 지구상에서 가장 높은 살인율을 기록하고 있는, 그리하여 도저히 사람이 살 수 없는 지옥도로 바뀌어 버린 곳이 바로 그곳 아니었던가?

2014년 9월 멕시코 중부의 한 시골 마을에서는 43명의 대학생이 갱단에 의해 덤프트럭에 실려간 뒤 흔적도 없이 사라져버려 전 세계에 큰 충격을 주었다. 갱단원들은 이들을 인근 지역의 쓰레기 매립장으로 끌고 가 총으로 쏴 살해한 뒤 신원을 확인할 수 없도록 시신에 기름을 뿌리고 밤새도록 불태웠다. 이어 남은 뼈 등 유해를 부수고 치아 등을 수습해 쓰레기봉투에 담은 뒤 강물에 던진 것으로 전해졌다.

2017년 2월 콜롬비아에서는 30건 이상의 살인을 저지르며 마약조직 사이에서 무자비한 리더이자 전설적인 암살자로 악명을 떨치던 범죄조직의 리더가 17세의 미성년자로 밝혀져 큰 충격을 주었다. 콜롬비아 사법당국은 미성년자에 대한 개인정보 보호 정책에 따라 이 용의자의 신원을 일체 공개하지 않고, 소년원에 보호를 위탁할 방침이라고 밝혔다.

2010년 연말 멕시코의 국경도시 후아레즈에서는 28세의 여성 경찰 에리카 간다라가 실종됐다. 그녀와 함께 근무하던 경찰 여덟 명 중 일곱이 죽임을 당하거나, 근무를 포기하고 다른 곳으로 전출했음에도 불구하고 홀로 남았다가 사라져버린 것이다. 인근 도시에서는 경찰서장이 총에 맞아 희생된 뒤 근무하겠다는 이가 없어 1년간 경찰서가 폐쇄되기도 했다. 이 도시에서는 1993년 이후 약 20년 동안 여성 500명 이상이 살해됐고, 대부분은 행방조차 알 길이 없는 영구 미해결 사건으로 남았다. 피해자들은 성폭행당하고 살해되거나 장기밀매 조직에 희생돼 후아레즈의 사막에 버려졌을 것으로 추정

될 뿐이다. 이 도시에서는 인구 10만 명당 130건의 살인사건이 발생하는 것으로 조사됐다.

최근 보도된 내용을 가지고 예를 들어서 그렇지, 베네수엘라, 온두라스, 아이티, 엘살바도르, 과테말라 등도 사정은 별반 다르지 않다. 이들 국가보다 상대적으로 치안이 양호하다는 평가를 받는 브라질, 칠레, 아르헨티나 등도 도심의 번화가를 벗어나면 바로 살인과 폭력, 마약과 매춘으로 얼룩진 범죄도시가 펼쳐진다.

물론 사형제를 다시 도입한다고 해서 이들 나라의 범죄율이 획기적으로 줄어든다는 보장은 없다. 그렇더라도 "목숨은 목숨으로 갚아야 한다"는 원칙을 결기 있게 선언할 필요가 있다고 본다. 사형제의 폐지는, 국가가 범죄자에게 "당신이 아무리 사람을 죽여도 우리는 당신한테 절대로 목숨을 요구하진 않겠다"고 약속하는 것이며, 이것은 곧 국가가 정의의 포기를 공개적으로 선언하는 것이나 다름이 없기 때문이다.

원칙에 얼마간의 예외를 두는 것과 원칙 자체를 포기하는 것은 전혀 다른 차원의 문제다. 특히 그 원칙이라는 것이 정의와 같이 인류 공동체를 지탱해 온 가장 핵심적인 가치인 경우에는 더더욱 그렇다. 우리가 사형제 폐지를 반대하는 이유는 그것이 바로 원칙의 문제이기 때문이다. 법의 다른 이름인 국가가, 스스로 만든 법을 어겨가면서까지 잔혹한 살인자를 보호하는 것도 부족해, 자신의 권력의 원천인 절대다수의 국민 여론을 무시한 채 한 줌도 안 되는 범죄자들과 '불가침 조약'을 체결하는 사태를 결코 용납할 수 없기 때문이다.

인간의 의지는 인류라는 종(種)의 특성이며,
이성은 그 자체로 인류의 영원한 규칙이다.
그렇기에 인간이 폭력에 시달리며 괴로워하는 것은
결코 인간의 본원적 품위에 합당할 수 없다.
폭력은 인간을 파멸로 이끌기 때문이다.
고통스러운 폭력을 가하는 자만큼 인간 존재의 고결함을
의심스럽게 만드는 인간은 이 세상에 없을 것이다.
이와는 반대로 비겁한 자세로 계속 고통을 당하려는 자만큼
인간으로서의 가치를 스스로 내팽개치는 인간 또한
이 세상에 없을 것이다.

– 프리드리히 실러

부
록

탈리오 법칙을 위한 변명

탈리오 법칙에 대한 오해

'눈에는 눈' vs '원수를 사랑하라'

사형제의 존폐 문제를 커버스토리로 다룬 어느 잡지의 메인타이틀이다. 우리 귀에도 익숙한 이 두 개의 강령은 성경이라는 한 뿌리에서 나온 것인데, 그럼에도 사형제의 존폐에 관해 정반대의 결론을 이끌어낸다. 이 두 개의 강령이 주는 이미지도 전혀 상반된 것이어서, 전자에서 음습한 피의 보복이나 원시적인 폭력으로 얼룩진 부정의 이미지가 읽혀지는 반면 후자로부터는 고결한 용서 내지는 사랑으로 충만한 긍정의 이미지가 읽혀진다.

그러나 과연 그럴까? "누구든지 네 오른뺨을 치거든 왼뺨도 내주어라"고 했던 예수의 유명한 가르침이 과연 한 사회를 온전하게 지탱할 수 있는 도덕규범이 될 수 있을까. 오히려 사회를 망가뜨리는 위험한 결과를 낳게 되는 것은 아닐까? 이러한 의문을 풀어보는 것이 이 장의 주제이다.

이 논의와 관련해서는 흔히 탈리오 법칙(Lex Talionis)으로 알려진 '이에는 이, 눈에는 눈'에 관한 오해를 먼저 풀고 넘어갈 필요가 있다. 이 법칙은 언뜻 복수를 조장하는 것처럼 보이지만 사실은 복수를 제한하기 위해 만든 법칙임을 유념할 필요가 있다. 우리가 아이들 싸움이 어른 싸움으로 번지는 상황이나 조직폭력배 간의 보복 폭행에서 보듯이 눈에는 '정확히' 눈으로만 복수의 범위를 한정하기란 결코 쉬운 일이 아니다. 로미오와 줄리엣을 죽음으로 내몬 몬터규 가문과 캐퓰렛 가문의 반목이라는 것도 따지고 보면 하인들 간의 별 것 아닌 다툼에서 비롯된 것이다.

복수에는 브레이크가 없다. 사랑과 복수는 동전의 양면과 같아서 사랑하는 가족을 잃은 사람은 그 가해자에게서 목숨 이상의 것을 요구하게 마련이다. 보복은 본질적으로 보복자의 감정이 개입된 것이어서, 유혈 낭자한 복수혈극의 영화에서 으레 보는 것처럼 걷잡을 수 없는 피의 향연으로 치닫게 되는 속성이 있다. 한쪽의 분이 풀리면 다른 한쪽의 피는 그때부터 새로 끓기 시작해 또 다른 보복의 방아쇠를 당기게 하고, 순식간에 선혈이 낭자한 복수의 뫼비우스 띠가 만들어진다. 여기에 제동을 걸지 않으면 사회 전체가 위험에 빠질 수 있으므로, 제3자가 중간에 개입해 복수의 범위를 명확하게 한정함으로써 보복의 악순환을 끊을 필요가 있다.

'눈에는 눈, 이에는 이'와 관련된 또 하나의 오해는 '동해(同害)'의 의미를 우직하게 액면 그대로 받아들이는 것이다. 성경에 언급된 거의 모든 가르침을 현대적 감각에 맞게 재해석하면서 유독 이 내용만 글자 그대로 해석하는 것은 상상력의 결핍이라고 할 수밖에 없다. 이것은 마치 전직 대통령이 과거 서울시장 자격으로 교회 부흥회 행사에 참석해 "대한민국 수도 서울을 하나님께 바치겠다"고 해서 그의 독실한 신앙고백을 곧이곧대로 믿고 오른뺨을 세게 한 대 때려보는 것과 똑같다.

헤겔이 《법철학》에서 지적한 것처럼, 이 말은 범죄자가 저지른 만큼의 죗값에 해당하는 형벌을 내려야 한다는 의미로 해석해야지, 이러한 본지를 놓치고 동등성을 액면 그대로 받아들여 버리면 '범인이 애꾸거나 이가 모두 빠져 있을 때'에는 분쟁의 출구를 찾을 수 없는 불합리한 결과가 초래될 수밖에 없다. 동해의 보복을 생각할 수 없는 강간죄나 명예훼손죄, 각종 미수범 등의 경우에도 마찬가지다.

지금은 없어졌지만 한때 형벌의 대상이 '신체'이던 시절이 있었다. 사극에 자주 등장하는 곤장이 바로 그런 시절의 대표적인 유물이다. 이 시절에는 비록 정확히 측정할 수는 없다 하더라도 적어도 평가하고, 비교하고, 등급을 정할 수 있는, 어떤 분량의 고통을 만들어내야 했다. 또한 신체형은 무원칙적이거나 무조건 신체에 가해지는 형벌이 아니라 신체에 대한 타격 형태, 고통의 질·크기·시간, 범죄의 경중, 범죄자의 사람됨, 희생자의 지위 등을 고려해 세칙(細則)에 따라 계산된 것이어야 했다. 미셸 푸코의 《감시와 처벌》에 나오는 멋진 표현처럼, 신체형은 한마디로 '단테의 시가 법률화한 것'이었다.

그러나 19세기 중반 이후 형벌의 대상이 신체에서 자유로 옮겨지면서, 즉 시간의 길이와 범죄의 등급에 따라 범죄자에게 가해지는 보복(고통)의 크기를 무한히 세분화할 수 있는 자유형(징역형)이 형벌의 주역으로 전면에 부상하면서부터 형벌의 계량화가 매우 용이해졌다. 이제 탈리오 법칙의 타당성은 형벌의 목적을 어떻게 설정하느냐, 즉 처벌의 정도나 형태는 그것이 가져올 어떤 바람직한 결과에 의해서냐 아니면 범죄 자체의 중요성에 의해 결정돼야 하느냐의 문제로 귀착됐다.

정의의 패러다임

마이클 샌델의 《정의란 무엇인가》는 본고장에서도 그다지 재미를 못 본 책인데 유독 한국에서는 100만 부가 넘게 팔렸다고 한다. 우리나라 사람들이 얼마나 정의에 굶주려 있는 백성들인지 단적으로 보여주는 하나의 지표가 될 것이다. 그런데 그 책을 읽고 정의가 무엇인지 알게 된 사람이 과연 몇 사람이나 될지 의문이 든다. 내 경우엔 오히려 더 헷갈리기만 했는데, 혹시 독자들도 그렇진 않았는지.

소크라테스 이전의 사람인 피타고라스를 비롯해 정의(正義)를 정의(定義)하려고 했던 사람들은 너무나 많기 때문에, 정의가 무엇이냐는 주제만 가지고도 책 한 권은 충분히 쓸 수가 있다. 지금은 고전이 된 존 롤즈의 《정의론》만 해도 그 분량이 800페이지에 육박해, 잘만 하면 베개로도 충분히 쓸 수 있을 정도의 두께다.

두 눈을 가린 채 한 손에 저울을 들고 다른 한 손엔 칼을 든 '법의 여신' 디케는 곧 '정의의 여신'이기도 하다. 그리스어 dike(법)는 dikaion(정의)과 언어적으로 한 뿌리의 것이며, 로마에서도 ius(법)는 iustitia(정의)에서 유래했다. 위대한 법철학자 라드브루흐는 《학설휘찬》에 나오는 유명한 구절인 "법은 정의에서, 정의의 근원에서 생긴다. 그러므로 정의는 법에 선행한다"를 인용하면서, "법의 이념은 정의 이외에 다른 어떤 것도 될 수 없다"고 단언한다.

사형제 존치를 주장하는 사람들은 사형제의 정당성을 정의에서 찾는다. 실제로 사형존치론의 가장 중요한 논거가 되는 것이 정의이다. 그렇다면 정의는 무엇인가? 이 질문에 대해서는 어느 누구라도 쉽게 답을 할 수가 없을 것이다. 마이클 샌델이나 존 롤즈의 책을 읽은 사람들은, 차라리 그러한 책을 보지 않은 사람들보다도 정의를 설명하는 데 더 어려움을 겪을지 모른다. 법에서 다루어지는 정의는 사회·경제적 측면에서 다루어지는 정의와 그대로 일치하는 개념은 아니기 때문이다.

나는 정의(定義)란 단순명쾌할수록 좋다고 생각하는 편이어서 정의의 정의와 관련해서도 옛날 사람들의 그것에 더 끌린다. 예를 들어 피타고라스는 수학의 성인답게 정의를 'a^2'으로 정의했다. a^2은 기하학적으로 한 변의 길이가 a인 정사각형을 의미한다. 피타고라스는 그 가운데에서도 'a=2'인 경우, 즉 면적이 $4(=2^2)$인 정사각형을 균분, 평등, 공평의 미덕을 모두 함축한, 정의의 가장 이상적인 형태로 보았다.

사람이 만약 정의에 위반되거나 이를 훼손할 때에는 그 논리적 필연성으로서 이에 대한 응보 또는 배상이 요구된다. 거기에 인간의 주관적인 판단이나 호오(好惡)의 성향이 개입돼서는 안 되며, 자로 잰 것처럼 정확해야 된다. 범죄에 대해서는 형벌, 손해에 대해서는 배상이 정사각형에서 보여지는 바와 같은 균등성으로서 요구되는 것이 정의의 본질이라는 것이다. '눈에는 눈, 이에는 이'의 탈리오 법칙이 정사각형이라는 기하학적 모형으로 표현된 것이라고 말할 수 있다.

정의에 관한 가장 오래 된 정의 가운데 하나이면서도 오늘날까지도 가장 많은 법률가들의 지지를 받는 정의의 개념은 아리스토텔레스가 정립한 '평균적 정의'와 '배분적 정의'다. 형법에서 요구되는 정의가 둘 중 어느 것인가에 따라 형벌의 본질에 관한 철학이 달라질 수 있으므로, 둘의 구별은 중요한 의미가 있다.

한우 꽃등심 1인분(180g) : 42,000원

우리 집 근처에 있는 소금구이 집의 메뉴판에 적혀 있는 내용이다. 평균적 정의의 가장 원형을 보여주는 예이다. 식당 주인이 제공하는 한우 1인분과 손님이 내는 돈은 상호 교환 관계에 있다. 식당 주인이 내온 고기가 한우가 아니거나, 꽃등심이 아니거나, 180g에 못 미치면 디케의 저울은 한쪽으로 기울 것이다. 이는 손님이 5인분을 시켜먹고 4인분 이하의 돈만 내고 퉁치려고 할 경우에도 마찬가지이다.

'눈에는 눈, 이에는 이'가 표방하는 정의가 바로 이 평균적 정의이며, 그 대표자는 '자율의 위대한 건설자'인 이마누엘 칸트다. 칸트에 의하면 형벌은 실천이성이 요구하는 지상명령이며, 범죄는 자유의사를 가지는 자의 도덕률에 위반하는 행위이다. 형벌은 다른 목적을 위한 수단이 아니라 도덕률 위반으로서의 범죄에 대한 논리적 필연으로서의 '등가적 응보'이어야 한다고 주장했다. 이른바 동해형벌론(同害刑罰論)이다. 형벌의 응보적 성격은 칸트에 있어서 절대적·선험적인 것이었다.

칸트는 이렇게 말했다. "사람이 사람을 살해하였을 때에는, 그는 반드시 죽어야 한다. 이 경우에 정의의 만족을 위해서는 어떠한 대용물도 있을 수 없다." 그러므로 "시민사회가 모든 구성원의 동의를 얻어 해산하는 경우에도, 예를 들면 어떤 섬에 사는 민족이 서로 뿔뿔이 흩어져 살기로 결의한 경우에도, 감옥에 있는 살인범은 한 사람도 남기지 말고 먼저 사형에 처해야 한다."

정의의 본질은 평등이다. 정의가 무엇인지 설명할 수 없는 사람도 정의에 위반되는 상황이 무엇인지 바로 간취할 수 있는 이유가 여기에 있다. 우리 내면에 있는 저울이 '이건 아닌데…'라며, 정의롭지 못한 상황에 민감하게 반응하는 것이다. 평균적 정의가 산술적으로 정의된 평등이라면, 배분적 정의는 실질적으로 정의된 평등을 의미한다. 쉬운 예를 들자면, 똑같은 쇠고기 180g이라도 식용으로 키운 30개월 미만의 소에서 나온 부드러운 고기와 영화 《워낭소리》에 나오는 스무 살쯤 먹은 일소에서 나온 고래심줄처럼 질긴 고기를 똑같은 가격에 판매해서는 안 될 일이다. '같은 것은 같게, 다른 것은 다르게' 취급하는 것이 배분적 정의이다.

배분적 정의의 이론을 형벌에 투영시키면, '범죄'가 아니라 '범죄자'를 봐야 한다는 입장으로 귀결된다. 이들은 범죄에 대한 형벌은 범죄의 결과는 물론이고, 범죄의 원인, 행위자의 성격을 고려하여 '같은 것은 같게, 다른 것은 다르게' 처벌해야 한다고 주장한다. 형벌은 사회를 방위·보전하기 위하여 범죄인을 개선·교화하여 그 재사회화를 꾀하는 것을 목적으로 하는 것이므로, 일반인에 대한 위하(威嚇)나 경계보다도 범죄인 자체의 개선에 의한 범죄의 예방을 중시해야 한다고 한다. 이에 따르면 사회보호를 위해 필요할 경우 보안처분을 형벌과 함께 부과하거나, 형량에 융통성을 두는 상대적 부정기형(不定期刑)을 선고할 수 있다.

사법제도의 본질은 국가에 의한 '폭력의 독점'이다. 내가 누구한테 한 대 맞으면 나도 한 대 때려줘야 한다. 당한 만큼 갚아줘야 직성이 풀리는 게 사람의 본능이다. 하지만 이제는 그럴 수 없다. 보복의 권한을 국가가 독점하고 있기 때문이다. 대신 국가는 나를 대신해 책임지고 가해자를 응징해 줘야 한다. 형벌의 본질이 복수일 수밖에 없는 이유가 여기에 있다. 범죄인을 교화·개선해야 한다느니 사회를 방위해야 한다느니 하는 것들은 나중 일이다.

누구든지 타인에게 고통을 가했으면 자신도 고통을 받아야 하며, 그것만이 정의의 저울에 균형을 잡을 수 있다는 것이 보통사람들의 소박한 믿음이다. 그리고 그러한 믿음은 기본적으로 옳다. 복수가 형벌의 동기로 보여서는 안 된다는 금기 때문에 다들 쉬쉬하지만, 복수와 그것의 실행으로서의 고통을 뺀 형벌이라는 것은 공허한 구두선(口頭禪)에 그칠 뿐 아무 실체를 가질 수 없다. 우리가 일상에서 흔히 사용하는 '죗값을 치렀다'는 말 속에는 범죄자가 자신이 타인에 가한 것만큼의 고통을 스스로도 되돌려 받았다는 의미가 내포돼 있다.

지난 수세기 동안 세계 각국은 범죄자의 개선과 교화라는 숭고한 목적을 달성하기 위해 수없이 많은 시도를 해 봤지만 성공한 적은 한 번도 없다. 교도소만 해도 원래는 신체형이나 사형에 대한 인도적인 대체 형벌로 도입된 것이지만, 오늘날 교도소에서 '개선과 교화'가 이루어지고 있다고 믿는 사람은 아무도 없다. 오히려 범죄자를 더욱 교활하고 뻔뻔스러운 인간으로 타락시키는 '범죄의 학교'로 전락했다는 의심을 받고 있다.

교도소의 부적절함과 오용에 대한 인식은 곧 교도소에 대한 '대체 형벌'의 탐색으로 이어졌지만, 이것 역시 실적은커녕 부작용만 심화시켰다. 많은 부모들이 이 땅의 교육현실에 절망해 '대안'을 모색하면서도 정작 자기 자녀들을 '대안학교'에 보내는 데는 주저하는 것처럼, 우리가 관념적으로 대안으로 생각했던 것들이 현실적으로도 유효한 대안이 되리라는 보장은 어디에도 없다. 실제로 미국에서는 1960년대부터 수형자에 대한 교화와 개선의 노

력, 즉 특별예방적 개입을 중지할 것을 내용으로 하는 '무간섭주의'가 대세가
됐다.

　오스트레일리아와 뉴질랜드에서 판매하는 세계 지도는 남극이 위를 향
하고 있다. 우리는 북쪽이 원래부터 '위'인 것으로 알고 있지만 임의로 설정
된 '위'쪽에 불과한 것임을 각성할 필요가 있다. 응보적 형벌관에 대한 맹목
적 비난도 마찬가지이다. 역사를 진보로 해석하는 것은 역사를 대할 때 가장
쉽게 범할 수 있는 오류 중 하나인데, 이 역시 그런 프레임의 산물일 뿐임을
유념해야 한다. 응보적 형벌관은 폐기된 구시대의 유물이 아니라 오늘날에도
굳건하게 형법의 본질을 구성하고 있다. 형벌의 본질이 교화와 개선이어야
한다는 것은 임의로 설정된 하나의 가설에 지나지 않는다. 이 세상에는 우리
가 참회의 기회를 베풀어야 할 하등의 이유가 없는 사이코패스의 연쇄살인
마도 분명히 존재한다.

　오늘날 '평균적 정의'와 '배분적 정의' 중 어느 하나가 옳다고 주장하는
사람은 찾아보기 어렵고, 이는 법률 실무가들 역시 마찬가지다. 범죄와 범죄
자 양쪽 모두를 고려해 형을 정하고 처벌의 수위를 매긴다. 어느 한쪽의 입
장에 매몰돼 벌어졌던 학파간 논쟁은 이미 오래전에 종지(終止)된 사안이며,
형법학계에 전설처럼 회자되는 하나의 에피소드에 불과하다. 문제는, '잘 알
지도 못하면서' 복수를 토대로 한 응보적 형벌관을 구악(舊惡)으로, 범죄자
의 개선과 교화를 도모하는 목적적 형벌관을 선(善)으로 간주하는 일부 논
자들의 경박한 태도에 있다.

죄수의 딜레마

　저명한 과학자이자 베스트셀러 작가인 스티븐 호킹 박사는 이렇게 말

했다.

"책에 수학 공식을 집어넣으면, 독자의 절반이 떨어져 나간다."

필자 같이 꼰대에 접어든 연배라면 100% 공감하는 말이다. 나이를 먹을수록 복잡한 게 싫고 숫자가 싫어진다. 거기에 무슨 수식이나 그래프까지 추가되면 그야말로 최악이다. 한국의 멜로드라마처럼 중간에 아무 때나 시청을 시작해도 몰입에 문제가 없고, 한두 회를 건너뛰어도 스토리 파악에 지장이 없는 그런 내용이 좋다. 그냥 술술 읽히는 게 좋은 것이다. 많은 사람들이 게임이론이란 말에 넌덜머리를 내는 이유가 아마도 여기에 있을 것이다. 이하에서는, 좀 생뚱맞을지 모르겠지만 숫자나 표를 되도록 넣지 않고 게임이론에 관한 얘기를 해볼까 한다.

1987년 선거에서 노태우 후보 36.6%, 김영삼 후보 28.0%, 김대중 후보 27.1%로 노태우 후보가 대통령에 당선됐다. YS와 DJ 두 후보의 득표율을 합치면 55%에 이르니 두 사람이 단일화를 이루었으면(협력), 쿠데타 세력이 다시 집권하는 일은 없었을지 모른다. 그럼에도 두 사람이 끝내 갈라선 것(배신)은 서로에 대한 불신 때문이었다. 이 두 사람이 왜 서로를 믿지 못했는가 하는 것은 이 두 사람에게 협력했다가 두 번씩이나 '팽(烹)'을 당한 JP의 신세를 보면 알 수 있다.

만약 JP가 이들 두 사람에게 협력하지 않고 독자노선을 걸었더라면 비록 정권을 잡진 못하더라도 한 지역의 지분을 담보로 정치생명을 계속 유지해 나갈 수 있었을 것이다. YS와 DJ, 자타공인의 정치 9단인 이 두 사람은 협력에 대한 대가가 상대방의 배신으로 돌아올 때 자신의 정치생명도 끝날 수 있음을 알았던 것이다. 단순한 노욕의 문제가 아니라 생존의 문제였던 것이다. 동시에 두 사람의 이런 잔머리는 온 국민이 천신만고 끝에 쟁취해 낸 '직선제'를 다시 군부세력에 집권의 기회로 제공하는 결과를 초래했다.

아무튼 우리는 YS와 DJ, 그리고 JP 이 세 사람의 관계로부터 '죄수의 딜레마'에 적용되는 기본 공식을 산출해 낼 수 있다. 그 공식을 차례로 풀어 보면 다음과 같다.

① 서로 협력하는 것이, 서로 배신하는 것보다 낫다.
② 그러나 상대방의 선의만 믿고 무작정 협력했다가 상대방에게 배신을 당하면 차라리 처음부터 협력하지 않은 것만 못하다.

이 게임 상황에 '딜레마'라는 말이 붙는 이유는 이런 상황이 단 한 번으로 종료되는 것으로 가정했기 때문이다. 즉 단일화를 두고 한 번 갈등을 겪었던 두 사람이 선거가 끝나면 다시는 볼 일이 없을 것으로 전제했기 때문이다. 그럴 경우 이 게임은 제로섬 게임이 되는데, 제로섬 게임에서의 최선의 전략은 잘 알려진 바와 같이 미니맥스 전략, 즉 '손실을 최소화'하는 것이다. 즉 YS와 DJ의 입장에서는 '믿는 도끼에 발등 찍히는' 최악의 상황을 피하는 것이 가장 최선의 대응이 된다.

그러나 세상에는 제로섬 게임만 있는 것이 아니다. 개별적으로 보면 서로 경쟁관계에 있는 동종업자들끼리 이익단체를 만들어 그 직역(職域)의 이익을 도모한다거나, 담합을 통해 진입장벽을 설정하는 식으로 경쟁과 협력이 적절하게 어우러지는 게임도 많다. 가령 같은 시기에 입사한 직장동료들도 진급(進級)이라는 관점에서 보면 '파이를 나누어 먹는 관계'이지만, 노후생활 안정이라는 관점에서 보면 서로 협력해 '파이를 키우는 관계'이다. 용 꼬리보다 뱀 대가리가 낫다고 말들은 그렇게 하지만, 실제로는 대기업의 만년 부장 월급이 중소기업의 사장 월급보다 훨씬 높기 때문이다.

이것은 솔직히 말해, '죄수의 딜레마'라는 골치 아픈 이론을 동원하지 않더라도 누구든지 알 수 있는 결론이다. 우리가 가령 친구와 동업을 한다고 가정하더라도 똑같은 결론이 아니겠는가? 서로 믿고 협력하는 것이 좋다는 것은 누구나 안다. 실제로 많은 사람들이 서로 협력해 더 나은 세상을 만들어나간다. 그러나 문제는, 그 협력이 끝까지 계속해서 이어지기가 매우 어렵다는 점이다. 꼭 중간에 갈등이 생기고 배신이 생겨 일이 틀어지는데, 그것은 인간이라는 존재가 단순히 기계의 부속품과 같은 존재가 아니라 자기만의 개성과 욕구를 가진 존재이기 때문이다. 독하게 맘먹고 한 번만 배신하면 더 많은 이익을 독점할 수 있는 상황 앞에서, 늘 흔들리는 갈대이기 때문이다.

여기에서 이런 의문이 제기될 수 있다. 죄수의 딜레마를 단 한 번이 아니라 횟수를 충분히 늘려 반복하게 한다면 어떻게 처신하는 것이 최선의 전략일까? 협력이 나을까? 배신이 나을까? 로버트 액설로드는 이런 의문을 게임의 형식으로 바꾸어 나름대로 최선의 전략을 궁리하다가 집단지성에 그 해법을 맡기기로 했다. 즉 두 사람에게 '협력'과 '배신'이 적힌 카드를 나누어 준 뒤, 두 사람 모두 '협력'을 냈을 때는 각자 3점씩, 두 사람 모두 '배신'을 냈을 때는 각자 1점씩, 한 사람은 '협력'을 내고 한 사람은 '배신'을 내는 식으로 카드가 엇갈렸을 때는 '협력'을 낸 사람한테는 0점, '배신'을 낸 사람한테는 5점을 주기로 하는 게임을 구상하고, 그 해답을 컴퓨터 게임을 통해 찾기로 했다. 응모자들에게 컴퓨터 프로그램을 만들게 하여 서로 컴퓨터상에서 싸우게 한 다음, 가장 높은 점수를 획득한 프로그램의 전법을 죄수의 딜레마의 해결책으로 삼겠다는 것이다.

1979년의 제1회 대회에 참가한 팀은 총 14팀이었다. 심리학, 경제학, 사회학, 수학 등 다양한 전공 분야의 교수들이 이 게임에 참가했다.

이 대회에서 우승한 프로그램은 놀랍게도, 가장 단순하고 우직한 프로그램이었다. 캐나다 토론토 대학의 아나톨 라포포트 교수가 만든 '눈에는 눈, 이에는 이(Tit-For-Tat)' 전략이 바로 그것이다. 포트란(Fortran)이란 프로그램 언어로 기술된 이 프로그램은 대회에 참가한 프로그램 중 가장 짧은 프로그램이었는데, 불과 '네 줄'에 지나지 않았다. 그 내용은 이랬다.

① 처음에는 '협력'을 낸다.
② 상대가 '협력'을 냈다면, 다음번에도 '협력'을 낸다.
③ 상대가 '배신'을 냈다면, 다음번에는 '배신'을 낸다.
④ 이것을 반복한다.

말하자면 팃포탯이란 그 어의(語義)에 걸맞게 '받은 만큼 돌려준다'는 전략인데, 처음에는 '협력'으로 시작해서 그 다음부터는 지난번에 상대가 한 행동을 그대로 따라 하는 것이다. 이렇게 단순한 프로그램으로 난다 긴다 하는 적수들을 죄다 물리치고 우승의 영광을 차지할 수 있었던 원동력은 무엇이었을까?

바로 빈틈없는 응징이었다. 팃포탯은 기본적으로 협력을 먼저 제안하지만 상대가 배신하면 바로 배신으로 되갚는 구조다. 상대가 먼저 배신만 하지 않으면 절대로 배신하지 않는다. 즉 협력과 배신 사이에서 칼같이 균형을 잡고 있었던 것이다.

놀랍게도 팃포탯은 개별 게임에서는 어느 프로그램에게도 이기지 못했다. 심지어 '랜덤'이라는 무작위(無作爲)로 카드를 내게 한 프로그램한테도 졌다. 그럼에도 불구하고 팃포탯이 우승을 차지한 원동력은, 실점(失點)이 가장 적었기 때문이다. 득점을 많이 하지는 못했지만 실점도 적었으므로, 다시 말해 어느 누구에게도 무참하게 패배를 당하지 않았기 때문에 종합점수에서 가장 앞설 수 있었다.

불과 '네 줄'짜리 프로그램이 우승했다는 것은 매우 충격적인 일이었고, 그러므로 여러 사람의 열화와 같은 요청에 따라 제2회 대회가 펼쳐졌다. 이번에는 62개 팀이 참가해 제1회 대회와는 비교도 안 될 정도로 규모가 커졌는데, 참가자들의 국적은 물론이고 그들의 전공 분야도 컴퓨터과학, 진화생물학, 물리학 등으로 외연이 훨씬 확대된 것이었다. 제2회 대회에 참가한 사람들의 목표는 한결같았다. 바로 "타도! 팃포탯"이었다.

하지만 이번에도 또다시 우승은 팃포탯에 돌아갔다. 그리고 이번에도 팃포탯은 어느 프로그램한테도 이기지 못했다. 처음부터 팃포탯을 저격하기 위해 만든 프로그램들은 평소의 실험에서처럼 팃포탯에게는 대단히 강했지만, 다른 프로그램들에게 덜미를 잡혀 무참히 깨지는 일이 많았다.

대회는 2회로 끝이 났지만, 그 뒤로도 학자들 사이에서 가상실험이 계속 이루어졌다. 협력 지향형 프로그램과 배신 지향형 프로그램의 분포 비율을 계속 바꾸어가며 집요하게 팃포탯을 공략해 보았다. 그러나 팃포탯은 그 여러 번의 가상대결에서도 단 한 차례만 2등을 차지했을 뿐 모두 우승했다. 팃포탯의 눈부신 전과는 결코 우연이 아니었다. 팃포탯은 비록 작고 단순한 전략이었지만, 마치 고르디우스의 매듭을 단번에 푼 알렉산더 대왕의 칼처럼 난마처럼 얽힌 게임 상황을 해결하는 데 가장 유효적절한 전략이었던 것이다.

액설로드는 진화생물학적 관점을 가미해 게임의 환경을 바꿔보기도 했다. 랜덤과 같이 너무 못하는 전략들은 서서히 도태시키고, 반면 높은 점수를 받는 전략들은 개체수를 늘려 강자들끼리 맞붙는 상황을 점점 더 빈번하게 만든 것이다. 즉 진화의 원동력인 자연도태를 컴퓨터상에서 재현해, 실제의 생명체들이 세상에서 번식하고 공간을 차지하려고 투쟁하듯이 소프트웨어 생명체들이 컴퓨터 화면의 공간을 차지하려고 투쟁하게 만든 것이다.

패배한 전략은 싸움이 반복될 때마다 조금씩 화면 밖으로 밀려나고 결국 가장 강력한 프로그램이 화면을 점령하는데, 전쟁의 초기에는 배신 지향성이 강한 비열한 전략들이 호의적이고 순진한 전략들을 밀어내고 번성기를 구가했다. 팃포탯 같은 보복 전략만이 그들의 공격에서 어느 정도 버틸 수 있었고 협동 지향성의 전략들은 빠르게 궤멸됐다. 그런데 협동 지향성의 착취하기 쉬운 상대들이 도태되자 비열한 전략끼리의 싸움이 시작되었고, 마침내 그들의 수도 줄어들기 시작했다. 비열한 전략이 처음에는 유망해 보였지만 장기적으로 그것은 자신의 생존에 필요한 환경 자체를 스스로 파괴한 셈이 됐다. 결국은 팃포탯이 이 실험에서도 최종적인 승자가 됐다. 1000번째 세대에 이르자 팃포탯은 명실공히 가장 성공적인 규칙이었고, 어떤 전략보다도 빠른 속도로 성장해 화면을 지배하고 있었다.

결과적으로, 팃포탯은 비열한 행위를 몰아낼 수 있지만 비열한 행위는 팃포탯을 몰아내지 못했다. 액설로드는 강력한 응징을 전제로 한 협력만이 비열한 전략들에 맞서 스스로를 지켜낼 수 있으며, 사회진화의 톱니바퀴가 비열한 전략이 지배하는 세상으로 역회전하지 않고 앞으로만 돌아가게 하는 '미늘'이 된다고 결론지었다.

당한 만큼 돌려줘라. 모두를 위해서

우리의 세상사가 그렇듯, 정교하고 복잡한 전략들이 구사하는 영악한 처신이 결코 최선의 전략이 될 수는 없다. 그보다는 '먼저 배신하지 말라'는 단순한 원칙을 준수하는 게 훨씬 낫다. 그렇다고 "누구든지 네 오른뺨을 치거든 왼뺨도 내주어라"는 식으로 상대방의 배신을 마냥 옹호해서는 안 된다. 이것이 한 개인에게는 미덕일 수 있지만, 사회적으로는 범죄자에게 서식지를 마련해 주는 대단히 반사회적 행동이다. 왼뺨을 내주는 것은 범죄자에게 범죄가 수지맞는 일이라고 가르치는 꼴이며, 그 해악은 당사자를 넘어 또 다른 피해자를 만드는 결과를 초래할 것이기 때문이다.

히틀러가 베르사유 조약들을 하나둘 위반할 때 영국과 프랑스는 유화 정책으로 일관했다. 1936년 히틀러가 비무장 지대인 라인란트로 진격을 명령했을 때, 마음만 먹었다면 프랑스가 단독으로 단숨에 쓸어버릴 수도 있었을 정도로 양국의 체급 차이는 컸다. 프랑스는 100만 명이 넘는 최강의 군대를 보유하고 있었지만 확전이 두려워 영국의 눈치를 보았다. 하지만 영국은 개입하지 않았다.

자신감을 얻은 히틀러는 1937년 1월 베르사유 조약의 폐기를 선언한다. 이어 1938년 2월 그는 오스트리아 합병을 공식 선언했고 3월 빈을 점령했다. 히틀러의 오스트리아 합병은 베르사유 조약을 대놓고 깔아뭉개는 것이었지만, 전승국 영국과 프랑스는 외교적 항의만 했을 뿐 행동을 전혀 취하지 않았다. '말만 할 뿐 행동이 따르지 않는 정책(only talk, no action)'은 영국의 군사 개입을 두려워하던 히틀러의 야욕만 키워주는 결과를 낳았다.

1938년 여름 히틀러는 체코의 주데텐란트의 양도를 요구했다. 갈수록 도를 더하는 날강도 수준의 요구였지만, 영국과 프랑스 정부는 머뭇거렸다. 히틀러에게 평화적으로 주데텐란트를 넘겨준다면 전쟁을 피할 수 있을지 모른다는 한 가닥 희망 때문이었다. 결국 영국과 프랑스는 히틀러의 요구대로 "주데텐란트를 독일로 양도한다"는 문서에 서명했다.

뮌헨 회담이 끝난 후, 체임벌린에게는 영국인들로부터 '전쟁을 예방한 영웅'이라는 찬사가 쏟아졌고, 심지어 노벨평화상까지 거론될 정도였다. 전쟁만은 피하고 싶었던 영국인들의 환호는 체임벌린의 판단력을 더 무디게 만들었다.

하지만 '위장된 평화'는 얼마 가지 못했다. 히틀러는 재빨리 주데텐란트를 차지한 데 이어 이듬해 3월, 남은 체코슬로바키아 전역까지 점령해 협정문을 휴지 조각으로 만들었다. 사실 이때까지도 독일의 실상은 매우 빈약했다. 1939년 9월 폴란드를 침공했을 때 독일은 모든 군사력을 동원해야 했다. 그래서 정작 서부전선에는 2급 부대로 구성된 11개 사단만 배치했다. 프랑스에는 무려 100개 이상의 사단이 집결했던 것을 고려하면 히틀러의 도박은 위험천만이었다. 독일의 여력은 겨우 한 달 정도에 불과했고 예비 탄약마저 변변하지 않았다. 하지만 이미 영국과 프랑스의 간을 본 히틀러는 프랑스가 움직이지 않을 것이라는 걸 알았다.

그랬다. 보복의 기회는 여러 번 있었다. 그리고 단 한 차례만 제대로 보복이 이루어졌어도 인류의 역사는 달라졌을 것이다. 그럼에도 평화를 구걸하며 전쟁을 회피하는 데만 급급했던 영국과 프랑스의 유화적인 태도가 결국 제2차 세계대전을 불렀고, 인류사회는 이전의 전쟁과는 비교할 수 없는 미증유의 희생을 치러야 했다.

체임벌린의 리더십 실패로 인해 얻어진 '뮌헨의 교훈'은 전후 국제정치 용어가 됐다. 이름만 거창한 '이빨 없는 조약(toothless treaty)'이 '위험한 적'을 '평화를 사랑하는 신사적인 적'으로 변화시킨 예는 역사적으로 없다. 그것은 오히려 위협하는 측의 욕심을 더욱 부추기고 다른 나라들도 모방하게 만듦으로써 국제질서를 더욱더 교란할 뿐이다.

그러므로 협력이든 배신이든 받은 만큼 돌려줘야 한다. 컴퓨터 화면을 가득 메워가던 '비열한 전략'들을 몰아내고 프로그램 생태계에 평화를 구축한 것은 맹목적인 용서와 화해가 아니라 '눈에는 눈, 이에는 이'의 단호한 응징이었다. 이 단호하고 명료한 전략이 비열한 전략으로 가득 찬 세상에서 생존의 유일한 지침이 됐을 뿐 아니라, 궁극적으로 '역회전을 방지하고 앞으로

만 돌아가게 하는 사회진화의 미늘'이 되어 비열한 전략을 도태시키고 사회적으로 협력을 창발케 하는 유용한 전략이 됐다. 또한 복잡하게 설계된 다른 프로그램들과 달리 직전의 한 게임밖에 기억하지 못하는 팃포탯의 대인배다운 태도는 복수의 악순환을 끊고 서로 적대 경험을 가진 상대방과 다시 상호부조의 관계를 회복하는 데 크게 기여했다.

모든 범죄는 그 피해자에게 트라우마를 남긴다. 한 해 적어도 수십만 명의 선량한 국민이 범죄의 피해를 보고, 그 트라우마를 죽을 때까지 안고 간다. 살인 범죄는 가장 끔찍한 범죄지만 이 세상에는 살인 사건으로 접수되지 않은 살인도 많이 있다. 예전에 '제비' 혹은 '꽃뱀'으로 불렸던 범죄자 중에 그런 사람들이 많은데, 그들은 상대방의 약점을 집요하게 물고 늘어져 돈과 자유를 빼앗고, 종당에는 스스로 목숨을 포기하게 만들 정도로 고통을 준다. 그렇게 함으로써 '제비'나 '꽃뱀'의 협박 내지 공갈은 뒤탈을 걱정할 필요가 없는 완전범죄가 된다.

내가 당한 피해는 용서할 수 있다. 하지만 나에게 피해를 주었던 범죄자가 제2, 제3의 피해자를 찾아 떠돌고 있다는 사실, 그리고 그 피해자가 내 가족이나 친구가 될 수도 있다는 사실은 피를 끓게 만든다. 바로 이것이 사회적 연대감을 놓고 있지 않은 우리 사회 보통사람들의 생각이며, 이 점에서 복수는 기본적으로 옳다.

'눈에는 눈'이 '원수를 사랑하라'보다 탁월한 전략임은 적어도 실험적으로는 검증이 끝났다고 말할 수 있다. 우리는 이기적 유전자들이 벌이는 약육강식의 전쟁터에 평화와 협동을 싹트게 한 것은 '맹목적 사랑'이 아니라 '복수'였다는 이 놀라운 역설을 잊지 말아야 한다. 인류역사상 가장 오래된 성문법인 함무라비 법전을 비롯해, 모세 오경과 고조선의 팔조법금에 이르기까지 모든 나라, 모든 민족을 막론하고 고대 법령에 한결같이 '눈에는 눈, 이에는 이'가 규정돼 있는 것은 결코 우연이 아니었다.

여담 같은 얘기지만, 기원전 1750년에 제정된 인류역사상 최초의 성문법전인 함무라비 법전에는 살인죄에 관한 규정이 없다. 2미터 높이의 원형 돌기둥에 8000자가 넘는 쐐기문자로 촘촘하게 기록된 이 법전은, 지금의 형법과 큰 차이가 없을 정도의 세심한 규율을 하면서도 특이하게도 일반 살인죄에 관한 규정이 누락돼 있다. 고의적으로 다른 사람의 목숨을 해친 사람은 그에 대한 죗값으로 자신의 목숨도 내놓아야 한다는 것은 너무나 상식에 속하는 내용이어서 굳이 법전에 수록할 필요를 느끼지 못했던 것으로 보인다.

허황된 유토피아의 환상에 빠져 고상한 야만인을 쫓는 무리들이, 정작 그들처럼 약해빠진 인간들을 잔혹한 범죄자의 손에서 구해준 탈리오 법칙을 '원시적인 율법'이라고 비난하는 모습은 모순의 극치를 보는 것아 쓸쓸하기 그지없다.

법의 목적은 평화이지만 그것에 이르는 수단은 투쟁이다. 권리를 위한 투쟁은 권리자의 그 자신에 대한 의무이며, 권리의 주장은 동시에 사회공동체에 대한 의무이다. 권리는 결코 단순한 관념이 아니고 오히려 살아 있는 힘이다. 따라서 정의란 한 손으로는 거울을 들고 바른 것을 재며, 다른 한 손으로는 칼을 들고 바른 것을 주장하는 것이다. 저울 없는 칼은 노골적인 폭력이요 칼 없는 저울은 법의 무력함이다. 이 두 가지 요소는 서로 관련되어 있으므로 완전한 법 상태는, 정의가 칼을 쓰는 힘과 저울을 다루는 기량이 균형을 이루는 경우에만 비로소 지배하는 것이다.
— 루돌프 폰 예링

사형을 집행하라!

'침묵하는 다수'를 위한 사형존치론

지은이 | 김태수
펴낸이 | 趙甲濟
펴낸곳 | 조갑제닷컴
초판 1쇄 | 2022년 6월 30일

주소 | 서울 종로구 새문안로3길 36, 1423호
전화 | 02-722-9411~3
팩스 | 02-722-9414
이메일 | webmaster@chogabje.com
홈페이지 | chogabje.com

등록번호 | 2005년 12월2일(제300-2005-202호)
ISBN 979-11-85701-74-5 03330

값 20,000원

*파손된 책은 교환해 드립니다.